地方经济区发展激励政策研究

以黑龙江省八大经济区发展为例

王曙光　蔡德发　著

中国财富出版社

图书在版编目（CIP）数据

地方经济区发展激励政策研究：以黑龙江省八大经济区发展为例／王曙光，蔡德发著．—北京：中国财富出版社，2016.3

ISBN 978－7－5047－5930－6

Ⅰ.①地…　Ⅱ.①王…　②蔡…　Ⅲ.①区域经济发展—研究—黑龙江省　②税收政策—研究—黑龙江省　Ⅳ.①F127.35②F812.735

中国版本图书馆CIP数据核字（2015）第260087号

策划编辑　辛倩倩　　**责任编辑**　辛倩倩
责任印制　何崇杭　　**责任校对**　饶莉莉　　**责任发行**　敬　东

出版发行　中国财富出版社
社　　址　北京市丰台区南四环西路188号5区20楼　　**邮政编码**　100070
电　　话　010－52227568（发行部）　　010－52227588转307（总编室）
010－68589540（读者服务部）　　010－52227588转305（质检部）
网　　址　http：//www.cfpress.com.cn
经　　销　新华书店
印　　刷　北京京都六环印刷厂
书　　号　ISBN 978－7－5047－5930－6/F·2500
开　　本　710mm×1000mm　1/16　　**版　　次**　2016年3月第1版
印　　张　19　　**印　　次**　2016年3月第1次印刷
字　　数　311千字　　**定　　价**　68.00元

前　言

我国“十二五”规划纲要、《东北振兴“十二五”规划》、党的十八大和十八届三中全会报告中都明确提出：要以科学发展为主题，以加快转变经济发展方式为主线，统筹区域经济协调发展。近年来，黑龙江省实施的区域共同发展战略取得了明显成效，但经济发展水平和增长速度相对较低，各地区发展不平衡已经成为制约黑龙江省发展的一个重要因素。黑龙江省委省政府明确提出的八大经济区发展战略规划，在黑龙江省进一步加快社会经济发展步伐，实现“两个率先”的目标和更长时期、更高水平、更好质量的发展等方面都有着重要、积极的现实意义。本书主要立足黑龙江省八大经济区发展的实际，从政策激励视角研究和探索其问题及建议，旨在为加快八大经济区建设与发展的进程、实现全省农业和农村经济协调发展、促进全省经济社会的可持续发展、为国家及其有关部门进行科学决策提供有益的参考。

本书通过对经济区和激励政策概念的界定，阐述和分析了激励政策的制定、实施、变更和监控对经济区发展的影响，以及非均衡增长理论、产业布局理论、地域分工理论和区域政策理论的理论基础；在阐述黑龙江省八大经济区发展的总体状况并进行相关的区位商、SWOT（态势）分析的基础上，揭示现行政策及其产业调节政策不合理、财政政策功能被弱化、税收政策作用力不强、金融政策支持度不足、科技创新政策成效差、就业政策体系不健全、社会保障政策不规范、文化教育政策不到位和医疗卫生政策不完善等问题；通过对美国商品粮基地、法国马恩河地区、德国鲁尔工业区、日本科技开发区等发达国家经济区和我国京津唐、长三角、珠三角、北部湾经济区发展的政策经验总结，提出了完善低碳经济发展政策体系、促进农林业政策生态现代化、构建发展商贸旅游政策平台和加强技术引进创新政策支持等对“八大经济区”发展的政策启示；着重从产业调节、积极财政、税收管理、金融支持、社会保障、促进就业、科技创新、文化教育和医疗卫生等方面，对黑龙江省八大经济区战略的实施和深入发展提出激励政策的建议。

由于黑龙江省八大经济区的现行政策、统计数据及相关资料所限，加之全省经济发展与“八大经济区”的相关性，尤其是经济发展的全面性和代表性特点，有些针对“八大经济区”发展的政策和数据等方面的研究是以省情为视角，在此特别说明。

为使数据资料准确，除书中非特殊说明和注明的数据，均来自《中国统计年鉴》和财政部等官方网络公布的资料，并截止到2013年年底；本书选用的政策法律制度，截至2014年12月。

本书由哈尔滨商业大学财政与公共管理学院王曙光教授和蔡德发教授撰写，周丽俭、刘西涛、李树林、张小峰和金向鑫老师参与了相关内容的撰写工作。在撰写过程中，研究生杜宏颖、王靖宇、刘明吉、张越、李金耀和樊迪参与了部分章节的撰写及资料的收集或校对工作，也参考了诸多的著述和文献（在脚注和参考文献中注明），在此一并表示诚挚的感谢！

因作者水平及资料有限，书中的缺陷或不当在所难免，敬请专家和读者批评指正。

作　者
2015年5月

目　录

1 绪论

1.1 研究背景

我国《“十二五”规划纲要》（2011 年）和《东北振兴“十二五”规划》（2012 年）提出“十二五”时期要以科学发展为主题，以加快转变经济发展方式为主线，统筹区域经济协调发展。党的十八大报告明确指出：“推进经济结构战略性调整是加快转变经济发展方式的主攻方向，必须以改善需求结构、优化产业结构、促进区域协调发展、推进城镇化为重点，着力解决制约经济持续健康发展的重大结构性问题；继续实施区域发展总体战略，充分发挥各地区比较优势，加大对革命老区、民族地区、边疆地区、贫困地区扶持力度。”[①] 十八届三中全会又明确提出：“紧紧围绕使市场在资源配置中起决定性作用，深化经济体制改革，坚持和完善基本经济制度，加快完善现代市场体系、宏观调控体系、开放型经济体系。必须健全体制机制，形成以工促农、以城带乡、工农互惠、城乡一体的新型工农城乡关系，让广大农民平等参与现代化进程、共同分享现代化成果。要加快构建新型农业经营体系，赋予农民更多财产权利，推进城乡要素平等交换和公共资源均衡配置，完善城镇化健康发展体制。”

自改革开放以来，我国采取了让东部沿海地区优先发展起来的梯度推移式非均衡发展战略，经济发展取得了举世瞩目的成就。随着西部大开发和中

① 胡锦涛．坚定不移沿着中国特色社会主义道路前进 为全面建成小康社会而奋斗——在中国共产党第十八次全国代表大会上的报告［J］．求是，2012（22）：3－25.

部崛起战略的加速推进，我国已初步形成东部发展、西部开发、中部崛起和东北振兴的四大区域经济格局。但我国区域经济发展差异的不断扩大，使我国成为世界上区域发展差异较为严重的国家之一。因此，如何促进区域经济的协调发展成为我国重大的经济和政治问题，也是减缓、缩小区域经济差异扩大的根本所在，这对有效协调区域间的经济利益关系，实现共同发展，保证社会经济的持续、稳定、健康发展等都具有十分重要的现实意义。

为实现区域经济的协调发展，进入21世纪以来，我国加快实施了“西部大开发、振兴东北老工业基地、促进中部地区崛起、鼓励东部地区率先发展、加大对老少边穷地区扶持力度”的区域发展总体战略，出台了诸多的区域振兴和产业振兴规划，各级政府也相应制定了发展战略和一系列缩小区域差距的财税扶持政策，诸如财政转移支付、结构性减税和税收优惠等，并取得了良好的效果。但目前我国区域经济发展的政策支持仍存在一定的缺陷，如何运用激励政策进一步促进区域经济的协调发展，缩小其经济发展的差距，这是各级政府和学术理论界应当研究与探索的重要问题。

近年来，黑龙江省实施区域共同发展战略已取得明显的成效，但经济发展水平和增长速度相对较低，各地区发展不平衡已经成为制约黑龙江省经济发展的一个重要因素，严重影响了黑龙江省经济社会的发展及民生问题的解决。作为欠发达省份，如何进一步加快经济发展步伐，如何在更高的层次上推进区域共同发展，实现“两个率先”目标，已成为黑龙江省现代化建设中一个迫切需要解决的重大问题。

黑龙江省委省政府根据以往的发展思路和发展经验，在科学发展观指导下对黑龙江省省情进行全面、科学、系统的分析，立足于充分发挥资源优势并开辟新的经济增长区域，开创性地提出建设黑龙江省八大经济区（简称“八大经济区”）的规划。“八大经济区”战略规划的提出，既坚持和强调了发展是硬道理的本质要求，又坚持了科学发展观的核心，体现了以人为本的价值导向，回答了黑龙江省将如何发展以及怎样科学发展的难题。本书从激励政策的视角，深入挖掘影响“八大经济区”发展的制约因素，在此基础上研究如何消除和突破影响区域经济发展的瓶颈制约，并根据省内各地区发展的实际提出合理化的政策建议。

1.2 研究目的和意义

1.2.1 研究目的

本书主要立足黑龙江省省情，深入研究激励政策对“八大经济区”发展的作用，借鉴发达国家经济区建设的理论研究和经验，以及我国经济发达地区建设的理论指导和具体发展政策措施，从政治、经济、文化等角度，以振兴黑龙江省经济、构建“和谐黑龙江”为目标，对“八大经济区”发展进行深入研究。从激励政策层面分析发展“八大经济区”的基本理论，最大限度地发挥激励政策在振兴黑龙江省经济中的功效，在丰富区域经济发展理论的同时，加快促进黑龙江省在产业结构调整、自主创新和节能减排等方面取得新进展，实现城乡居民实际增长和经济增长保持同步，使激励政策的制定与实施更具针对性、灵活性和前瞻性，促进黑龙江省经济实现更长时期、更高水平、更好质量的发展。

1.2.2 研究意义

（1）理论意义。黑龙江省八大经济区从产业结构布局上看，主要涉及工业、农业、商贸、旅游和生态资源保护等多个产业类别。从经济发展水平上看，主要存在发展起点不一、发展侧重点各异、经济发展水平严重不均衡等问题，对政策问题的提出和对策的实施有着多重标准和要求。

本书在国内外研究成果的基础上，以促进“八大经济区”全面协调可持续发展为出发点，从激励政策视角入手对黑龙江省区域经济发展进行理论上的探究，主要表现在：一是明确经济区和激励政策的基本概念，研究经济区发展与激励政策制定的相关性；二是对激励政策理论的探究，以及实证分析模型的构建和基本内容进行较为系统、深入的分析；三是对经济区发展的政策理论依据进行挖掘，即通过非均衡增长理论、产业布局理论和地域分工理论对经济区发展的影响，阐述国家政策对经济区发展的理论价值，旨在为国家及其有关部门决策时能够提供具有借鉴性的、积极的、有益的决策参考。

（2）实践意义。本书从激励政策视角下对“八大经济区”的发展进行探究，对促进黑龙江省经济发展和省内各区域经济协调发展具有积极的实践意义。主要表现在以下四个方面：

第一，激励政策研究有利于加快“八大经济区”建设与发展的进程。激励政策制定思路的前瞻性是“八大经济区”经济快速发展的先决条件，研究与实施“八大经济区”发展的激励政策，应以国家和黑龙江省发展战略为指导、以对外开放为导向、以区域合作为平台、以区位优势为依据，开创对外开放的新平台和经济发展的新机遇，促进“八大经济区”的现代化建设与快速发展。

第二，激励政策研究有利于实现全省农业和农村经济协调发展。研究促进“八大经济区”发展激励政策是适应黑龙江省农业大省的实际情况，解决全省现代农业和农村经济协调发展的矛盾、加大统筹城乡发展力度、积极促进城乡共同繁荣、推动经济社会更好更快发展的重大举措，同时也是针对“中央支持东北老工业基地加快调整和改造”这一宏观战略创新性的客观实践。

第三，激励政策研究有利于促进全省社会经济的可持续发展。经济区发展激励政策的制定是黑龙江省促进社会公平、实现社会稳定的需要。加快“八大经济区”的发展是黑龙江省从全面建设小康社会着眼做出的重大战略决策，相关政策的制定既要着眼于发展内容，又要兼顾发展速度，以实现区域经济相互依存、相互支持、相互合作、相互促进的协调发展。

第四，激励政策研究有利于为国家及有关部门决策提供参考。研究“八大经济区”发展的激励政策，旨在对加快转变黑龙江省经济发展方式、促进现代化农业和低碳经济发展、大力支持科技创新和主体功能区建设，为政府及其有关部门决策提供有益的参考，进而激励区域经济发展，注重保障和改善民生，促进地方经济的持续、快速与健康发展。

1.3 国内外研究现状

1.3.1 国外研究现状

国外对“经济区”的提法并不多见，但对经济地理学模型的构建、区域经济的管理及一体化进程推进的研究，却有着悠久的历史和广泛的应用。其中区域经济理论是研究经济区发展的基石，经济地理学模型的建立是研究经济区发展模式的重要手段。较长时期特别是近年来，一些国外专家学者针对不同地区的发展现状，采用建立模型、剖析发展机制等方法对区域经济发展进行较为详尽的分析，并取得了丰硕的成果。

（1）区域经济发展差异的研究。一般而言，区域经济（Regional Economy）是以一定地域为范围，并与经济要素及其分布密切结合的区域发展实体。它反映不同地区内经济发展的客观规律，以及内涵和外延的相互关系。每一个区域的经济发展都受到自然条件、社会经济条件和技术经济政策等因素的制约。国外对区域经济发展差异的研究主要包括：

瑞典经济学家冈纳·缪尔达尔（1957）提出“循环累积因果理论”，他认为在一个动态的社会过程中，社会经济各因素之间存在着循环累积的因果关系。即某一社会经济因素的变化会引起另一社会经济因素的变化，这后一因素的变化反过来又加强了前一个因素的变化，并导致社会经济过程沿着最初那个因素变化的方向发展，从而形成累积性的循环发展趋势。

美国经济地理学家汤普森（1966）在《对制造业地理的几点理论思考》一文中提出了“区域生命周期理论”，他认为一旦一个工业区建立，它就像一个生命有机体一样遵循一个规则的变化次序而发展，从年轻到成熟再到老年阶段，不同阶段的区域面临一系列不同的问题，处于不同的竞争地位。

美国哈佛大学的跨国企业问题专家弗农（1966）在《产品周期中的国际投资与国际贸易》一文中提出了“区域经济梯度推移理论”，他认为区域经济发展是不平衡的，工业各部门甚至各种工业产品都处在不同的生命循环阶段，在发展中必须经历创新、发展、成熟、衰老四个阶段，并且在不同阶段将由兴旺部门转为停滞部门，最后成为衰退部门，在循环中实现相对均衡。

波兰经济学家萨伦巴和马利士在20世纪70年代提出了“点轴开发理论”，在重视“点”（中心城镇或经济发展条件较好的区域）增长极作用的同时，还强调点与点之间的“轴”即交通干线的作用。他们认为，随着重要交通干线如铁路、公路和河流航线的建立，连接地区的人流和物流迅速增加，生产和运输成本降低，形成了有利的区位条件和投资环境；产业和人口向交通干线聚集，使交通干线连接地区成为经济增长点，沿线成为经济增长轴。

（2）区域经济协调发展政策的研究。如挪威经济学家、奥斯陆大学教授凯瑞·海琳（Karen Helene，2004）通过建立新经济地理学的模型，并充分考虑知识溢出对生产率、产业定位和政策实施的影响，详细分析欧盟地区创新机制缺乏的原因；通过对扭曲和非扭曲政策的讨论，得出产业间知识溢出对区域政策具有重要影响，并说明消除欧盟区域发展不均衡是一种昂贵的政策选择①。

比利时勒芬天主教大学教授 Ebru Loewendahl – Ertugal（2005）针对土耳其区域管理发展的原因和机制进行分析，他认为自 1999 年欧盟正式吸纳土耳其加入之后，土耳其的内部管理受到欧盟管理体制的制约，其区域经济发展思路和欧盟条约对土耳其国内稳定和区域治理产生重大影响②。

韩国经济学家、成均馆大学教授金英汉（Young – Han，Kim）（2005）以韩国为例，对具有中等技术水平的国家加入区域经济一体化组织的路径进行了研究。研究结果表明，参与多个双边自由贸易区是韩国进行区域经济一体化的最优路径，而对于这些具有一定技术水平的国家，其最差路径是与拥有先进技术的国家形成自由贸易区③。

德国经济学家、科隆大学教授克莱门斯·富斯特（2006）运用区域政策模型来反映欧盟等国通过中央政府对相对贫困地区支付补贴而产生的经济效益；同时他通过对商品市场存在不完全竞争和失业等现象的分析，得出政府补贴作为一种分配措施，将其补贴到贫困地区会大幅度增加地区福利和市场竞争力，但在贫困区域较多的情况下，这种补贴的有效性将会大大减弱④。

欧盟国际关系学院博士 Jean Malais 和 Henk Haegeman（2009）对旨在解决欧盟成员国区域收入不均衡的区域政策进行评价，即通过对欧盟各地区针

① KAREN HELENE ULLTVEIT – MOE. Regional policy design：An analysis of relocation，efficiency and equity［J］. European Economic Review. 2007（51）：1443 – 1467.

② EBRU LOEWENDAHL – ERTUGAL. Europeanisation of Regional Policy and Regional Governance：The Case of Turkey［J］. European Political Economy Review，2005，3（1）：18 – 53.

③ YOUNG – HAN，KIM. The optimal path of regional economy integration between asymmetric countries in the North East Asia［J］. Journal of Policy Modeling，2005（27）：76 – 85.

④ CLEMENS FUEST，BERND HUBER. Can regional policy in a federation improve economic efficiency?［J］. Journal of Public Economics，2006（90）：499 – 511.

对收入分配不平等现象所实施的政策进行考察，并深入研究欧盟地区的法律和管理框架，放大对社区事务的解决态度和办法，从而提出政府作为政策实施和管理的中心，应该在固定的框架和基本结构之下履行自身的职责①。

英国曼彻斯特大学教授 Elvira Uyarra（2010）在阐明区域创新体系（Regional Systems of Innovation）发展的基础上，主张区域制度的衔接朝更加协调的方向发展，对政策决策过程的复杂性有所认识。区域创新体系（RSI）作为一个标准化的框架设计系统目前已得到广泛应用，但由于受到不同制度和实施系统的影响，RSI 的概念在理解和应用上出现偏差并互相矛盾，从而需要提出一个更为合理的制度体系来规范区域创新体系的发展②。

1.3.2 国内研究现状

随着我国东南沿海经济带发展日趋成熟、西部大开发战略逐步深入、中部地区经济崛起和东北老工业基地的振兴，经济区的发展对我国产业结构的优化和经济的增长具有十分重要的战略意义。我国的专家学者通过对经济区发展进行科学研究已取得了丰硕的成果，对经济区的发展建设给予有力的理论支撑。其研究成果列举如下：

（1）全国经济区政策理论研究。如北京大学光华管理学院马庆林博士（2009）围绕外部扰动发生时我国各省经济运行差异较大这一客观事实，通过建立向量自回归统计模型对国家宏观经济调控政策的差异性进行主成分分析和聚类分析，根据外部扰动一致性重新划分经济区域，即将外部扰动发生后经济运行状态相似、对宏观经济调控政策需求较为一致的省份划归为同一个经济区域，并提出实施差异化的宏观调控和建立相应的区域经济协作机制以促进区域经济协调发展，使各经济区域达到各自的均衡③。

清华大学公共管理学院胡鞍钢教授（2009）以机会平等理论为基础，以

---

① JEAN MALAIS，HENK HAEGEMAN. European Union Regional Policy［J］. School of Doctoral Studies（European Union）Journal，2009（7）：77－82.

② ELVIRA UYARRA. What is evolutionary about "regional systems of innovation" Implications for regional policy［J］. J Evol Econ，2010（20）：115－137.

③ 马庆林. 中国经济区域划分与区域经济协调发展问题研究［J］. 南方金融，2009（7）：27－31.

财政政策为研究对象，利用省级、地级市和县级数据进行实证分析，具体量化空间因素下区域财政政策的机会平等性程度。他认为，在区域政策制定的过程中，平等取向是制约政策效果的关键因素；财政政策在地区间并未实现发展机会的均等分布，现行政策与机会平等政策相比存在着一定的效率损失，在发展结果的平等性与发展机会的平等性间存在正相关的关系①。

中国人民大学经济改革与发展研究院博士生导师、国家发展和改革委员会国土开发与地区经济研究所副所长王青云研究员（2010）提出建立“4 + 1”的空间经济组织结构的问题，并基于我国经济联系具有沿海带内地、内地促沿海的特点，提出空间经济组织的构想，即按照四个地区（珠江流域、长江流域、华北地区、东北地区）和一个特殊地区（边远西部地区）这种地域分布，分别建立适合当地经济发展的经济区，以实现“4 + 1”的经济区构想；为充分考虑西部大开发的长期性和艰巨性，将西部大开发战略放到更加突出的位置；为使政策更加公平，可按各省份的发展水平确定国家投资补助和中央财政专项转移支付补助的数额，并根据老工业基地、粮食主产区、贫困地区、生态保护区和高新技术产业开发区的特点和具体要求制定针对性更强的支持性政策②。

以贾康教授为负责人的财政部财政科学研究所课题组对闽西地区和中原经济区进行全面考察后，分别撰写了《用好用足中央支持原中央苏区和海峡西岸政策，促进龙岩又好又快可持续发展》（2010）和《支持中原经济区建设的财税政策研究》（2011）的报告。报告从海峡西岸经济区和中原经济区的发展机遇入手，针对经济区建设的目标、原则和各项要求，科学系统地分析其发展意义、优势资源和现存问题，同时提出用好用足中央政策支持、建立财政增长长效机制、改善公共服务供给能力、提升经济发展“软实力”等发展办法，根据国家相关文件精神明确和落实各项政策支持③。

---

① 胡鞍钢，魏星．区域发展政策的公平性分析［J］．公共管理学报，2009（2）：14 – 20.

② 王青云．关于制定“十二五”时期我国区域战略和区域政策的思考［J］．宏观经济研究，2010（1）：13 – 27.

③ 财政部财政科学研究所课题组．支持中原经济区建设的财税政策研究［J］．经济研究参考，2011（43）：2 – 48.

(2) 沿海沿湖经济区政策研究。如广西大学张协奎教授 (2009) 从经济、资源、环境、人口、社会等方面分析经济区城市群面临的发展机遇和挑战，从分析城市群的概念和发展趋势入手，提出优化产业结构、提高资源承载能力、保护生态环境、加快加强基础设施和人才体系建设，以及城市群政府间的合作等可持续发展政策建议①。

上海交通大学媒体与设计学院博士生导师刘士林教授 (2011) 在回顾"长三角"区域的历史地位和发展"长三角经济区"的历程中，解读以上海为中心、苏杭为次级中心的长三角大都市圈的形成是城市群战略作用的结果，其目标是建设一个内有合理层级体系、外有整体竞争优势的城市共同体，在具体内容上涉及城市的环境、政策、交通、基础设施、人口、社会、文化等方面的一体化发展；系统分析了"泛长三角"概念提出后所带来的发展机遇和可能存在的社会问题，并提出在社会、经济、文化等因素日趋复杂的条件下需要从政策上做出理性的判断②。

辽宁省社会科学院经济研究所产业经济研究室主任李天舒研究员 (2011) 对区域经济发展水平的重要标志——城区经济进行深刻剖析，提出在步入"十二五"之际，城区经济又将面临新的产业结构转型和升级，其核心就是实施城区经济结构的战略性调整，使城区成为现代服务业的主要承载区。以环渤海经济区为例，提出建立城区现代产业体系和优化城区经济发展环境，即通过明晰城区功能定位、优化城区经济布局、提高城区经济密度，创造有利于城区经济发展的政策环境，增强城市综合承载能力，完善城区商品市场体系，提高城区经济管理水平和运行效率③。

辽宁师范大学海洋经济与可持续发展中心关伟教授 (2011) 以县域为研究单元，采用人均地区生产总值为测度指标，运用 ESDA (电子系统设计自动化) 的方法对辽宁省十年县际经济差异的时空格局进行分析，得出县

① 张协奎，等. 广西北部湾经济区城市群可持续发展对策研究 [J]. 中国软科学，2009 (5)：184-192.

② 刘士林，王晓静. 长三角区域政策发展进程研究 [J]. 艺术百家，2011 (6)：44-49.

③ 李天舒. 城区经济的基本特征和发展构想——以环渤海经济区为例 [J]. 特区经济，2011 (8)：41-43.

际经济具有显著的空间自相关以及区县经济差异呈现先扩大后缩小的趋势这一结论。在对县际经济差异驱动机制进行进一步分析的基础上，得出核心城市对经济区辐射功能有限，其促进区域经济协调发展的能量有待进一步释放的结论①。

南昌大学经济与管理学院刘耀彬教授（2011）运用 SWOT 分析对鄱阳湖生态经济区城市群的发展进行全面分析，确定区域的内部和外部环境，并提出统一基础设施建设、提升中心城市辐射作用、发展低碳经济、做好区域间产业转移和转换、加强教育投入和人才队伍建设以及建立环境监督和区域生态补偿机制等政策依据和建议②。

华东交通大学基础科学学院汤鹏志教授（2012）根据统计数据研究得出结论，鄱阳湖生态经济区高新技术产业已形成多个产业集群，但规模企业相对较少，尤其是低碳与生态特色的企业偏少，技术主要还是依赖进口，并为鄱阳湖生态经济区高新企业进一步发展提出培育高新技术龙头企业、提升经济区科技创新水平、加强政府宏观引导和政策支持等对策建议③。

南昌大学中国中部经济发展研究中心何筠研究员（2012）针对鄱阳湖生态经济区 2000—2008 年人口结构现状进行分析，并运用时间数列和计量分析方法搜集人口结构和人均 GDP 的数据并建立模型，分析区内人口结构和经济增长之间的关系，同时结合现实情况和模型分析的结果，对相关情况提出针对性建议④。

（3）内陆经济区政策研究。如清华大学国情研究中心胡鞍钢教授、王亚华副教授、刘生龙博士后（2009）应用差分内差分方法评估西部大开发对促进西部地区经济增长及中国区域经济收敛的作用，建立增长模型，采用 1987—2007 年中国省际面板数据，使用系统 GMM（高斯混合模型）方法的计

① 关伟，朱海飞．基于 ESDA 的辽宁省县际经济差异时空分析［J］．地理研究，2011（11）：2008－2016.

② 刘耀彬，刘玲．鄱阳湖生态经济区城市群发展 SWOT 分析及对策建议［J］．特区经济，2011（1）：197－198.

③ 汤鹏志，等．鄱阳湖生态经济区高新技术企业发展特点与对策分析［J］．企业经济，2012（2）：132－135.

④ 何筠，等．鄱阳湖生态经济区人口结构对经济发展的影响及对策［J］．企业经济，2012（1）：128－131.

量分析对西部大开发的实施成效进行严谨的社会科学检验。结果表明，西部大开发的实施使得西部地区2000年以来的年均经济增长率增加了约1.5个百分点，促使中国区域经济从趋异转向收敛，并得出实物资本特别是基础设施投资是促进西部地区经济增长的主要因素，而教育发展、科技进步及软环境并没有因为西部大开发而得到显著改善的结论，因此建议国家在进一步推进西部大开发的过程中，应强化对人力资本的投资和软环境的建设①。

中国科学院博士生导师刘卫东研究员（2010）提出，政策类型区的空间布局对区域经济的发展有着决定性的影响。他通过对深入推进西部开发的宏观背景的分析以及对西部开发战略实施成效的评价，提出了在西部地区划分三种政策类型区，即重点经济区、重点扶持区和重点生态功能区的战略构想，在空间上有针对性地实施更为明晰的差异化区域政策，促进西部地区开发的战略转型和深入发展②。

四川省社会科学院博士生导师林凌研究员（2010）根据“增长极”理论提出在“十二五”期间和新一轮西部大开发的大背景下，川渝地区区位优势日益凸显，将成为西部发展高地和综合交通枢纽。通过经济发展方式的转变和经济结构的大力调整，以及经贸合作渠道的向西开放，“成渝经济区”将发展成为我国西部新的增长极，将使四川、重庆成为西部乃至全国新一轮经济增长的领跑者③。

兰州大学经济学院高新才教授（2010）设计了特色优势产业选择流程图，通过定性和定量分析相结合的方法，分析了西部民族经济区发展特色优势产业的路径选择，得出在特色优势产业识别上要侧重于“特色”+“优势”耦合过程中两者作用层面的不同，并在政策导向上提出了两类基于产业选择的产业战略导向④。

---

① 刘生龙，王亚华，胡鞍钢．西部大开发成效与中国区域经济收敛［J］．经济研究，2009（9）：94－104.

② 刘卫东，等．深入推进西部开发的战略思路研究［J］．经济地理，2010（4）：553－557.

③ 林凌．四川“十二五”规划的制定与“成渝经济区”的建设［J］．经济体制改革，2010（6）：5－9.

④ 高新才，闫磊．西部民族经济区特色优势产业发展问题研究［J］．地域研究与开发，2010（2）：34－39.

河南大学环境与规划学院博士生导师王发曾教授（2010）通过对新型城镇化内涵的阐述和对中原经济区城镇化水平的分析，提出要以经济社会发展为支撑，建立培育城镇化的强大动力机制，为城镇化搭建多层承载平台，同时提出在城镇化进程中要实施集约经营、营造优良环境、追求功能优化、促进城乡统筹、构建社会和谐的推进策略①。

贵州财经学院张晓阳教授（2011）针对贵州省地处我国内陆，工业化和城镇化发展严重滞后的局面，提出建设发展"黔中经济区"，大力推进工业化和城镇化发展，切实解决好体制、政策和观念等方面存在的问题，有效整合好黔中经济区建设的各种资源，并及时抓住制度变迁的机遇，建立支撑黔中经济区可持续发展的政策体系②。

贵州财经学院西部现代化研究中心白明教授（2011）以经济区核心城市贵阳市为中心点，运用断裂点模型并综合当地实际情况确定黔中经济区最适宜的范围，并提出发展经济区的目标是打造省域经济增长极，同时根据黔中地区经济发展存在的实际问题提出从财税、金融、生态环境、产业、土地和地方政府六个政策层面加以解决和提供政策支持③。

浙江大学建筑工程学院杨建军教授（2012）以"呼包银榆经济区"为例，通过实证研究分析经济区资源环境约束下的城市化和空间布局特征与问题，认为经济区面临的发展困境是资源型工业化、城市化与生态环境脆弱之间的严重冲突，并提出资源型经济区发展的科学空间布局规划及新的战略思路和途径④。

西北师范大学地理与环境科学学院石惠春教授（2012）结合 GIS（地理信息系统）技术对"关中—天水经济区"旅游空间相互作用的条件进行简要分析，并运用旅游经济联系模型分析"关中—天水经济区"中心城市的旅游

---

① 王发曾．中原经济区的新型城镇化之路［J］．经济地理，2010（12）：1972－1977.

② 张晓阳．推进黔中经济区的建设思路和政策建议［J］．贵州财经学院学报，2011（1）：102－106.

③ 白明，王孝平．黔中经济区现状、问题与对策［J］．贵州财经学院学报，2011（5）：100－104.

④ 杨建军，郭敏燕．呼包银榆资源型经济区城市化与空间规划策略［J］．经济地理，2012（1）：57－62.

经济联系强度大小，表明“关中—天水经济区”中心城市之间的经济联系强度随地理距离的增加而逐渐降低，旅游经济的空间联系多沿交通干线呈“点—轴”式扩散，为推动关中—天水经济区旅游经济整体发展提供参考依据①。

1.4 研究内容与方法

1.4.1 研究内容

本书的研究内容主要包括理论基础、现状与问题分析、经验借鉴和政策建议等。具体来说包括以下四个方面：

（1）经济区与激励政策的基本理论。主要包括：对经济区与激励政策的内涵的界定，包括经济区的概念、特征和划分，激励政策的含义、特征、类型及其功效；阐述非均衡增长理论、产业布局理论和区域分工理论等经济区发展的政策理论依据；从激励政策的制定、实施、变更和监管角度，说明激励政策对经济区发展的重要影响。

（2）“八大经济区”发展的状况和政策问题。主要包括：阐述“八大经济区”发展的总体状况，进行区位商、SWOT和评价分析；揭示“八大经济区”发展中的政策问题，如产业调节政策不合理、财政政策功能被弱化、税收政策作用力不强、金融政策支持度不足、科技创新政策成效差、就业政策体系不健全、社会保障政策不规范、文化教育政策不到位和医疗卫生政策不完善等政策问题。

（3）国内外发展经济区的政策经验及启示。通过对美国商品粮基地、法国马恩河地区、德国鲁尔工业区、日本科技开发区等发达国家经济区和我国京津唐、长三角、珠三角、北部湾经济区发展的政策经验总结，提出完善低碳经济发展政策体系、促进农林业政策生态现代化、构建发展商贸旅游政策平台和加强技术引进创新政策支持等对“八大经济区”发展的政策启示。

① 石惠春，王晖．关中—天水经济区中心城市旅游经济空间联系研究［J］．干旱区资源与环境，2012（4）：189－193.

（4）促进“八大经济区”发展的政策建议。针对“八大经济区”发展中现存的问题，多角度地提出相关政策建议，包括涵盖发展“八大经济区”进行产业调节、积极财政、税收管理、金融支持等方面的经济刺激政策，涵盖发展“八大经济区”的社会保障与促进就业的社保就业政策，涵盖发展“八大经济区”的科技创新、文化教育和医疗卫生等方面的科教文卫政策等。

1.4.2 研究方法

（1）调查分析法。深入黑龙江省有关部门和“八大经济区”的实地调研，掌握其第一手相关资料；通过对搜集的文献及数据资料进行整理，并对目前“八大经济区”的发展状况进行客观分析。

（2）文献研究法。通过对国家及黑龙江省有关区域经济发展的法律政策文件、统计年鉴及来自于国家发改委、国家统计局、财政部、国家税务总局等数据资料进行分析与整理，深入了解其研究背景、现状和内容，为开展研究工作奠定基础。

（3）比较分析法。在阐述与分析“八大经济区”发展现状的同时，将不同经济区内的地区生产总值、产业结构和财政收支等相关数据进行对比，从中发现问题并研究其解决的思路。

（4）实证分析法。对黑龙江省各经济区的发展现状进行全方位、多角度的实证分析研究，探求建设“八大经济区”实践发展过程中的数量与性质问题。

（5）要素设计法。借鉴发达地区发展区域经济的成功经验，结合黑龙江省相关政策的特殊性，研究其区域经济发展的影响因素，并提出解决问题的政策建议。

2 经济区与激励政策的基本理论

2.1 经济区的界定

2.1.1 经济区的含义

经济区英文为 Economic District，该概念最早是由德国学者廖什（A. Loseh）提出。廖什以中心地理论为基础，在 1940 年出版的《区位经济学》中将“经济区”界定为区位系统中与工业区和市场区相并列的“经济景观”。我国的经济区概念最早是在 1982 年国务院发布的《关于第六个五年计划的报告》中正式提出，即“要以经济比较发达的城市为中心，带动周围农村，统一组织生产和流通，逐步形成以城市为依托的各种规模和各种类型的经济区”。

几十年来，国内学术理论界对经济区概念的认识和表述不尽相同。诸如我国经济地理学家、人口学家孙敬之（1955）认为，所谓经济类型区是指根据区内同一性和区外差异性原则确定的，即把全国划分为若干个区域，在每个区域的内部都具有相同或相似的经济发展特征，而在不同区域之间则有明显的差异；所谓综合经济区是指根据区内经济结构的差异互补和相互联系性原则确定的，即把全国划分为若干个区域，在每个区域的内部有紧密的经济联系，而各个区域则相对独立、自成一体。就空间形态来看，综合经济区在地域上都是连成一片，且有自己的经济中心，而经济类型区不仅没有统一的经济中心，甚至在地域上也并不都是连成一片①。

---

① 孙敬之. 论经济区划［J］. 教学与研究，1955（11）：12－17.

中国经济地理研究会理事长、北京大学胡兆量教授（1984）认为，所谓经济区是指在地域差异和地域联系的基础上形成的经济活动的地域单元①。

著名的地理学家杨吾扬教授（1992）认为，经济区是典型的枢纽区，是由一个或多个城市群组支撑起来的整体连续区域②。

浙江师范大学经济研究所张明龙教授（2004）认为，经济区是在劳动地域分工基础上形成的各具特色的地域生产综合体，社会劳动分工表现为不同部门之间产品交换的部门分工，也表现为不同地区之间产品交换的地域分工③。

南京财经大学江苏产业发展研究院张继良教授（2007）认为，所谓经济协作区是指以大城市为中心，具有全国意义的专业化地域生产综合体，它由围绕中心城市、专业化部门及相互关联的省级区域组成④。

尽管学术界对经济区概念的表述众说纷纭，但对经济区构成要素的认识基本上是一致的，即都包含“中心城市、经济网络、经济腹地”3个基本要素。我们认为，经济区是根据社会劳动地域分工的规律、区域经济发展的水平和特征的相似性、经济联系的密切程度，或依据国家经济社会的发展目标与任务分工，对国土进行的战略性区划。而在区域经济学中，经济区与经济区域是两个具有本质差异的概念，其差异的具体表现见表2－1。

表2－1　　经济区与经济区域的差异

项目	经济区	经济区域
基本内涵	有着一个或多个大的中心城市作为发展极或增长点的地域经济集聚体，是存在分层结构、自组织能力、分工协作网络的空间经济组织	进行社会经济活动的地理单元和空间范围

① 胡兆量．经济区划的几个问题［J］．经济地理，1984（3）：163－166.

② 杨吾扬．中国的十大经济区探讨［J］．经济地理，1992（3）：14－20.

③ 张明龙．经济区的内涵与划分的一般原则［J］．理论参考，2004（7）：15－17.

④ 张继良．开放条件下中国经济区域划分的演变［J］．南京财经大学学报，2007（3）：25－28.

续 表

项目	经济区	经济区域
生产条件	商品经济或市场经济发展到一定阶段，按照市场经济规律自发形成的有着内在紧密经济联系和分工的区域	有人类经济生产经营活动的地方就有经济区域这一地域性的空间载体，与经济体制无关
发展演化	经济区是区域经济的市场化程度发展到一定阶段的产物，即伴随着区域经济的发展而成长。其范围可从狭义的核心区发展到广义的影响区，以及核心区辐射的泛经济区	空间范围相对稳定
划分结果	只能按功能同一性划分经济区，并可根据中心城市在区内空间结构中的层次划分出一、二、三级等不同层级的经济区	既可按照区域同质性划分以东西南北中等地理方位标示的经济地带，也可按功能同一性划分出如城市圈、城市群等经济区

根据国内外研究成果及区域经济学中对经济区概念的界定，本书采用科技部副部长张来武主编的《中国软科学研究丛书》中关于经济区的定义：经济区是在市场经济主导和政府政策引导共同推动下形成的一种地域经济集聚体，是以专业化地区经济为基础、以中心城市为核心、以经济网络为纽带、以经济腹地为依托、具有一定结构的空间经济组织①。

2.1.2 经济区的特征

经济区是全国统一的地域经济系统的组成部分，每一个经济区有其独特的自然和社会经济条件，应因地制宜地发展一个或数个具有全国或区际交换意义的专门化部门及辅助性部门，使经济区内国民经济各部门相互依存、相互制约，按一定比例协调发展。经济区一般具有以下六个基本特征：

（1）区域性。经济区作为社会生产地域分工的形式是客观存在的，也是可以认知的。经济区占据一定的空间，具有相对合理的地域组成范围，有四

① 陈金祥．中国经济区— 经济区空间演化机理及持续发展路径研究［M］．北京：科学出版社，2010.

周与边界，可表示在地图上并可度量，作为一种经济实体表现为特定层次和自身特色的地域经济单元。

（2）层次性。经济运行的空间是由大小不等的许多圈环、层级组成，大经济区可包括整个国家甚至由几个国家共同组成的联合体，小经济区可仅有若干产业部门。每个上一级经济区是若干个下一级经济区的有机集合，各个层次客观地反映不同等级的地域经济单元。

（3）阶段性。社会生产发展会引起经济区内部结构和外部联系由低级形式向高级形式的演变，在不同阶段有不同的机遇与挑战。经济区在不同阶段具有不同的性质差别和阶段性特点，要适应工业化、信息化、城镇化、市场化、国际化深入发展的新形势，在同一阶段内保持相对稳定性。

（4）自主性。经济区是一个相对独立的经济实体，拥有配置资源的一定自主权和自我发展能力，并在区际分工中承担一定专门化职能。但每个经济区不是封闭的、自给自足的自然经济，它通过复杂的物质流、信息流、人才流动等与其他经济区保持密切联系。

（5）整体性。一般而言，一个国家内的不同经济区具有相互依赖、协同发展的关系，任何区域都不能完全脱离其他区域而自行发展。一个较小区域的生产经营活动和产业结构变化，会对较大区域乃至整个国家的经济发展产生影响，同时它的发展也会受到较大区域和整个国家经济发展的影响。

（6）发展变化性与相对稳定性。经济区形成后并非一成不变，会随着生产的发展和社会生产地域分工的演变而变化。经济区经历着量的积累和质的飞跃，前者表现为地区经济特征的相对稳定；后者导致区域范围和区内经济结构的变化，为此需要重新划定经济区。

2.1.3　经济区的划分

（1）经济区划分的一般原则。国家划分经济区的主要目的是阐明各区域在全国地域体系中的地位和作用，使其确立具有比较优势的主导产业、补充产业和关联产业，加强和协调本经济区内各子区域、各部门的联系，促进不同区域之间形成合理分工，指导区域经济朝着最有利的方向发展，并为中央政府选择宏观调控政策，为地方政府制定区域发展规划提供决策依据。不同类型经济区的划分基于特定的经济发展目标，有不同的划分原则和依据，但就划分综合经济区来说，一般应当坚持以下四项原则①：

第一，客观性原则。经济区是社会劳动地域分工的必然产物，且不以人们的主观意志为转移。经济区由形成到成熟，受其内在客观规律的支配。自从出现商品交换以来，部门分工和地域分工日益深化、细化，劳动产品的生产与消费在不同部门和不同空间上相互脱离，使不同地区呈现不同的生产与消费特点。一定区域内各种生产企业、消费单位和市场相互联系，并日益加强和完善这种经济关系，形成一个统一的生产综合体，进而出现经济区。由于社会劳动地域分工在不断发展，作为生产综合体的经济区也会随之发生变化，但在生产综合体没有发生质变的时期内，经济区具有相对的稳定性。

第二，统一性原则。就全国范围而言，所有经济区都统一于整个国民经济综合体中。它们都以各具特色的专业化生产部门承担全国地域分工中的特定任务，为国内区际交换提供特定产品，以满足国内某方面的需要，所以每个经济区都是全国经济整体不可分割的有机组成部分。每一个经济区在特定的生产组织方式和资源聚集过程中形成，有其独特的发展道路、中心城市及相应的辐射范围。区域内部各个部门在共同发展过程中形成了千丝万缕的联系，这些联系使经济区形成一个完整的生产综合体。划分经济区应正确处理各个经济区内部经济上的统一关系，尽量保持地域生产综合体的完整性，避免因人为分割而造成损失。

第三，前瞻性原则。经济区的划分应以调查、分析各区域的发展现状为基础，只有充分了解它们现实的区位特点，才能科学、合理地界定区域范围。但经济区的划分不能仅局限于观察区域经济现状，必须有远见，能看到十年、数十年之后本区域的发展前景；必须通过对经济区发展规律的深刻认识，预见社会劳动地域分工的变动方向，以便据此推算经济区的未来发展走势，制定区域发展战略，确定区域发展目标，做好区域资源的长期开发与规划。经济区划分具有的前瞻性和预见性，可以因势利导、有效地发挥生产潜力和资源潜力，引导经济区朝有利的方向发展，尽量避免和减轻经济区发展不利因素的影响。

---

① 张明龙．经济区的内涵与划分原则［J］．贵州社会科学，2000（4）：27－30.

第四，并列性原则。经济区呈现多层次结构，如果按序列分等级，国家作为最高等级经济区，它具有若干个一级经济区，一级经济区含有若干个二级经济区，二级经济区又含有若干个三级经济区等。不同等级的经济区具有不同的地域范围，最高等级的国家经济区覆盖全部国土，而一级经济区可能只覆盖国内某个大区的国土，其余依此类推。值得注意的是：同一等级经济区的地域范围，不能出现相互交叉或重叠；各同级经济区地域范围的总和应与上一级经济区覆盖的地域范围相一致，即经济区划应做到让同级经济区以各自覆盖的国土面积为基础并列存在，以使各级经济区都有明确的界限。

（2）我国经济区划分的原则。我国经济区的划分除坚持上述一般性原则外，在实际操作过程中还要具体把握好以下四项原则：

第一，区内相似性与区际差异性原则。区内相似性是指经济区内各组成部分具有比较接近的自然和社会经济条件。主要表现为区内各地在经济技术发展水平、社会劳动生产率、资源开发现状与潜力、运输条件、社会体制和文化特征，以及发展目标、发展方向、战略重点和任务等方面基本相似或一致性。区内相似性有利于聚集发挥当地自然、经济优势的企业，促使区内生产专门化。区际差异性是指不同经济区之间的自然资源和社会经济环境千差万别。如果各地都能充分利用该差异集中最能发挥当地优势的生产部门，形成相对利益最大的地区主导产业群和产业体系，就能大大提高全国的经济效益。区内相似性与区际差异性相辅相成，一个经济区内部的相似性体现在不同经济区之间即为区际的差异性。经济区划只有坚持区内相似性与区际差异性原则，才能准确划定各个经济区。

第二，中心城市与腹地相结合原则。一个综合经济区必须要有一个中心城市作为核心，以便组织和协调区内经济发展，把区内各部门、各所辖子经济区的经济活动凝聚成一个有机整体。中心城市没有固定的模式和大小，它可以是一个城市集群，也可以是一个大城市或是一个中等城市或一个小城市。中心城市的规模和经济实力决定了其吸引资源和辐射产品的能力，从而决定了一个综合经济区的等级和发展水平。在多层次、立体型的综合经济区中，一个较高等级、规模较大的中心城市往往以数个规模较小的中心城市及其所辖范围作为腹地；最低等级的城市则与其直接联系着的乡镇腹地，共同构成经济区系统的基层组织。因此，划分经济区必须正确认识中心城市与腹地的关系，使各经济区尽可能保持完整的交通网络，保持和谐的上下级城市关系及城乡关系。

第三，经济区划与行政区划相一致原则。在我国社会主义市场经济条件下，政府是宏观调控主体，不可能对经济区的发展袖手旁观、放任自流。它的责任是运用一切允许使用的手段，为经济区的顺利发展创造必要的条件和适宜的环境。行政区中的各级政府部门，可以通过制定经济政策、运用经济杠杆、变动经济参数、提供社会公共服务、直接参与某些经济活动等措施，确保经济区发展目标的实现。如果经济区完全脱离行政区，显然是难以正常运行和顺利发展的。此外，目前各地统计资料都是按行政区汇编的，倘若经济区的界限与行政区的界限不一致，那么在探索经济区划和制定经济区发展战略时，就难以利用现有的资料，这不仅会大大增加工作量，还可能由于无法获得某些重要数据而造成损失。因此，经济区划要尽可能使各级经济区的界限与行政区的界限保持一致。

第四，经济发展与社会稳定相统一原则。经济区是在社会劳动地域分工基础上形成的各具特色的地域生产综合体。它作为一种社会经济有机体存在于一定地域空间上，表现为特定层次和各具特色的地域社会经济单元。经济区内的经济、社会和文化等方面，具有相互依赖、协同发展的关系，各方面不能完全相互脱离而自行发展。经济区的形成有一个历史演变过程，发展过程中逐步形成了与当地经济相适应的社会制度和人文环境，特别是形成了与当地经济发展和谐一致的民族、语言和宗教等文化因素，以及与当地经济运行相协调的心理素质、家庭观念、作息制度和民风习俗。基于这一原因，进行经济区划时不仅要考虑经济因素，还要考虑社会、文化因素，特别是要尊重民族感情、宗教信仰和风俗习惯，注意保持民族地区的完整性，确保各区域在社会稳定的基础上快速发展经济。

（3）全国八大综合经济区划分的具体构想。2005 年 6 月，国务院发展研究中心发布的《地区协调发展的战略和政策》提出中国所沿袭的东、中、西区域划分方法已经不合时宜，为此该报告明确提出“十一五”期间将内地划分为东部、中部、西部、东北四大板块，并将四个板块再划分为八大综合经济区的具体构想（见表 2－2）。

表 2-2　　全国八大综合经济区划分具体构想

经济区	涵盖省份	特点
东北综合经济区	辽宁、吉林、黑龙江	重型装备和设备制造业、保持能源原材料制造业、全国性的专业化农产品生产基地
北部沿海综合经济区	北京、天津、河北、山东	最有实力的高新技术研发和制造中心之一，加速区域一体化进程
东部沿海综合经济区	上海、江苏、浙江	最具影响力的多功能制造业中心，最具竞争力的经济区之一
南部沿海经济区	福建、广东、海南	最重要的外向型经济发展基地，消化国外先进技术的基地，高档耐用消费品和非耐用消费品生产基地，高新技术产品制造中心
黄河中游综合经济区	陕西、山西、河南、内蒙古	最大的煤炭开采和煤炭深加工基地、天然气和水能开发基地，钢铁工业基地，有色金属工业基地，奶业基地
长江中游综合经济区	湖北、湖南、江西、安徽	以水稻和棉花为主的农业地区专业化生产基地及相关深加工工业，以钢铁和有色冶金为主的原材料基地，武汉“光谷”和汽车生产基地
大西南综合经济区	云南、贵州、四川、重庆、广西	以重庆为中心的重化工业和以成都为中心的轻纺工业两大组团，以旅游开发为龙头的“旅游服务业—旅游用品生产”基地
大西北综合经济区	甘肃、青海、宁夏、西藏、新疆	重要的能源战略接替基地，最大的综合性优质棉、果、粮、畜产品深加工基地，向西开放的前沿阵地和中亚地区经济基地和特色旅游基地

2.2　区域激励政策的界定

2.2.1　区域激励政策的含义

界定区域激励政策的含义，先要阐明“区域、激励、政策”的基本含义。

(1) 区域的含义。什么是区域？我国《现代汉语词典》解释为：区域即地区范围。一般分为两种情况：

第一，指土地的界划，即地区之意。《周礼·地官·序官》“廛人”汉郑玄注：“廛，民居区域之称”；晋潘岳《为贾谧作赠陆机》诗：“芒芒九有，区域以分”；清陈康祺《郎潜纪闻》卷三：“咨其风土，考其区域”；郭沫若《苏联纪行日记·七月十日》：“工人住宅系木造小屋，自成一区域”。

第二，指界限、范围。晋陆机《吊魏武帝文》：“死生者性命之区域”；唐刘知几《史通·序例》：“昔夫子修经始发凡例，左氏立传显其区域”；丁玲《一九三〇年春上海（之一）》：“若泉对于这方面极感到兴趣，他常常希望能从这知识阶级运动跳到工人运动的区域里去。”

这里所采用的是第一种情况，即指土地的界划（即地区）。

（2）激励的含义。激励即勉励之意，是指激发人的行为的心理过程。我国《现代汉语词典》解释：激励即激发鼓励。美国管理学家贝雷尔森（Berelson）和斯坦尼尔（Steiner）定义为：“激励是人类活动的一种内心状态。一切内心要争取的条件、希望、愿望、动力都构成了对人的激励。”美国心理学家伯尔赫斯·弗雷德里克·斯金纳（B. F. Skinner）将激励分为正强化、惩罚、负强化、忽视 4 种具体方式，其效果各不相同，应配合使用。我们认为，人的一切行动都是由某种动机引起的，动机是一种精神状态，它对人的行动起激发、推动、加强的作用。不同的激励类型对行为过程会产生程度不同的影响，主要包括三种情况：

第一，物质激励与精神激励。虽然两者目标是一致的，但其作用对象是不同的，即前者作用于人的生理方面，是对人物质需要的满足；后者作用于人的心理方面，是对人精神需要的满足。在现实经济社会活动中，随着人们物质生活水平的不断提高，人们对精神与情感的需求越来越迫切，如期望得到尊重、得到认可、得到赞美、得到理解等。

第二，正激励与负激励。正激励是指当一个人的行为符合组织的需要时可通过奖赏的方式来鼓励这种行为，以达到持续和发扬这种行为的目的；负激励是指当一个人的行为不符合组织的需要时可通过制裁的方式来抑制这种行为，以达到减少或消除这种行为的目的。两种类型激励目的都是要对人的行为进行强化，不同之处在于二者的取向相反。正激励起正强化的作用，是对行为的肯定；负激励起负强化的作用，是对行为的否定。

第三，内激励与外激励。内激励是指由内酬引发的、源自于工作人员内心的激励；外激励是指由外酬引发的、与工作任务无直接关系的激励。其中内酬是指工作任务本身的刺激，它与工作任务是同步的，如追求成长、锻炼自己、获得认可、自我实现、乐在其中等内酬引发的内激励会产生一种持久性的作用。外酬是指工作任务完成后或在工作场所以外所获得的满足感，它与工作任务不是同步的，且由外酬引发的外激励也难以持久。

（3）政策的含义。政策由“政”和“策”组成，政者为“政略、纲要”，策者为“谋略、方术”等。就其功能而言，政策是人类社会发展到一定阶段的历史产物。一般认为，政策是国家或政党为实现一定历史时期的路线和任务而制定的行动准则。政策有广义与狭义之分，狭义的政策是指国家为实现其经济调控目标而制定的方针、策略和措施等各种手段的总称。政策的实质是阶级利益观念化、主体化、实践化的反映，具有阶级性、正误性、时效性和表述性的特点。

广义的政策是指国家及其政权机关、政党组织等政治集团和其他组织为实现其意志与利益，规定在一定的历史时期内应达到的奋斗目标、遵循的行动原则、完成的明确任务、实行的工作方式、采取的一般步骤和具体措施。从最广泛的意义上说，由国家公共权力主体制定，对一定的社会行为主体产生一定影响的法律法规、战略、规划、计划、条例、规章、政令、声明、指示、管理办法和实施细则等，都可被视为政策的范畴。

政策按照性质与功能标准，可分为激励政策与惩治政策；政策按照国家标准，可分为对内政策与对外政策（外交政策）；按照从属关系标准，可分为总体政策、基本政策和方面政策（具体政策）；按照制定主体标准，可分为政党政策、国家政策和团体政策；按照政策主体条块标准，可分为部门政策、地区政策和企业政策；按照基本内容标准，可分为政治政策、经济政策、社会政策、科技政策和文教政策，从宏观经济上政策又可分农业、工业、商业、交通、财政、税收和货币政策等。

（4）区域激励政策的含义。据考证，“区域政策”的概念约在20世纪30年代首次出现，从实质上看又可称为区域发展政策、区域经济发展政策或区域经济政策。从理论上来讲，区域政策是对西方经济理论中完全由市场对经济行为进行调节的一个否定。如英国经济学家罗伯特·巴洛（1940）认为，制定区域政策的目的之一是为减少某些受到严重压抑地区长期持续的事业问题；瑞典经济学家冈达·迈尔达尔（1957）提出了“累积因果理论”，明确阐明“市场对经济发展的调节作用更倾向于扩大区域之间的差距而非缩小”的观点；美国经济学会杰出研究员阿尔伯特·赫希曼在《经济发展战略》（1958）一书中有着相似的观点，并提出“边缘区域与核心区域理论”；区域经济学创始人美国沃尔特·艾萨德在《区域分析方法》（1960）一书中，也是以上述观点为前提来全面阐述各区域的经济开发理论与方法。

我国学术理论界对“区域政策”的含义有着不同的认识，主要包括立足区域差异和立足资源禀赋两个视角的研究，其中以前者研究居多。如中国区域科学协会会长杨开忠认为，区域政策是政府干预区域发展的一系列政策手段，它对区域经济发展的影响来自于地方政府制定的一系列经济政策措施；中国地理学会前理事长陆大道认为，区域政策是国家和地区政府部门制定的调整地区间差异和宏观经济运行机制的政策和措施；国家发改委宏观经济研究院前常务副院长王一鸣认为，区域经济政策简称区域政策，是政府根据区域差异而制定的促使资源在空间的优化配置，控制区域间差距扩大，协调区际之间关系的一系列政策的总和；中国投资环境学会前常务副理事长张敦富认为，从区域发展政策的主体框架上说，它是国家产业政策、国家对外开放政策、国家可持续发展政策区域化的结果；四川省社会科学院李树桂等人认为，区域激励政策是一个国家的中央政府为促进区域经济的发展所制定的各种引导性经济活动或是政策，以通过优化配置各种资源在区域之间的配置情况，达到各个区域之间合理分工、推动各个区域间经济发展的目的。

目前，学术界对激励政策、区域激励政策的研究并不多见，为便于分析研究，我们将激励政策界定为：激励政策（Incentives Policy）是与惩制政策相对应的，即指政府采取鼓励、刺激社会经济发展的各种办法和措施等的总称。一般而言，国家和政府制定的政策多是激励政策，惩治政策较少。区域激励政策是指国家和政府制定的旨在强化资源优化配置、刺激经济落后地区发展、缩小区域发展差距、促进区域经济协调与持续发展的区域性和地方性政策。这里的区域激励政策主要包括涵盖促进区域经济发展的产业、财政、税收和金融等方面的经济刺激政策，社会保障、促进就业的社保就业政策，以及科技创新、文化教育和医疗卫生等方面的科教文卫政策。

2.2.2 区域激励政策的特征

区域激励政策的作用范围是区域经济，以实现区域产业布局、优化区域产业结构和产业组织合理化，在区域经济发展中发挥着宏观调控的功能。其特征主要包括以下四个方面：

（1）系统性。区域激励政策是一个复杂变化的大系统，对该系统实行控制和调节的激励政策也必须具有系统性。区域激励政策的系统性不仅表现为它是一种完整的和综合性的政策体系，而且在于其作用是多方面的和分层次的。区域激励政策是具有系统性的激励政策，是区域经济政策的核心，它要求区域财政与金融政策、区域产业与投资政策、区域协调与发展政策、区域创新政策等相配合，往往牵一发而动全身，因此具有很强的系统性。

（2）区域性。区域激励政策是从区域角度出发考察发展问题的，因地制宜发挥区域比较优势，构成了区域激励政策的内在要求。区域激励政策应在全国产业政策和总体布局的要求下，从区域实际出发，正确确定其在全国地域分工总格局中的地位，在区域多因素包括自然条件、资源状况、技术水平和经济基础等综合限定的范围内扬长避短，因地制宜地推进区域产业结构优化的战略设计及布局模式的选择，以形成区域特色。

（3）倾斜性。同国家产业政策相比，区域激励政策更具有倾斜性，也就是更加强调优先发展区域的主导产业、优势产业和支柱产业。区域产业结构系统是内外开放的，各区域产业结构之间的分工与协作，要求区域产业结构通常采取非均衡的发展方式，当区际交换比区域自身经营有更大利益时，就可以放弃其某些行业、产品，通过区际交换、区际协作来满足其要求，而不是强调自我平衡，强求区域产业体系的完整性。合理的区域产业政策应当是重点支持、适度协调的政策，也必须是倾斜的或有重点的。

（4）动态性。区域产业结构随着区域经济发展处于不断变化之中，区域激励政策必须适应且促成区域产业结构的演化，对区域产业结构的动态系统实行有效的动态调节和控制。因此，区域激励政策可适应区域产业结构未来变化的规模或趋势，认清区域产业结构所处的现实环境和发展阶段，从长远考虑，着眼于大局，在区域专业化分工的前提下引导并促进本区域的产业结构从低加工向高加工过渡，从资源、劳动密集型向资金、技术、知识密集型转化，从低级到高级、沿着产业结构演化的方向不断发展。

2.2.3 区域激励政策的类型

在我国集权与分权并存的经济体制中，根据区域激励政策的目标和效果可将其划分为以下四种类型：

（1）资助型激励政策。资助型激励政策是指在实施之后不仅会对本区域产生有利影响，还会对其他区域产生有利影响的政策。一般情况下，集权者喜欢使用资助型政策，原因就在于集权者从全局考虑，力图采用一项政策就能够实现几个区域经济的同时高度发展。而分权者由于考虑到资助型激励政策会对其他区域产生更多的有利影响，所以往往很少采用资助型政策。

（2）抵触型激励政策。抵触型激励政策是指实施后会对某区域产生有利影响而对其他区域产生不利影响，甚至可能会对总体的经济发展目标产生不利影响的政策。分权者一般喜欢使用抵触型政策且经常是过度采用，容易导致区域间的互相封锁，甚至引发更大的矛盾。这是集权者不愿意见到的，所以即使是在分权的体制中，中央政府也应不断增强宏观调控能力。

（3）混合型激励政策。混合型激励政策是指实施后会对本区域产生有利影响，而对其他区域既会产生益处也会带来危害的政策。一般来讲，这种政策是集权者与分权者均可接受的。但在区域经济发展不均衡的前提下，集权者必须加强中央政府的调控力度，适宜地制定一部分抵触型政策，而分权者也应有限度地实施一些资助型政策，以引导区域经济的均衡发展。

（4）中性型激励政策。中性型激励政策是指实施之后会对本区域产生有利影响，而对其他区域既不会产生有利影响也不会产生不利影响的政策。这在我国各个区域的经济发展政策中并不存在，尤其是在一个国家的经济发展中，各个区域之间必然存在着一定程度的关联。所以，中性型激励政策在理论上是存在的，但在实际经济发展过程中很难找到。

2.2.4 区域激励政策的功效

通过增加、稳定或缩减区域激励政策来影响区域经济的发展，已经逐渐成为地方政府宏观调控的一项重要措施。可以说，区域激励政策的改变会在资源配置、产业聚集、资源增值、区域自强、就业创造、区域扩散等方面对本区域的社会经济发展产生重大影响，具体表现在以下六个方面：

（1）资源配置效应。适宜的激励政策可引导区域内部的有限资源，流向效益高的行业、产业和其他具备先导性的行业、产业。具备一定政策导向的区域政策对区域内部的人力、物力与财力能产生极大的吸引力，有助于推动其向上游行业、产业移动，从而实现区域内部资源的最优配置与使用。面对我国区域资源配置不均的问题，应让微观经济主体以追求利益为导向，积极参与社会资源配置过程，形成国家、企业和个人共同参与资源配置，提高全社会资源配置效率。

（2）产业集聚效应。导向性的激励政策能对企业产生巨大的吸引力，有利于促进企业在区域间的迁移。一般来说，发达地区对营业执照颁发标准越严格，就越能促进企业向欠发达区域搬移。而欠发达区域的企业优惠政策与补助越多、区域差异越明显，也就越能推动企业向欠发达区域迁移。企业的区域性迁移能够促进同行业、同类型的企业逐渐向一个区域集中，形成产业集聚效应，产业集群可以推动产业加快升级、信息加快交流，也会扩大对外界区域的影响。

（3）资源增值效应。区域激励政策的资源增值效应是指政策将集聚产业内部的资源加工成深度加工产品，实现资源增值的功效。随着区域激励政策对产业集聚功效的不断增强，区域资源从产业集聚中获取经济效益的可能性就会越来越大，也就是说经济活动在区域内的集中及其相互配合，可以为区域带来各种费用上的节约或是经济效益上的提升，这就极大增强了区域资源的增值作用，从而促使区域资源在市场经济竞争中占据更加有利的地位，促进该区域经济的快速发展。

（4）区域自强效应。区域自强效应是指区域激励政策在促进产业集聚与资源增值的过程中，区域自身综合实力不断增强的效能。例如，由于区域激励政策的产业集聚功效，大量的企业势必需要一系列为之服务的非生产型与生产型行业，从而使得这些行业也在本地区获得高速发展，其行业的发展会引发区域人口的大量增加，而人口的增加会引发其他的一系列为之服务的产业和企业获得相应的发展，从而促进区域综合实力的进一步增强。

（5）就业创造效应。就业创造是区域激励政策的一个重要目标，区域激励政策可以引导区域内部的资源实现最优配置、最合理利用，从而实现国民收入增加。随着欠发达地区经济的发展，各个区域间的差距必然会缩小，相应地也会创造出很多就业机会；同时区域激励政策能够引导财政资金与私人投资资金向新兴产业或是可以容纳更多劳动力的产业进行流动，为区域内部的剩余劳动力创造就业机会，从而有助于区域产业的升级及其结构的优化。

（6）区域扩散效应。区域扩散效应是指区域激励政策促使形成的产品或是技术，除可供给本区域人民消费与使用外，还可以有选择地供给其他区域，而其他区域为获得更多的发展资源，也会开发部分产品以扩大区域的生产能力。为向更高的层次发展，区域必须从更大的范围中获得越来越多的矿产品和农副产品等初级的原材料，这就需要利用技术转让、对外投资等扩散形式推动更多的区域增加对这些产品的生产，从而提升区域的综合实力。

2.3 激励政策对经济区发展的影响

2.3.1 激励政策制定对经济区发展的影响

激励政策制定是对激励政策问题提出并选择解决方案的过程。具有目的性、选择性、前瞻性和系统性等特征，一般应当遵循公正性、预测性、信息性、规范性、可行性和合法性等原则来制定激励政策。

在经济区发展的政策制定过程中，关键在于激励政策制定的议程、评估与合法性的审核。只有树立现代政策制定理念，着力提高政策制定能力，科学制定符合经济区发展实际的激励政策及责任追究制度，才能有所侧重地投入政策资源，进一步优化政策结构，最终达到促进经济区快速、持续发展的目的，否则就会背离加快经济区发展的目标或是有碍于经济区的发展。

2.3.2 激励政策实施对经济区发展的影响

激励政策实施是国家及其有关部门将激励政策的内容转变为现实，从而实现激励政策目标的行为活动。一般而言，在激励政策实施的过程中要遵循坚定性与系统性、准确性与时效性、灵活性与创新性的原则。

在经济区的建设中，政策的科学、有效实施是关键，政策实施手段是否恰当，将直接关系到政策主体实施力的大小及政策目标能否实现。激励政策的存在性、一致性、贯彻力、覆盖面和副作用是判断政策实施是否成功的标准，而政策本身及其他相关因素将会导致政策实施的偏差。经济区发展实施的激励政策，其关键在于有效纠正政策实施偏差，采用综合治理的系统方法消除已经产生的不良后果，使政策实施回到正确的方向上来，以提高政策实施的质量与效率。

2.3.3 激励政策变更对经济区发展的影响

激励政策变更是因激励政策的制定者变动、环境变化、资源限制和政策的失效或低效所做出的调整或终结的行为活动。主要包括激励政策调整和激励政策终结两个方面：其中前者是对激励政策方案进行局部的修正、补充和完善；后者则意味着该项激励政策的终结。

在经济区发展过程中，已实施的激励政策会根据经济区实际情况进行适当的调整，其内容主要包括政策问题、政策目标、政策方案、政策措施和政策关系等；已不适应经济区发展需要或与其发展相悖的激励政策，择机进行终结。激励政策的变更对节省政策资源、促进政策优化、提高政策绩效、协调政策系统和避免政策僵化等具有积极效应，该项工作目前仍是政策实施过程的薄弱环节，可采取政策衔接等方式正确处理政策变更与经济区发展的关系。

2.3.4 激励政策监管对经济区发展的影响

激励政策监管是激励政策监控主体依据一定的法律制度，对政策系统运行包括激励政策的制定、实施、终结、评估活动进行监督与管理的行为。其特征主要是预防性、补救性和教育性等，其主要程序包括计划安排、政策观察、评价分析、纠正偏差和效果评价。

在实施促进经济区发展激励政策的过程中，应努力做好对激励政策的监督、控制与管理，以保证政策系统的顺利运行；应提高政策制定、实施的质量及效率，以促进既定政策目标的实现；应加强对激励政策的评估，以达到取得相关信息，为政策变化、政策改进和制定新政策提供依据的目的。

2.4 经济区发展的理论基础

2.4.1 非均衡增长理论

非均衡增长理论是针对区域经济平衡发展中的问题而提出的。该理论遵循区域经济发展的客观规律，认为在不发达地区还不具备产业及地域全面增长的资金和能力的情况下，平衡增长只能是理论上的推想，而在现实中却难以实现。因此，社会经济发展应根据区域发展的客观差异性有重点、有区别地发展，并以不同的强度首先出现在一些增长点或增长极上，随后通过不同的渠道向外扩散，最终对整个经济产生不同的影响。非均衡增长理论是一个宏观的经济理论体系，包括“增长极”理论、点轴开发理论、累积因果循环理论、“倒 U”理论等著名经济学理论。

法国经济学家弗朗索瓦·佩鲁提出的增长极理论是非均衡增长理论的代表。他认为，无论在大经济单元还是在小经济单元，都存在着不平等的相互影响，从而产生不均衡现象。他把这种某些单元支配另一些经济单元的现象称为支配效应，并基于此种效应引入推进型产业的概念。增长极理论将城市视为一个增长极，城乡之间的联系主要是城市资源要素通过不同渠道向农村扩散来实现的，强调以城市为中心，通过资源要素从城市到乡村的流动来带动乡村地区的发展①。

美国城市和区域规划学家约翰·弗里德曼将核心-边缘理论的概念引入区域经济学。他认为，任何国家的区域系统都是由核心和外围两个子空

① 梁颖，蔡承智．基于非均衡增长理论的城镇化与新农村建设协调推进的区域优先序选择[J]．安徽农业科学，2011（28）：17628-17629.

间系统组成，资源、市场、技术和环境等的区域分布差异是客观存在的，当某些区域的空间聚集形成累积发展之势时，就会获得比其外围区域强大得多的经济竞争优势，形成区域经济体系中的核心。外围相对于核心处于依附地位而缺乏经济自主，从而出现了空间二元结构，并随时间推移而不断强化。

波兰经济学家萨伦巴和马利士提出点轴开发理论。点轴开发理论是增长极理论的延伸，但在重视“点”增长极作用的同时，还强调“点”与“点”之间的“轴”，即交通干线的作用。该理论认为，随着重要交通干线如铁路、公路、河流航线的建立，产业和人口向交通干线聚集，使交通干线连接地区成为经济增长点，沿线成为经济增长轴。在国家或区域发展过程中，大部分生产要素在“点”上集聚，并由线状基础设施联系在一起而形成“轴”。

瑞典经济学家缪尔达尔提出的累积因果循环理论认为，“地理上二元经济结构”的成因及经济优先发展的发达地区，对落后地区具有促进发展的作用，主张政府应对二元经济格局采取一定的政策措施来刺激欠发达地区经济的发展。一些专家学者通过对“累积因果循环理论”进行统计方法检验，认为与经济发展实际情况相符合，受到发展经济学家和许多发展中国家的重视。

美国经济学家威廉姆森提出的“倒U”理论，是将区域经济发展研究从单纯的理论层面上升到实证分析层面，即通过对样本国家的经济截面和时间序列数据进行定量研究，明确了“区域发展不平衡程度”和经济发展阶段（起飞期、成熟期）之间的关系，以及这种“倒U”形变动的影响因素，为市场机制作用下区域经济发展趋势和发展差距提供了判断依据。

非均衡增长理论对黑龙江省八大经济区发展的作用主要表现在：一是经济活动联系的紧密性是“八大经济区”发展的必要条件，但前提是要保证货物和生产要素在区域内的自由流通；二是受市场机制的客观影响，单独依靠货物和生产要素的自由流通，不能从根本上促进“八大经济区”的发展及整体社会经济环境的协调发展；三是在“八大经济区”的发展中应注重政府的作用，即通过政策调控来促进区际增长和资源调配的协调化，以形成由个体带动整体、由局部引领全局的经济发展局面。

2.4.2 产业布局理论

产业布局理论研究的重点是各产业在一定的空间范围内分布和组合的经济现象，包括静态的产业部门、要素、链环等组合及动态的生产部门、企业、资源等的初次配置与再配置过程，产业布局理论主要包括产业区位理论、产业结构理论和产业集聚理论等。

产业区位理论的发展经历了古典区位理论、近代区位理论和现代区位理论3个发展阶段，其中古典区位理论是以德国经济学家杜能的农业区位论和德国经济学家韦伯的工业区位论为代表，其特点是立足于单一的农业或工业中心，以追求最低的成本和运费为原则；近代区位理论以德国地理学家克里斯泰勒的中心地理论和法国学者廖什的市场区位理论为主要代表，其特点是从一个城市或区域着眼，以区域市场的扩大和优化为目标；现代区位理论可分为“成本-市场”学派、行为学派和社会学派，其特点是立足于整体的国民经济，以追求最优组织的地域经济活动为目标。

产业结构理论主要是描绘区域内产业构成、相互联系及变动的动态理论，能够体现按产业功能分类的区域产业体系。该理论中产业结构的变动主要有4种导向：一是出口导向，即以对外出口作为区域产业的生产经营宗旨；二是技术导向，即以扩大高新技术所占比重、提高产业结构科技含量为宗旨；三是资源导向，即以资源开发作为产业结构主导，主要存在于欠发达地区；四是结构导向，即在产业处于中等发达程度时，优化产业结构的形成与发展。

产业集聚理论认为，产业集聚与集群是该地区产业竞争优势形成的关键因素，是工业化发展到一定阶段的产物。从理论角度来看，产业集聚的形成是生产要素、需求条件、相关产业、企业战略、发展机遇和政府作用6个因素的合力，即“钻石模型”；从竞争角度来看，产业集聚可根据产业链和产业关联度，分为单一型产业集聚、相关型产业集聚和非相关型产业集聚；从合作角度来看，产业集聚和产业集群可以提高所属区域的产业竞争力，进一步优化资源的配置并促进资金、技术等生产要素的消化吸收。

产业布局理论对黑龙江省八大经济区发展的影响主要体现在：一是有利

于全局的统筹发展，既可根据各地区的产业发展条件确定专业化方向，又能够根据全局的利益对经济区的发展进行合理规划；二是有利于产业间的分工协作，将专业化的产业部门加以整合，形成产业规模优势及合理的地区产业结构；三是有利于地区经济发展效率的提高，促使地区产业结构向更高的层次升级。

2.4.3 地域分工理论

地域分工理论是劳动部门和社会分工在空间上的具体表现形式，从历史上可分为古典区位分工理论和现代区域分工理论，此外还包括空间经济学中的其他相关理论。地域分工理论对经济区发展的影响主要体现在能够解释区域经济收敛和非均衡发展的问题。

古典区位分工理论最早由英国经济学家亚当·斯密在《国富论》一书中提出，主张按绝对优势进行区位分工；大卫·李嘉图通过分析不同国家生产要素的差异，进一步发展了古典区位分工理论，提出了按照比较优势进行区域和贸易分工的原则。现代区域分工理论出现于20世纪，其形成标志是要素禀赋理论。该理论认为各地区生产要素价格直接受到要素禀赋的影响，根据要素禀赋条件进行区域分工和专业化生产，可以有效提高区域经济和整体福利水平。此外，协议性区域分工理论、动态优位理论等基础理论也促进了现代区域分工理论的进一步发展。

空间经济学是从“集聚”视角入手，探讨了影响区域间经济发展趋异的因素。如苏联经济地理学家巴朗斯基和萨乌什金，从劳动地域分工的内涵、类型、影响因素及经济区形成等论述了空间经济学对地域分工理论中劳动分工的影响；藤田昌久等经济学家则通过“D－S”模型，充分阐述因制成品规模报酬的递增使经济空间结构分化为“中心－外围”异质结构，以及该结构维持和瓦解的路径和条件。

根据地域分工理论，黑龙江省八大经济区应按其在气候、土质、自然资源及地理位置等方面的优越条件，各自选择生产在生产成本上占绝对优势的产品，形成某一类或几类产业群，确立自己的主导产业和支柱产业并互相交换，这样形成的区域分工对各经济区都是有利的。而建立在社会化大生产基础之上的地域分工，则是经济区形成的重要前提。

2.4.4 区域政策理论

学术界对区域政策从不同的角度对其进行阐述分析，具有代表性的观点大致可归纳为5类，见表2－3。

表2－3 对区域政策的认识

学　者	含　义	阐述角度	缺　陷
约翰·弗里德曼（John Friedman）	区域政策是解决区位问题，即经济发展“在什么地方”	在国家层次上处理区域问题	没有明确说明区域政策的目标
罗杰（C. Roger）	所有旨在改善经济活动地理分布（扭曲）的公共干预	区域政策的目的	没有说明实现手段
阿姆斯特朗与泰勒	区域政策是国家为实现某些特定目标的政策	区域政策的工具属性	没有阐明政策主体
王一鸣	政府根据区域差异制定的，促使资源在空间的优化配置、控制区域间差距扩大、协调区际关系的一系列政策的总和	区域政策的目的	没有说明区域政策的工具属性，缺少对区域政策空间特征的界定
张可云	政府（主要是中央政府）干预区域经济的重要工具之一，它通过政府的集中安排，有目的地对某些类型的问题区域实行倾斜，以改变由市场机制作用所形成的一些空间结果，促使区域经济发展与区域格局协调并保持区域合理分配	区域政策的手段与目的	缺少对区域政策空间特征的界定

资料来源：殷存毅．《区域发展与政策》，2010年。

区域政策的内涵包括3个方面：一是区域政策由政府或其他权威部门制定；二是区域政策具有特定空间指向或适用范围；三是区域政策的目的是促进区域经济社会发展和实现社会公平。

区域政策的行为主体可分为宏观和微观两类，其中宏观区域政策行为主体是国家或中央政府，政策工具具有特定事权的性质，政策目标具有全局性的考量，具体政策是针对国民经济社会发展中的“问题空间”或特定项目制定的，具有特别的空间针对性，政策影响范围一般是跨区域的，即一个政策的结果或目的可能是具有跨区域或全局性影响；微观区域政策行为主体是地方政府，政策目标及影响范围主要是局部性的，政策执行者具有单一性，政策的功能是推动当地经济社会发展，同时涉及区域内的社会公平问题，微观区域政策受制于国家的一般宏观发展战略及政策，是有权限的。

在区域经济发展过程中，区域政策目标可分为总体目标和具体目标。其中总体目标是为实现效率与公平，即以提高经济效率为导向，通过各地区间合理有效地配置资源，以促进区域发展；同时通过经济或行政手段尽量减小区域发展差距，实现区域之间的相对平衡发展，提高全社会的和谐程度。具体目标是实现总体目标过程中可操作和可度量的各种具体指标，包括产业结构演进目标、公共产品及服务均等化目标及就业促进目标等，不同时空条件下的具体目标重点是不同的。

2.5 本章小结

本章通过对经济区和激励政策概念的界定与特征进行阐述，并进一步从激励政策的制定、实施、变更、监督等角度分析在经济区发展中的影响，以及经济区发展的理论基础，包括非均衡增长理论、产业布局理论、地域分工理论和区域政策理论。本章为基础理论章节，为以后各章的分析研究奠定坚实的基础。

3　黑龙江省八大经济区发展的状况与相关分析

3.1　黑龙江省八大经济区发展的总体状况

3.1.1　“八大经济区”的提出与分类

2008年12月黑龙江省经济工作会议提出了促进黑龙江省今后一个时期经济更好更快发展的“建设八大经济区，着力抓好十大工程”规划构想，其中八大经济区包括哈大齐工业走廊建设区、东部煤电化基地建设区、东北亚经济贸易开发区、大小兴安岭生态功能保护区、松嫩平原三江平原农业综合开发试验区、北国风光特色旅游开发区、哈牡绥东对俄贸易加工区、高新科技产业集中开发区，该规划构想是当前及今后一个时期黑龙江省经济社会发展的主要任务。[①]“八大经济区”的提出是对区域经济发展理论认识的升华，是对黑龙江省区域发展的创新举措。

2009年4月黑龙江省第十届委员会第七次全体会议审议并原则通过了《黑龙江省哈大齐工业走廊建设区规划》《黑龙江省东部煤电化基地建设区规划》《黑龙江省东北亚经济贸易开发区规划》《黑龙江省大小兴安岭生态功能保护区规划》《黑龙江省松嫩平原三江平原农业综合开发试验区规划》《黑龙江省北国风光特色旅游开发区规划》《黑龙江省哈牡绥东对俄贸易加工区规划》《黑龙江省高新科技产业集中开发区规划》（简称“八大经济区”规划）。“八大经济区”

---

① 王曙光，张越．黑龙江省农业试验区发展的问题及其对策［J］．哈尔滨商业大学学报（社会科学版），2012（2）：75－82.

规划的提出，是区域发展理论在黑龙江省的实践探索，是建立在结合具体省情、深入调查研究、广泛征求意见，以及多次科学论证基础之上的理论与实践创新，对黑龙江省发展思路和发展方式做出了进一步的改进与提升，有利于解决黑龙江省发展中的深层次矛盾，有利于有效应对国际经济和金融形势对黑龙江省发展的影响，有利于着力推进黑龙江省经济社会更好更快的发展。

根据黑龙江省八大经济区所侧重发展的产业，为方便研究，这里将其划分为四类：一是农林开发保护区，包括松嫩平原三江平原（简称两大平原）农业综合开发试验区和大小兴安岭生态功能保护区；二是商业贸易旅游区，包括东北亚经济贸易开发区、哈牡绥东对俄贸易加工区和北国风光特色旅游开发区；三是工业基地建设区，包括哈大齐工业走廊建设区和东部煤电化基地建设区；四是高新技术开发区，即高新科技产业集中开发区。

以下分四类进行阐述与分析。

3.1.2 农林开发保护区发展状况

（1）两大平原农业综合开发试验区发展状况。黑龙江省两大平源农业综合开发试验区是立足于松嫩平原和三江平原原有基础发展起来的。其基本情况见表3－1：

表3－1　　两大平原农业综合开发试验区基本情况

项目	总面积（万平方千米）	人口（万人）	耕地面积（万平方千米）	所辖地级（以上）城市	所辖农垦分局	所辖县级市（县）数量	所辖农场数量
松嫩平原地区	10.32	1793.4	5.29	哈尔滨	哈尔滨	33	59
				齐齐哈尔	绥　化		
				大　庆	齐齐哈尔		
				绥　化	九　三		
				黑　河	北　安		

续　表

项目	总面积（万平方千米）	人口（万人）	耕地面积（万平方千米）	所辖地级（以上）城市	所辖农垦分局	所辖县级市（县）数量	所辖农场数量
三江平原地区	10.89	573.7	5.56	鸡　西		18	55
				牡丹江	宝泉岭		
				鹤　岗	红兴隆		
				双鸭山	建三江		
				佳木斯	牡丹江		
				七台河			

资料来源：《两大平原农业综合开发试验区发展规划（2009）》。

该试验区将千亿斤粮食产能工程、发展现代农业、构建城乡经济社会发展一体化新格局作为工作重点，以标准化、规模化的农业生产和产业化经营为主导，大力推行农业产业结构调整，加强农村基础设施建设，做大做强试验区范围内的畜牧产业，加大龙头企业的建设发展力度，努力打造一批以加工水稻、大豆、肉类、渔业、乳品、禽蛋等产品为主体，销售收入超过千亿元的绿色农产品深加工企业，创出一批知名品牌。目前，两大平原农业综合开发试验区共有 114 个农场，且人口集中、资源富集、农业生产在黑龙江省占主导地位，是全省的农业主产区和优势区。

但受经济结构不合理等因素制约，两大平原农业综合开发试验区的发展仍存在一些问题。主要表现在：经济社会发展还比较落后，经济总量小，其生产总值只占全省的 1/3；第一产业比重大，县域第二、第三产业比重低，资源综合开发利用滞后，经济发展活力和后劲不足；农民收入不高，有 24 个县（市、区）农民人均纯收入低于全省平均水平；农业农村基础建设欠账多，农业标准化作业水平较低，单位资源产出能力不高；局地生态条件较差，土壤沙化、退化、碱化严重，可持续发展水平能力较弱。

（2）大小兴安岭生态功能保护区发展状况。黑龙江省大小兴安岭生态功能保护区以保护黑龙江省林业生态资源为最终目标，加快发展特色产业、生态产业等替代产业。随着产业结构优化升级和基础设施建设的高速发展，在大、小兴安岭林区范围内目前已初步形成以生态经济为主的产业格局。黑龙江省将继续推行天然林保护工程的发展建设（见表3－2），提高相关补助标准并加大保护力度；根据国家建设需要和市场需求有计划地调减木材产量，坚决杜绝超计划、超限额采伐等违法违纪行为；加强对珍贵树种的保护及草原、湿地的休养生息，以维护森林物种的生物多样性；林业产品加工方面应着力扩大林下种植、特色养殖等地域性优势产业的发展规模，进一步推进林产品产业结构的升级、产品精深加工基地的扩大、知名龙头企业的培育力度和特色林业品牌的市场占有份额（见表3－3）。

表3－2　　黑龙江省2009—2013年林业生产基本情况

项目	2009年	2010年	2011年	2012年	2013年
荒山荒沙地造林面积（千公顷）	216.2	235.2	124.2	157.0	124.1
更新面积（千公顷）	21.9	8.8	8.3	26.4	26.6
育苗面积（千公顷）	12.0	12.1	12.9	13.2	11.0
幼林抚育作业面积（千公顷）	714.5	766.2	678.7	587.8	794.1
成林抚育面积（千公顷）	344.3	427.7	988.1	880.0	797.8
零星植树（万株）	2494.8	2246.2	1833.3	1371.0	1115.8
林木采伐（万立方米）	751.4	770.0	422.4	371.7	281.0

资料来源：《黑龙江省统计年鉴（2014年）》。

表3－3　　大小兴安岭生态功能保护区2006—2010年重点建设项目投资情况

项目	项目数量	总投资（亿元）	2006—2010年投资（亿元）	项目	项目数量	总投资（亿元）	2006—2010年投资（亿元）
森林	35	158.53	50.66	湿地	13	33.67	12.12
草原	3	10.89	3.59	生物	7	14.12	3.92
自然保护区	23	1.68	1.18	水资源	2	43.55	0.55
水土流失治理	18	27.4	21.22	矿山生态建设	2	23.86	13.47
小城镇建设与生态移民	5	260.5	189.1	森林草原防火	11	39.21	13.41

续　表

项目	项目数量	总投资（亿元）	2006—2010年投资（亿元）	项目	项目数量	总投资（亿元）	2006—2010年投资（亿元）
生态旅游业	44	110.4	67.8	特色种植养殖业	36	40.05	28.92
生态农业	16	95.59	58.72	绿色食品加工业	39	62.16	53.9
清洁工业	34	436.19	271.79	东北特色药业	28	34.42	23.08
林木精深加工业	24	37.97	33.05	对俄合作	16	90.63	69.69
矿产资源开发	25	575.08	331.45	基础设施建设	72	826.41	472.57

资料来源：《大小兴安岭生态功能保护区发展规划（2009）》。

从大、小兴安岭林区生态状况看，目前大、小兴安岭生态功能保护区在建设与发展中仍存在一定的问题，即生态功能保护区的生态总体上处于相对脆弱状态，生态环境恶化的形势依然相当严峻。主要表现为：在经过近60年高强度开发之后，森林覆盖面积逐渐减少，森林涵养水源、净化空气、保持水土等生态功能严重退化，且草地总量大幅减少，湿地面积急剧萎缩，土壤侵蚀加剧，水土流失严重。

3.1.3　商业贸易旅游区发展状况

（1）东北亚经济贸易开发区发展状况。黑龙江省作为我国最北、最东的边境省份在“东北亚经济圈”中具有独特的地理优势，经济贸易开发区建设依托省内的经济板块，整合跨国物流网络、资金流、信息流等现有的经贸资源，进一步开放绥芬河、黑河、东宁、同江、抚远等重点边境口岸作为对外贸易的窗口城市，打造国内外商品生产与经销一体化的现代服务体系（见图3－1、图3－2）。

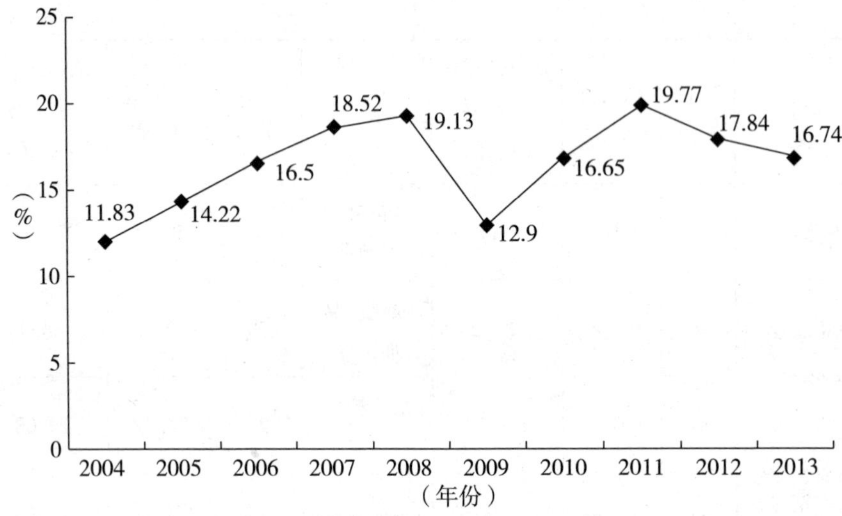

图 3－1　黑龙江省对外贸易依存度趋势

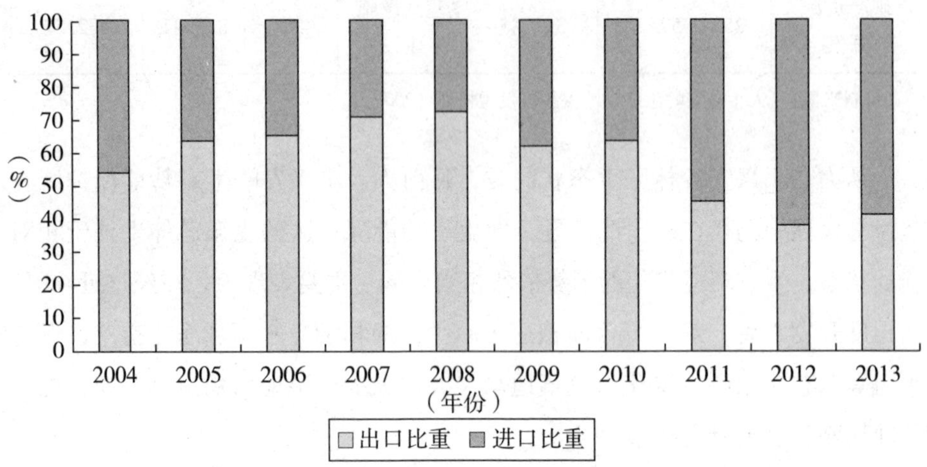

图 3－2　黑龙江省进出口构成分布

资料来源：《黑龙江省统计年鉴（2014 年）》。

就目前情况看，黑龙江省东北亚经济贸易开发区的建设与发展仍存在一些问题。主要表现在：周边国际环境仍存在很大程度的不确定性，东北亚区域合作尚未形成统一的合作组织和稳定的发展模式，多国多边经贸合作机制有待于完善；边境地区基础设施总体水平仍较落后，改善路、港、口岸条件需要大量投入；对外经贸合作层次不高，方式单一；外向型企业的专业人才和管理人才匮乏，整体素质有待加强等。

（2）哈牡绥东对俄贸易加工区发展状况。黑龙江省拥有长达近3000千米的国境线，且与俄罗斯全线接壤，对俄贸易条件得天独厚。哈牡绥东对俄贸易加工区以滨绥铁路、绥满公路为轴线，整体呈带状分布，涵盖哈尔滨、牡丹江两大核心城市和绥芬河、东宁两个开放程度较高的重要边贸口岸（见表3－4）。

表3－4　哈牡绥东四地区2008—2013年经济及对外贸易发展情况

地区	年度	地区生产总值（亿元）	工业总产值（亿元）	进出口总额（亿美元）	固定资产投资（亿元）
哈尔滨	2008	2868.0	1778.8	35.9	1199.4
	2009	3175.5	1785.4	31.9	1692.3
	2010	3664.9	2036.4	42.3	2295.6
	2011	4242.2	2253.7	49.1	2675.0
	2012	4550.2	2503.7	46.3	2522.1
	2013	5010.8	2970.6	48.2	2337.7
牡丹江	2008	501.0	251.3	100.0	213.9
	2009	629.3	305.1	52.4	351.2
	2010	765.0	446.4	90.0	491.6
	2011	940.3	592.4	104.2	550.1
	2012	981.1	725.1	41.4	767.8
	2013	1092.6	868.2	38.3	711.9
绥芬河	2008	61.0	8.0	58.3	35.7
	2009	69.1	7.4	35.1	37.7
	2010	78.1	12.9	60.5	54.8
	2011	91.7	21.4	70.0	61.5
	2012	111.7	30.2	85.2	44.7
	2013	123.4	31.6	83.4	79.6
东宁	2008	55.0	19.6	32.6	—
	2009	66.2	27.8	12.6	26.5
	2010	85.0	23.4	22.1	36.4
	2011	112.8	30.7	25.5	48.3
	2012	134.4	36.3	31.3	67.1
	2013	—	—	—	—

资料来源：《黑龙江省统计年鉴（2014年）》和《2008—2013年绥芬河、东宁市国民经济和社会发展统计公报》。

黑龙江省哈牡绥东对俄贸易加工区以国内外两种资源、两个市场为依托，口岸与腹地优势互补，努力建设成为东北亚地区的加工中心、商贸中心、旅游中心、物流中心和会展中心，进一步推动黑龙江省对外开放水平的转型和升级。但加工区在其推动过程中仍存在一些突出的问题，主要表现在：受俄罗斯经济衰退影响的日益加剧，使得园区中一些对俄贸易企业经营风险加大；企业融资难题尚未得到有效缓解，直接影响了口岸加工企业的融资和贸易结算；对俄贸易加工区基础设施不完善，在一定程度上影响了贸易加工区建设的进度。

（3）北国风光特色旅游开发区发展状况。黑龙江省北国风光特色旅游开发区围绕哈尔滨冰城夏都旅游区、五大连池旅游度假区等10个龙头旅游景区实施精品旅游战略（见表3－5），突出北国风光特色主线、开发四季精品旅游线路（见表3－6），争取在较短的时间内打造具有国际性、地域性和较强市场竞争力的旅游精品和品牌，促进黑龙江省从旅游资源大省到旅游经济强省的质变。目前，黑龙江省旅游收入快速增长，管理更加科学高效，旅游国际化步伐明显加快，精品项目建设加快且龙头景区逐渐成形，旅游对国民经济的拉动作用日渐加强（见表3－7）。

表3－5　　北国风光特色旅游开发区重点建设板块

名称	旅游区范围	形象定位
哈尔滨冰城夏都旅游区	以哈尔滨市区和亚布力为核心，覆盖哈尔滨市所辖其他区域	冰城夏都 滑雪天堂
五大连池旅游度假区	以五大连池风景名胜区为核心，辐射五大连池市、黑河市所辖其他区域	火山矿泉 地质奇观 奇山异水 颐养之源
镜泊湖渤海旅游集合区	以镜泊湖景区和渤海遗址公园为核心，辐射牡丹江市区及所辖的绥芬河市、东宁县、海林市（雪乡）	镜泊胜境 林海雪原
小兴安岭森林旅游度假集合区	以汤旺河国家公园为核心，辐射伊春市所辖区域	国际森林生态城 人类最佳旅居地

续 表

名称	旅游区范围	形象定位
神州北极旅游度假区	以北极村和漠河县城为核心，辐射大兴安岭地区所辖区域	神州北极 中国龙江源
扎龙湿地生态旅游区	以扎龙湿地自然保护区为核心，辐射齐齐哈尔市所辖区域	世界大湿地 中国鹤家乡
兴凯湖旅游度假集合区	以兴凯湖为核心，辐射鸡西市、七台河市所辖区域	生态边境江湖 养生度假胜地
大庆温泉旅游度假区	以大庆市区和林甸县、杜尔伯特县为核心，辐射大庆、绥化市所辖区域	绿色油化之都 天然百湖之城 北国温泉之乡
抚远华夏东极旅游区	以黑瞎子岛和乌苏镇为核心，辐射佳木斯、双鸭山所辖区域	华夏东极 神秘之旅
鹤岗黑龙江界江旅游集合区	以龙江三峡、兴龙峡谷、名山岛“两峡一岛”界江游景区为核心，辐射鹤岗市所辖区域	中俄界江之都 龙江文明之源 生态人文鹤岗

资料来源：《北国风光特色旅游开发区发展规划（2009）》。

表 3－6　　黑龙江省北国风光旅游开发区四季精品线路①

精品／季节	名　称	线路
春季活力世界	（1）“北国之春”赏花之旅	（1）哈尔滨→五大连池→漠河
	（2）哈尔滨欧陆风情之旅	（2）哈尔滨城市游
夏季清凉世界	（1）“情系黑土地”个性之旅	（1）哈尔滨→大庆→齐齐哈尔→五大连池→黑河→俄罗斯布拉格维申斯克
	（2）“美丽兴安”养生之旅	（2）哈尔滨→伊春→鹤岗→佳木斯→同江→抚远
	（3）“塞北江南”休闲之旅	（3）哈尔滨→鸡西→牡丹江→俄罗斯海参崴

① 王曙光，孙晴．北国风光特色旅游开发区发展的问题及政策研究［J］．经济与管理评论，2014（3）：127－132.

续 表

季节＼精品	名称	线路
夏季清凉世界	(4)“神州北极”探秘之旅	(4) 哈尔滨→大兴安岭漠河→北极村
	(5) 北国山水清凉避暑之旅	(5) 哈尔滨→五常凤凰山→大海林→镜泊湖→渤海国遗址
秋季多彩世界	(1)“五花山”金秋奇观之旅	(1) 哈尔滨→横头山→柴河→亚布力→威虎山主峰→镜泊湖
	(2)“千里绚彩画廊”兴安秋韵之旅	(2) 哈尔滨→铁力→伊春→鹤岗
	(3)“北大仓”秋韵之旅	(3) 哈尔滨→佳木斯→双鸭山
冬季冰雪世界	(1)“冰雪天堂”梦幻之旅	(1) 哈尔滨→阿城→亚布力→牡丹江镜泊湖→大海林雪乡→兴凯湖
	(2) 西部冰雪风情之旅	(2) 哈尔滨→大庆→齐齐哈尔→五大连池→加格达奇
	(3)“林海雪原”豪迈之旅	(3) 哈尔滨→五常凤凰山→大海林雪乡→牡丹江→绥芬河→俄罗斯海参崴
	(4) 小兴安岭“林海雪原”之旅	(4) 哈尔滨→绥化→铁力→伊春→嘉荫
	(5)“走向华夏东极”冰雪之旅	(5) 哈尔滨→佳木斯→同江→抚远

表 3－7　　黑龙江省 2009—2013 年旅游人数和收入

项目	2009 年	2010 年	2011 年	2012 年	2013 年
国际旅游人数总计（万人·次）	142.5	172.4	206.5	207.6	152.9
外国人（万人·次）	135.0	164.8	197.8	194.7	145.0
中国港、澳、台合计（万人·次）	7.5	7.6	8.7	12.9	7.9
中国香港人（万人·次）	3.4	3.3	3.3	4.5	1.9
中国澳门人（万人·次）	0.8	0.7	0.8	0.5	0.3
中国台湾人（万人·次）	3.3	3.6	4.6	7.9	5.7

续 表

项目	2009 年	2010 年	2011 年	2012 年	2013 年
国际旅游外汇收入总额（亿美元）	6.4	7.6	9.2	8.4	6.0
国内旅游人数（亿人·次）	1.1	1.6	2.0	2.5	2.9
国内旅游收入（亿元）	606	832	1032	1248	1348

资料来源：《黑龙江省统计年鉴（2014 年）》。

北国风光特色旅游开发区在发展中仍然存在一些问题，主要表现在：旅游行政管理体制不顺畅，旅游部门管理职权弱，管理水平不高；旅游资金投入不够，发展空间布局不合理；旅游产品深度广度开发不够，旅游产品体系尚未形成；政策扶持力度不强，支持保障体系不完善；市场狭窄，冬火夏旺春秋淡等问题。

3.1.4 工业基地建设区发展状况

（1）哈大齐工业走廊建设区发展状况。哈大齐工业走廊采用以点带面的发展模式，重点发展哈尔滨、大庆、齐齐哈尔、安达、肇东 5 个核心工业园区，以增强产业集聚和“增长极”的辐射带动作用，并通过进一步优化产业发展环境、加大固定资产投资和基础设施建设、有针对性地广泛开展招商引资活动等方式，加强与金融部门和经济实力雄厚的企业之间的沟通合作，以建设高质量、创历史、现代化程度高的工业园区和城市新区（见表 3－8）。

表 3－8　　哈大齐工业走廊建设情况及主要经济指标

项目	2009 年	2010 年	2011 年	2012 年	2013 年
项目区规划面积（平方千米）	921.0	972.0	897.0	1287.0	1337.0
实际启动面积（平方千米）	62	161	206	246	273
计划项目数（个）	1519	1492	1678	1933	2401
已开工项目数（个）	805	896	1087	1413	1812
计划入区企业数（个）	1501	1509	2105	2838	3159
已入区企业数（个）	1047	1239	1803	2169	2520
投产企业数（个）	684	791	895	1023	1306

续 表

项目	2009 年	2010 年	2011 年	2012 年	2013 年
项目区生产总值（亿元）	156.8	201.4	241.0	283.6	401.3
计划投资额（亿元）	411.1	491.6	455.2	563.8	738.9
完成投资额（亿元）	286.4	253.4	408.9	244.0	687.8
园区基础设施投资（亿元）	60.6	55.9	71.0	53.0	84.6
企业项目投资（亿元）	225.8	197.5	328.9	191.0	603.2
工业总产值（亿元）	481.0	626.7	690.1	818.7	1167.6
主营业务收入（亿元）	550.3	629.1	672.5	817.0	1115.8
利润总额（亿元）	34.4	42.8	47.9	56.2	67.3
税金总额（亿元）	27.8	30.4	30.1	40.7	39.6

资料来源：《黑龙江省统计年鉴（2014 年）》。

目前哈大齐工业走廊的园区建设存在一些问题，主要表现在：产业同构问题依然存在，在走廊内如何实现产业一体互动发展仍亟待破解；建设资金短缺、融资渠道单一仍是制约哈大齐工业走廊发展的主要因素；基础设施建设仍然相对滞后，影响园区项目的入驻；项目区、园区之间发展不平衡，部分园区缺少大项目、新兴产业项目支撑；受国家土地政策影响，部分园区项目建设用地指标不足。

（2）东部煤电化基地建设区发展状况。黑龙江省东部煤电化基地建设坚持“新型工业化道路”的理念，对分布在黑龙江省东部地区煤矿产业链及鸡西、鹤岗、双鸭山、七台河、佳木斯、牡丹江等资源型城市发展方式进行科学整合和路径探索，依托优势产业进一步推行“循环经济”发展模式，提升黑龙江省的能源战略地位并促进东北老工业基地的振兴步伐（见表 3－9）。

表 3－9　　东部煤电化基地重点建设项目及投资表

项目	项目数量	总投资（亿元）	“十一五”投资（亿元）
煤炭	23	402.1	76.3
电力	19	764.3	524.0
煤化工	23	956.7	467.8

续 表

项目	项目数量	总投资（亿元）	“十一五”投资（亿元）
装备工业	7	26.6	20.6
食品工业	13	42.7	42.7
冶金工业	6	601.5	127.3
材料工业	7	152.9	46.9
化学工业	8	44.3	44.3
高新技术产业化	4	3.8	3.8
合计	110	2994.9	1353.7

资料来源：《东部煤电化基地建设区发展规划（2009）》。

从基地建设实施进展的情况看，煤电化基地建设仍然存在着一些突出的问题。诸如资源可建井储量不足、现代煤化工产业还未形成、节能减排压力大、后续项目开工率不足、科技和人才要素匮乏、企业融资难度大、一部分重大投资项目问题多等。

3.1.5 高新技术开发区发展状况

建设黑龙江省高新科技产业集中开发区，有助于系统地整合黑龙江省各种科技资源，且通过对特色企业的培育、产学研关系的协调、管理模式的升级，能充分发挥高新技术的集聚效应，促进科技产业园区的构建。通过加强黑龙江省中东部地区对俄外向型星火产业带的发展建设，可进一步加强对俄农业、贸易、物流等领域的交流与合作（见表3－10）。

表3－10　黑龙江省2013年经济技术及高新技术产业开发区基本情况

开发区名称	企业数（个）	从业人员（人）	总产值（万元）	利润总额（万元）	税收总额（万元）	出口总额（万美元）
哈尔滨经济技术开发区	7769	171211	26560153	2482491	1394750	196390
哈尔滨利民经济技术开发区	950	62650	4300000	—	211912	7313
富拉尔基民营科技企业示范区	108	8498	546268	57109	28489	—
讷河工业示范基地	24	1559	387136	44958	6159	358

续　表

开发区名称	企业数（个）	从业人员（人）	总产值（万元）	利润总额（万元）	税收总额（万元）	出口总额（万美元）
泰来工业示范基地	49	4200	365112	14760	17678	—
富裕工业示范基地	6	800	80000	23000	6200	—
黑龙江省阳明工业示范基地	20	898	58733	2411	2376	1245
佳木斯市经济技术开发区	11	1675	100711	4499	4431	—
双鸭山市经济技术开发区	45	15500	1248932	34831	13932	187
双城经济技术开发区	159	46592	2051958	190661	11660	—
尚志经济开发区	54	3818	150419	7644	3626	280
宾西经济技术开发区	724	15607	2363319	145861	71209	4962
绥化经济开发区	—	—	—	—	—	—
鸡西市金三角经济开发区	420	8000	30000	2300	1000	—
同江经济开发区	4	3076	57891	4507	2962	1497
黑龙江海林经济开发区	246	30996	3006483	188921	100929	22402
穆棱经济开发区	143	3660	48000	28831	31000	6422
黑龙江宝泉岭经济开发区	64	3992	457231	21147	3269	139
黑龙江肇东经济开发区	150	18243	1431206	110540	40256	—
哈尔滨高新技术产业开发区	1088	163435	15319000	2268000	—	—
齐齐哈尔高新技术产业开发区	95	18760	754000	131000	—	—
佳木斯高新技术产业开发区	50	9220	980000	37000	—	—
大庆高新技术产业开发区	3025	108058	15004000	1223000	—	—

资料来源:《黑龙江省统计年鉴（2014 年)》。

黑龙江省高新科技产业集中开发区的发展仍存在一定的问题，主要表现在：高新区发展空间不足，严重影响其发展前景；产学研联合不紧密，自主创新能力不足；辐射带动作用不强，产业集聚效应不明显；社会发展环境不优化，管理体制与机制不健全；智力要素参与收入分配、充分调动科技人员积极性和创造性的产权激励机制尚未建立，开发区人才特别是高科技人才和管理人才流失严重等。

3.2 黑龙江省八大经济区发展的相关分析

3.2.1 经济区发展的区位商分析

区位商（Location Quotient，LQ）又称专门化率，是指通过对某一区域要素空间分布状况的衡量，来反映所属产业部门的专业化程度、所处的地位和作用。它是区域经济学中常用的分析产业效率与效益的定量工具。其计算公式为：

$$LQ_{ij}=\frac{L_{ij}\sum_{i=1}^{n}L_{ij}}{\sum_{j=1}^{m}L_{ij}\sum_{i=1}^{n}\sum_{j=1}^{m}L_{ij}}\quad(i=1,2,3,\cdots,n;\ j=1,2,3,\cdots,m)$$

上述公式中 i、j 分别表示地区与行业，LQ_{ij}表示第 i 地区第 j 行业的区位商，L_{ij}表示第 i 地区第 j 行业的产出。产业在该地区是否具有比较优势，可由 $LQ_{ij}=1$ 作为衡量标准，当 LQ_{ij}值大于 1 且数值越大，说明该地区这一产业专业化程度、产品与服务质量就越高，越具有竞争力；反之当 LQ_{ij}值小于 1，则说明该地区这一产业处于劣势，需要扶持与加强。

根据区位商的计算方法，这里分别选取 2009—2013 年我国国内生产总值、黑龙江省地区生产总值、三次产业生产总值，以及部分对“八大经济区”发展影响较大的行业和投资数据，进行分类整理和计算（见附表 1、附表 2），得出黑龙江省部分产业发展的区位商（见表 3－11）。

表 3－11　黑龙江省三次产业、部分具体行业及基础投资的区位商

三次产业及部分具体行业		区位商
三次产业	第一产业生产总值	1.43
	第二产业生产总值	1.00
	第三产业生产总值	0.90
部分具体行业及基础投资	农业总产值	1.73
	林业总产值	1.52
	牧业总产值	1.84
	渔业总产值	0.32
	工业总产值	1.02

续 表

三次产业及部分具体行业		区位商
部分具体行业及基础投资	建筑业总产值	0.86
	固定资产投资	0.97
	社会消费品零售总额	1.00
	批发零售业销售额	0.48
	餐饮住宿业营业额	3.34
	货物进出口总额	0.35
	国际旅游（外汇）收入	0.62
	国内旅游收入	2.21
	技术市场成交额	0.57

资料来源：由2014年《中国统计年鉴》、2014年《黑龙江统计年鉴》整理所得。

通过表3-11可以看出：在黑龙江省的三次产业中，仅有第三产业生产总值的区位商小于1。其中在第一产业中，农、林、牧业产值区位商均大于1，渔业产值区位商仅有0.32，表明黑龙江省渔业发展处于绝对的劣势；在第二产业中，建筑业发展相对较弱；第三产业发展整体需要加强，产业内部出现两极分化的局面：餐饮住宿业和国内旅游发展极为强势，其区位商分别达到3.34和2.21，社会消费品零售总额区位商为1，处于全国平均水平，而批发零售业、货物进出口总额和国际旅游（外汇）收入的区位商仅为0.48、0.35和0.62，在全国范围内比较，处于发展的绝对劣势。此外，固定资产投资区位商为0.97，技术市场成交额区位商仅为0.57，均需要扶持和加强。

3.2.2 经济区发展的SWOT分析

SWOT分析又称态势分析，主要是通过SWOT模型将被分析对象的优势（Strengths）、劣势（Weaknesses）、机会（Opportunities）和威胁（Threats）因素综合起来，并结合内部和外部环境进行科学分析及评估的一种战略分析方法。SWOT分析能够从战略和战术两个层面，全面地揭示被分析对象的资源优势和不足，同时明晰其面临的机遇及挑战，以保证被分析对象的战略目标更加明确、战略制定更加科学、战略实施的可操作性更强。

根据产业结构对黑龙江省八大经济区进行的归类总结，可分为农林开发保护区、商业贸易旅游区、工业基地建设区和高新技术开发区 4 类。根据 SWOT 分析方法可分别从其优势、劣势、机会和威胁对 4 类经济区进行分析（见表 3 – 12、表 3 – 13、表 3 – 14 和表 3 – 15）。

表 3 – 12　　农林开发保护区 SWOT 模型分析

优势（Strengths）	劣势（Weaknesses）
（1）农业：地域广阔，人口集中，资源富集，是农业主产区和优势区，农业生产在全省占主导地位 （2）林业：黑龙江省主要水系的重要源头和水源涵养区；国家寒温带针叶林、温带针阔混交林植被类型的重要分布区；国家重要商品粮和畜牧业生产基地的天然屏障；地上和地下资源富集，国家重要的资源安全保障基地	（1）农业：经济总量小，农业农村基础建设欠账多，农业标准化作业水平低，单位资源产出能力不高 （2）林业：林业经过约 60 年高强度开发，整体生态功能退化严重，森林质量明显下降；草地总量大幅减少
机会（Opportunities）	**威胁（Threats）**
（1）农业：千亿斤粮食产能工程建设规划已启动实施，农村改革发展面临机遇 （2）林业：积极实施“天保工程”，森林资源得以休养生息；水土流失问题初步得到遏制，治理初见成效；不断加大对自然保护区建设与发展的力度，不断增强对区域生态保护与建设的能力	（1）农业：局地生态条件差，土壤沙化、退化、碱化严重，可持续发展水平能力弱 （2）林业：局部土壤沙化面积加大，区域内温度升高，旱涝、火灾等自然灾害频繁发生，土地生产能力降低，生态处于相对脆弱状态，生态环境恶化形势严峻

表 3 – 13　　商业贸易旅游区 SWOT 模型分析

优势（Strengths）	劣势（Weaknesses）
（1）区位优势：位于东北亚地区的地理中心位置，与俄罗斯接壤 （2）口岸通道优势：拥有为数众多的内陆口岸和沿边开放口岸 （3）工业园区载体优势：产业发展优势和对俄经贸合作优势 （4）旅游收入快速增长，入境客源市场持续增长，旅游国际化步伐明显加快，有独具特色的生态旅游资源	（1）周边国际环境存在很大程度不确定性 （2）多国、多边的经贸合作机制尚待完善 （3）边境地区基础设施总体水平较为落后 （4）对外经贸合作方式单一、层次不高 （5）外向型企业整体素质有待加强 （6）高级专业人才和优秀管理人才匮乏 （7）旅游行政管理体制不顺畅，发展空间布局不合理，产品体系尚未形成，支持保障体系不完善，政策扶持力度不强

续 表

机会（Opportunities）	威胁（Threats）
（1）世界经济调整加速，各国各地区积极谋求多层次、多领域的合作，区域经济发展进程将进一步加快 （2）国家连续出台了一系列宏观经济调控政策，同时还受惠于沿边开放战略和东北老工业基地振兴战略，政策支撑性强 （3）国内外旅游业发展形势好，东北亚地区交流合作日益频繁，东北区域旅游合作进程加快	（1）区域产业与俄远东及西伯利亚地区存在较大的趋同性 （2）园区发展水平不高，产业集聚度较低 （3）内外市场对接度有待进一步提升 （4）经贸主体实力不强 （5）相邻的俄罗斯经济发展环境不宽松，经营风险较高 （6）旅游销售渠道发生深刻变化，需求结构更趋高级化，竞争格局正在发生变化，发展与保护之间存在矛盾

表 3－14　　工业基地建设区 SWOT 模型分析

优势（Strengths）	劣势（Weaknesses）
（1）有雄厚的产业基础，已形成以装备、石化、食品和医药四大产业为重点的工业基础 （2）有较强的科技人才优势 （3）有丰富的土地资源 （4）交通较为便利，即拥有铁路、公路、航线共同构成的综合交通运输网络	（1）非公有制经济发展不充分，市场化程度低，发展活力不足 （2）经济整体素质不高，缺少具有核心竞争力的龙头企业，区域竞争优势尚未形成 （3）高技术产业和现代服务业比重低，地区间产业结构趋同 （4）交通等基础设施建设瓶颈制约严重 （5）重化工产业结构导致污染物排放总量控制难度较大
机会（Opportunities）	**威胁（Threats）**
（1）全球区域一体化和产业转移速度加快，经济全球化趋势增强 （2）东北地区等老工业基地振兴战略深入实施 （3）国家对粮食主产区扶持力度加大 （4）消费结构和产业结构升级步伐加快	（1）区内经济整体素质不高，产业集聚程度较低，区域配套协作能力弱 （2）启动区基础设施还很薄弱，污水排放的环境容量低 （3）第二、第三产业协同发展的能力弱，先进要素聚集功能不强 （4）受行政体制局限，尚未建立资源一体化的配置机制

表 3-15　　高新技术开发区 SWOT 模型分析

优势（Strengths）	劣势（Weaknesses）
（1）地理区位优势 （2）产业发展优势 （3）科学技术优势 （4）高等人才优势 （5）自然资源优势	（1）“产学研”联合的不够紧密，自主创新的能力不强 （2）高新技术开发区辐射带动的作用不强，产业集聚效应不明显 （3）产权激励机制尚未建立
机会（Opportunities）	**威胁（Threats）**
（1）拉动经济快速发展的强大引擎 （2）优化产业结构、转变经济发展方式的主要力量 （3）培育科技创新人才的重要基地 （4）科技成果转化的主要平台	（1）发展空间不足，严重影响高新技术开发区的发展 （2）高新技术开发区发展环境不够优化，管理体制与机制不健全

3.2.3 经济区发展基本评价分析

（1）经济区发展状况的基本评价。“八大经济区”战略实施以来，对黑龙江省三次产业的发展有着重要影响。通过建立综合评价指标体系，将黑龙江省近 5 年来与“八大经济区”发展相关的指标、与东北三省（黑龙江、吉林、辽宁）的相同指标均值进行比较，可以有效说明黑龙江省实施“八大经济区”战略，对各产业及宏观经济发展的影响和作用。

我们这里参照集美大学工商管理学院孙福明教授等人提出的“资源节约型社会评价方法”，根据黑龙江省八大经济区所涉产业中的具体数据构建“八大经济区发展综合评价指标体系”①。该指标体系整体上要求科学、客观，指标选取上要求具有独立性、层次性和动态引导性，数据选择上要求有较强的可比性和可操作性。其体系主要由 1 个一级指标、6 个二级指标和 33 个三级指标构成，其中二级指标是三次产业发展指标、农业发展指标、第二产业及

① 孙福明，卿松．福建及华东六省构建资源节约型社会的比较分析［J］．哈尔滨商业大学学报（社会科学版），2012（5）：71-77.

能源发展指标、国内外贸易发展指标、旅游业发展指标和科技事业发展指标；二级指标下设能够反映各产业、行业发展速度和贡献率的共 33 个三级指标（见表 3－16）。

表 3－16　黑龙江省八大经济区发展的综合评价指标体系

一级指标	二级指标	三级指标
“八大经济区”发展综合评价	三次产业发展（A）	地区生产总值指数 a_1
		第一产业生产总值指数 a_2
		第二产业生产总值指数 a_3
		第三产业生产总值指数 a_4
		第一产业贡献率 a_5
		第二产业贡献率 a_6
		第三产业贡献率 a_7
	农业发展（B）	粮食总产量指数 b_1
		肉产量指数 b_2
		蛋产量指数 b_3
		奶产量指数 b_4
		农业机械总动力指数 b_5
		农村用电量指数 b_6
	第二产业及能源发展（C）	工业贡献率 c_1
		建筑业贡献率 c_2
		一次能源生产总量指数 c_3
		一次能源消费总量指数 c_4
	国内外贸易发展（D）	社会消费品零售总额指数 d_1
		批发零售业增加值指数 d_2
		餐饮住宿业增加值指数 d_3
		进出口总额指数 d_4
		出口总额指数 d_5
		进口总额指数 d_6

续 表

一级指标	二级指标	三级指标
“八大经济区”发展综合评价	旅游业发展（E）	接待国内外旅游者指数 e_1
		接待国内旅游者指数 e_2
		接待入境旅游者指数 e_3
		旅游总收入指数 e_4
		国内旅游收入指数 e_5
		旅游外汇收入指数 e_6
	科技事业发展（F）	R&D 经费内部支出占地区生产总值比重 f_1
		受理专利申请指数 f_2
		授权专利指数 f_3
		技术合同成交金额占地区生产总值比重 f_4

上述指标体系的计算可分为 3 个步骤：一是根据统计公报和统计年鉴公布的官方数据进行原始资料搜集，对原始数据进行统一单位和计算处理，逐一计算出东北三省各项同类三级指标的平均值；二是将三级指标的标准分值设为 5 分，并分别根据三级指标的性质（是正指标还是逆指标）进行计算（计算方法见表 3－17）；三是计算二级指标和一级指标的分值，即二级指标分值为各二级指标所属的三级指标分值之和，一级指标分值为所有二级指标分值之和。

表 3－17　　综合评价指标体系分值标准与计算模型

一级指标	二级指标	三级指标	标准值	标准分值	实际指标的分值	
					正指标	逆指标
$T=\sum M_i$	$A=M_1=\sum a_i$	a_i	$\bar{a}_i$	5	$5\times\frac{a_i}{\bar{a}_i}$	$5\times\frac{\bar{a}_i}{a_i}$
	$B=M_2=\sum b_i$	b_i	$\bar{b}_i$	5	$5\times\frac{b_i}{\bar{b}_i}$	$5\times\frac{\bar{b}_i}{b_i}$
	$C=M_3=\sum c_i$	c_i	$\bar{c}_i$	5	$5\times\frac{c_i}{\bar{c}_i}$	$5\times\frac{\bar{c}_i}{c_i}$

续 表

一级指标	二级指标	三级指标	标准值	标准分值	实际指标的分值	
					正指标	逆指标
$T=\sum M_i$	$D=M_4=\sum d_i$	d_i	$\bar{d}_i$	5	$5\times\frac{d_i}{\bar{d}_i}$	$5\times\frac{\bar{d}_i}{d_i}$
	$E=M_5=\sum e_i$	e_i	$\bar{e}_i$	5	$5\times\frac{e_i}{\bar{e}_i}$	$5\times\frac{\bar{e}_i}{e_i}$
	$F=M_6=\sum f_i$	f_i	$\bar{f}_i$	5	$5\times\frac{f_i}{\bar{f}_i}$	$5\times\frac{\bar{f}_i}{f_i}$

根据黑龙江省、吉林省、辽宁省 3 个省份 2009—2013 年的国民经济和社会发展统计公报和 2010—2014 年的《统计年鉴》整理所得的原始数据（见附表 3、附表 4 和附表 5），可计算各项三级指标的平均值（个别指标缺少有关数据时，只按照有数据的指标平均），同时可根据表 3－17 计算出黑龙江省各项三级指标和二级、一级指标实际分值（见表 3－18、表 3－19 和表 3－20）。

表 3－18　黑龙江省、吉林省、辽宁省三个省 2009—2013 年的三级指标平均值

二级指标	三级指标	2009 年	2010 年	2011 年	2012 年	2013 年
三次产业发展（A）	地区生产总值指数	112.60	113.53	112.73	110.50	108.33
	第一产业生产总值指数	103.70	105.17	105.93	105.63	104.63
	第二产业生产总值指数	115.13	116.73	114.83	111.37	108.10
	第三产业生产总值指数	111.83	111.57	111.77	110.57	109.47
	第一产业贡献率	3.20	3.77	5.17	5.90	5.60
	第二产业贡献率	60.80	63.63	60.07	56.17	51.67
	第三产业贡献率	36.00	32.60	34.76	37.93	42.73
农业发展（B）	粮食总产量指数	91.70	113.90	112.67	103.50	106.10
	肉产量指数	108.37	104.70	101.07	105.60	100.93
	蛋产量指数	112.13	101.70	100.10	102.90	97.13
	奶产量指数	108.53	104.17	101.63	103.93	94.83
	农业机械总动力指数	109.60	107.17	108.27	108.30	106.07
	农村用电量指数	107.47	115.77	106.67	109.55	104.80

续 表

二级指标	三级指标	2009 年	2010 年	2011 年	2012 年	2013 年
第二产业及能源发展（C）	工业贡献率	51.63	57.80	54.43	49.83	51.97
	建筑业贡献率	9.17	5.83	5.63	4.80	—
	一次能源生产总量指数	104.70	108.33	104.20	102.27	78.87
	一次能源消费总量指数	105.07	110.57	107.20	101.73	102.47
国内外贸易发展（D）	社会消费品零售总额指数	118.80	118.70	117.53	115.87	113.73
	批发零售业增加值指数	117.30	117.67	116.77	115.67	112.17
	餐饮住宿业增加值指数	118.90	117.50	116.30	113.90	109.90
	进出口总额指数	81.70	142.93	133.60	106.00	106.13
	出口总额指数	68.37	144.53	112.87	104.97	112.23
	进口总额指数	98.27	140.30	162.47	107.87	102.80
旅游业发展（E）	接待国内外旅游者指数	123.73	126.50	120.53	117.57	114.03
	接待国内旅游者指数	124.20	126.53	120.60	117.63	114.20
	接待入境旅游者指数	100.80	121.63	118.10	112.20	95.37
	旅游总收入指数	124.03	127.60	124.80	121.33	116.67
	国内旅游收入指数	126.17	128.07	125.23	125.60	117.43
	旅游外汇收入指数	103.37	122.20	122.27	112.30	96.93
科技事业发展（F）	R&D 经费内部支出占地区生产总值比重	1.08	1.08	1.04	1.18	1.20
	受理专利申请指数	112.97	118.03	154.67	117.77	111.47
	授权专利指数	109.93	136.20	135.30	132.20	101.63
	技术合同成交金额占地区生产总值比重	0.57	0.47	0.47	0.61	0.60

表 3-19　　　黑龙江省 2009—2013 年三级指标的实际分值

二级指标	三级指标	2009 年	2010 年	2011 年	2012 年	2013 年
三次产业发展（A）	地区生产总值指数	4.95	4.96	4.98	4.98	4.98
	第一产业生产总值指数	5.07	5.05	5.01	5.04	5.02
	第二产业生产总值指数	4.91	4.90	4.92	4.95	4.93
	第三产业生产总值指数	4.95	5.01	5.07	5.01	5.04
	第一产业贡献率	7.66	6.64	6.10	6.44	6.61
	第二产业贡献率	5.12	4.94	4.27	4.46	3.95
	第三产业贡献率	4.56	4.92	6.10	5.58	6.06

续 表

二级指标	三级指标	2009 年	2010 年	2011 年	2012 年	2013 年
农业发展（*B*）	粮食总产量指数	5.62	5.06	4.93	5.00	4.94
	肉产量指数	5.17	5.05	5.02	5.08	5.07
	蛋产量指数	4.85	5.08	5.00	4.99	4.89
	奶产量指数	4.79	5.02	4.84	4.96	4.88
	农业机械总动力指数	5.14	5.12	5.07	5.13	5.03
	农村用电量指数	5.09	4.98	5.18	5.05	4.97
第二产业及能源发展（*C*）	工业贡献率	5.25	5.11	4.23	4.55	4.85
	建筑业贡献率	4.42	3.26	4.62	5.00	4.60
	一次能源生产总量指数	4.80	4.55	4.88	4.97	5.57
	一次能源消费总量指数	4.83	5.16	4.86	4.90	5.02
国内外贸易发展（*D*）	社会消费品零售总额指数	5.02	5.01	5.00	5.00	5.00
	批发零售业增加值指数	5.08	5.16	5.19	5.27	5.09
	餐饮住宿业增加值指数	5.10	5.05	5.13	5.07	5.03
	进出口总额指数	4.29	5.50	5.65	4.63	4.87
	出口总额指数	4.39	5.59	4.81	3.89	5.01
	进口总额指数	4.95	5.35	7.08	5.20	4.76
旅游业发展（*E*）	接待国内外旅游者指数	5.19	5.71	5.34	5.28	5.04
	接待国内旅游者指数	5.23	5.72	5.34	5.29	5.04
	接待入境旅游者指数	3.52	4.97	5.07	4.48	3.86
	旅游总收入指数	4.66	5.33	4.95	4.91	4.57
	国内旅游收入指数	4.79	5.36	4.95	4.95	4.60
	旅游外汇收入指数	3.55	4.89	4.92	4.05	3.73
科技事业发展（*F*）	R&D 经费内部支出占地区生产总值比重	4.78	4.85	4.46	4.01	4.17
	受理专利申请指数	4.78	4.82	7.38	5.54	4.73
	授权专利指数	5.05	4.90	6.67	6.26	4.81
	技术合同成交金额占地区生产总值比重	5.29	5.36	5.36	5.98	6.67

表 3－20　黑龙江省 2009—2013 年二级指标及一级指标的标准分值与实际分值表

单位：分

二级指标	标准分值	2009 年实际分值	2010 年实际分值	2011 年实际分值	2012 年实际分值	2013 年实际分值
三次产业发展（A）	35	37.22	36.43	36.45	36.46	36.60
农业发展（B）	30	30.67	30.31	30.03	30.19	29.77
第二产业及能源发展（C）	20	19.30	18.08	18.58	19.42	20.05
国内外贸易发展（D）	30	28.81	31.65	32.85	29.07	29.76
旅游业发展（E）	30	26.93	31.97	30.58	28.96	26.84
科技事业发展（F）	20	19.90	19.93	23.86	21.81	20.37
合计（一级指标）	165	162.83	168.37	172.35	165.91	163.39

从表 3－19 和表 3－20 中可以看出：黑龙江省自实施“八大经济区”政策以来，经济发展势头良好。其中一级指标自 2009 年以来增长迅速，2009—2013 年的实际分值均高于标准分值，说明实施“八大经济区”战略能够充分挖掘黑龙江省的经济发展潜力。在二级指标中三次产业发展指标均高于标准分值，2009—2013 年分值都在 36 分以上，但受第二产业生产总值指数和贡献率的影响，2010—2013 年的实际分值增幅较小；农业发展指标在 2009—2013 年 5 年间始终高于标准分值，在 2013 年略低于标准分值，由于粮食等农产品产量基数较大，指数增长表现也不够明显；第二产业和能源发展的速度与辽宁省相比还有较大的差距，综合表 3－14 和附录 5，因辽宁省缺少 2011 年度的一次能源生产、消费总量数据，以及 2013 年建筑业贡献率，表 3－19 和表 3－20中的相关分值增长较为明显，说明黑龙江省在东部煤电化基地等涉及工业、能源改造和发展的领域需进一步加强，应向国内和国际一流水平看齐；在全球化经济危机影响下，黑龙江省对外贸易和对外旅游发展水平分值仍高于东北三省的平均水平，且呈现进一步增长的趋势，但黑龙江省旅游产业发展已出现颓势，需引起足够的重视；科技事业发展水平较快，自 2009 年以来的实际分值总体呈增长态势，2011 年、2012 年和 2013 年 3 年更是高于三省平均水平。

综上所述，黑龙江省实施八大经济区发展战略对经济发展的作用较为明显，在保持“农业第一大省”及贸易、科技等方面发展的效果尤为显著；但在第二产业和旅游业等方面应建立有利于发展的长效机制，及时做好经济转型和政策创新，进一步挖掘经济发展的潜力。

（2）经济区发展实证分析的结论。根据黑龙江省经济发展状况的区位商分析和“八大经济区”发展的SWOT分析，以及经济区发展状况的基本评价，可以得出以下基本结论：

第一，黑龙江经济与全国水平相比还有较大差距。其差距主要表现在：经济发展缓慢，经济增长及人均地区生产总值在全国排位靠后；对外开放程度和吸引力较低；固定资产投资规模小，增长率低于全国平均水平；市场化程度不高，国有经济比重大、缺乏活力；传统产业占主体地位，自主创新能力不强等。

第二，发展“八大经济区”是振兴龙江的必然选择。加快发展黑龙江省八大经济区，可以大力推进基础设施建设和经济体制改革，扩大对外开放，有利于在科学发展体制与机制上取得新的突破，大幅度提高经济增长的质量，以实现市场机制与宏观调控、长期发展目标与短期增长目标的有机结合。

第三，加大“八大经济区”建设的任务还较为艰巨。目前“八大经济区”的建设成果还有待于进一步的加强与巩固，发展中仍然面临着体制性、结构性的问题和生态性的矛盾，国有大中型企业改革还不彻底、不完善、不配套，个别企业负担过重、冗员过多，因而建设八大经济区任重而道远。

3.3 本章小结

本章阐述和分析了黑龙江省八大经济区的提出背景及其发展现状，通过区位商、SWOT和评价分析，得出“八大经济区”发展状况的基本结论，即黑龙江经济与全国水平相比还有较大差距、发展“八大经济区”是振兴龙江的必然选择和加大“八大经济区”建设的任务还较为艰巨，为解决问题、提出政策建议奠定基础。

4 黑龙江省八大经济区发展的现行政策与问题

从本章开始，研究黑龙江省八大经济区的现行政策、存在问题及第6、第7、第8章经济刺激、社保就业和教科文卫的政策建议，由于文体资料和相关数据所限，全省经济发展与“八大经济区”的相关性，尤其是黑龙江省经济发展的全面性和代表性特点，有些针对“八大经济区”发展的政策研究是以省情为视角，在此特别说明。

4.1 黑龙江省八大经济区发展的现行政策

4.1.1 “八大经济区”发展政策概况

（1）“八大经济区”政策的形成。早在“十一五”期间，黑龙江省政府依据《东北地区振兴规划》，并结合省内经济基础、资源分布、区位优势等因素，提出“建立四大经济板块、六大重点建设基地”的发展思路。四大经济板块包括：一是建立以哈尔滨、大庆、齐齐哈尔等城市为中心，以装备制造业为主的“哈大齐工业走廊”；二是建立以鸡西、鹤岗、双鸭山、七台河等能源型城市为中心，以煤电化工产业为主的“东部煤电化基地”；三是建立以牡丹江、佳木斯、黑河等边境城市为中心，以贸易加工为主的“沿边对外开放带”；四是建立以大兴安岭地区、伊春市为中心，以生态产业为主的“大小兴安岭生态经济功能区”。六大重点基地是装备制造业、石化、能源、绿色特色食品、医药和林产品加工。该项发展思路的提出对黑龙江省主体功能区的科学划分、资源的合理开发利用、区域经济的协调发展等具有积极的现实意义，也为“八大经济区”发展战略的提出奠定了基础。

2008年12月黑龙江省委经济工作会议提出了“着力建设八大经济区”的经济发展规划构想，并明确争取用3年时间使全省发展速度达到13%，全省地区生产总值达到1万亿元以上，地方财政收入达到1000亿元，城乡居民收入水平有较大幅度增长，这标志着“八大经济区”由“发展构想”上升为“发展战略”。“八大经济区”实际上是继承了“四大经济板块”的发展思路，在原有的哈大齐工业走廊建设区、东部煤电化基地建设区、大小兴安岭生态功能保护区的基础上进一步完善和丰富，提出建设两大平原农业综合开发试验区、北国风光特色旅游开发区、高新科技产业集中开发区、哈牡绥东对俄贸易加工区、东北亚经济贸易开发区，旨在挖掘潜在优势、发挥比较优势、培育竞争优势、形成发展优势，实现黑龙江省经济结构的调整、发展方式的转变和区域经济的协调发展。

2009年2月黑龙江省发改委制定了《关于今年前期项目资金支持“八大经济区”“十大工程”项目的实施意见》，确定1.5亿元的省级重大前期项目资金用于重点支持黑龙江省“八大经济区”“十大工程”中的骨干项目，以及促进产业升级、牵动全省经济社会发展的重大项目。2009年4月中国共产党黑龙江省第十届委员会第七次全体会议审议并原则通过了“八大经济区规划”，这标志着“八大经济区”由发展战略转化为发展规划，且对“八大经济区”的发展目标作了明确（见表4－1）。

表4－1　　黑龙江省八大经济区发展目标

八大经济区	经济区发展目标
农业综合开发试验区	到2015年农业综合生产能力显著提升，粮食产量达到1010亿斤以上；农民收入显著增加，人均纯收入在2008年基础上翻一番，达到8000元以上；农村经济发展水平显著提高，城乡一体化建设进程显著加快
大小兴安岭生态功能保护区	到2030年生态环境显著改善，森林覆盖率达到70%以上；生态旅游、绿色食品、北药开发、清洁能源、林木加工等生态主导型产业蓬勃发展；基本建立起完备的林业生态体系、发达的产业体系和繁荣的生态文化体系

续 表

八大经济区	经济区发展目标
东北亚经济贸易开发区	到2015年以哈尔滨市为中心、内连相邻省区乃至沿海省份、东连日本海地区、西接俄罗斯腹地的国际经贸大通道基本形成，建成我国面向东北亚重要的产业聚集区和进出口贸易加工基地，成为我国开展东北亚经贸科技合作的先导区
哈牡绥东对俄贸易加工区	到2015年对俄贸易额达到330亿美元，年均增长20%以上，口岸过货能力达到2500万吨，进口资源加工率达到70%以上，地产品出口比重达到50%以上
北国风光特色旅游开发区	到2015年旅游业总收入1500亿元以上；年均增长15%左右
哈大齐工业走廊建设区	到2015年形成装备制造、石化、食品、医药、高新技术和以现代物流业为主的服务业等特色产业集群；到2020年建成产业集群优势明显、生产力布局合理、科技支撑有力、保障体系齐全、生态环境优良的工业走廊
东部煤电化基地建设区	到2020年煤矸石、煤泥等固体废弃物的综合利用率达到70%，电站装机容量达到2223万千瓦，煤化工产业销售收入达到1500亿元，年均增长达到20%
高新科技产业集中开发区	到2015年哈大齐高新技术产业带内重点科技园区的主要经济指标年均增长速度达到30%以上，其他“两个区域”和“四个基地”的主要经济指标年均增长速度达到20%以上，全省科技园区经济发展年平均增长速度高于全省的5%

资料来源：《黑龙江省八大经济区规划（2009）》。

（2）“八大经济区”的总体政策。为深入贯彻“着力建设八大经济区，抓好十大工程”的战略，黑龙江省政府先后出台一系列政策文件，内容涉及工业转型升级、重点项目建设、环境保护和扩大内需等，从多个方面打出政策“组合拳”，合力推动全省经济社会发展。如黑龙江省政府颁布的《关于进一步扩大内需促进全省经济更好更快发展的意见》，提出大力加强基础设施建设，力保重点行业、重点产业和重点企业不下滑，培育新兴产业和新的经济增长点等8个方面任务。

自2009年起，黑龙江省政府、省发改委及省各直属部门先后颁布了《黑龙江省十大工程推进工作方案》《关于支持黑龙江省项目建设的若干政策》《黑龙江省关于促进战略性新兴产业加快发展的若干政策措施》《黑龙江省促进就业“十二五”规划》《黑龙江省蓝莓产业发展规划（2010—2020年）》《黑龙江省兴边富民行动规划（2011—2015年）》《松花江流域水污染防治规划（2011—2015年）》等多个文件，为“八大经济区”建设提供了良好的政策环境。

2012年11月黑龙江省颁布了《黑龙江省主体功能区规划》，该规划围绕“八大经济区”建设提出了构建“一心两翼”为主体的城市化战略格局、“三区五带”为主体的农业战略格局，以及“两山一平原”为主体的生态安全战略格局，将全省区域内主体功能区分为国家级和省级重点开发区域、限制开发区域和禁止开发区域二级三类区域，并阐述了财税政策、投资政策、产业政策、土地政策、人口政策和环境政策等保障措施。

（3）经济区发展的财税政策。如2012年省级财政积极安排一般预算资金支持经济区发展，主要包括：筹集资金27.1亿元，支持143个重点大项目建设；集中土地出让收入7.5亿元，支持18个重点产业园区基础设施建设；投入15.4亿元积极落实工业稳增长17条措施；投入7.1亿元支持外贸发展11条措施，推进外贸发展；投入5.3亿元推动科技成果转化，提升企业自主创新能力，进一步转变工业发展方式，优化经济结构，大力发展新兴产业，改造提升传统产业等。

为应对国际金融危机，我国制定了一系列调整与优化产业结构的税收政策。黑龙江省深入落实“八大经济区”“十大工程”“十大重点产业”等战略发展规划，根据实际省情积极落实国家税收政策，旨在减轻企业税收负担，帮助企业渡过难关。以实施增值税转型改革为例，黑龙江省每年减轻企业增值税负担28亿元；免征和取消了25项行政事业性收费，同时不断调整提高了增值税和营业税起征点、降低营业税娱乐业税率等政策来支持中小企业特别是小微企业发展（见表4-2）。

表 4-2 黑龙江省 2008 年以来营业税、增值税政策调整情况

序号	文件名称	主要内容	生效时间
1	黑龙江省地方税务局关于提高我省营业税起征点的通知（黑地税发〔2008〕50 号）	营业税政策调整：按期纳税的起征点为月营业额市（地）5000 元，县（市）4000 元；按次纳税起征点为每次（日）营业额 100 元	2008. 07. 01
2	黑龙江省财政厅、黑龙江省地方税务局关于调整我省增值税营业税起征点的通知（黑财税〔2011〕34 号）	（1）增值税政策调整：销售货物的起征点为月销售额 20000 元；销售应税劳务起征点为月销售额 20000 元；按次纳税起征点为每次（日）销售额 500 元。 （2）营业税政策调整：按期纳税的起征点统一调整为月营业额 20000 元；按次纳税起征点为每次（日）营业额 500 元	2011. 11. 01
3	黑龙江省财政厅、黑龙江省地方税务局关于调整我江省娱乐业营业税适用税率的通知（黑财税〔2012〕26 号）	（1）夜总会、酒吧、高尔夫球营业税税率为 15%。 （2）歌厅、舞厅、卡拉 OK 歌舞厅、音乐茶座、网吧营业税税率为 10%。 （3）游艺、台球、保龄球营业税税率为 5%	2013. 01. 01

资料来源：根据有关法规政策文件整理。

（4）经济区发展的民生政策。黑龙江省支持民生发展主要体现在保障教育优先发展、促进就业再就业、保障性安居工程建设，以及提高社会保障标准、文化服务水平和医疗卫生服务能力等方面。2013 年黑龙江省省级财政用于民生支出 455. 2 亿元，占公共财政支出 58%，同比增加 5. 6 个百分点。如 2013 年黑龙江省新建和改扩建公办幼儿园 1598 所，全部免除中等职业教育农村户籍学生和城镇家庭困难学生学费，完成农村中小学校“小火炉”改造年度计划；培养高技能人才 4. 2 万人，对 15. 4 万专业技术人员进行任职培训。

在促进就业再就业方面，黑龙江省积极、全面落实职业培训补贴、公益性岗位补贴、社会保险补贴和小额担保贷款财政贴息等政策，支持园区有针对性地开展就业培训，实施以创业带动就业和产业化建设拉动就业。2013 年黑龙江省城镇新增就业 78. 83 万人，城镇登记失业率为 4. 43%，并筹措 112. 7

亿元用于提高离退休职工基本养老金标准；全省实现基本养老保险费收入465亿元，增收83.3亿元，同比增长21.8%；城市低保标准每人每月由301元提高到376元，农村低保标准每人每年由1718元提高到2181元。

在提高医疗卫生服务能力、实现基本公共服务均等化方面，黑龙江省政府各部门、各直属机关认真积极落实各项政策，并取得了显著成效。2013年黑龙江省新农合年人均筹资标准由290元提高到340元，其中各级政府补助由240元增加到280元；推进社会化养老服务，新增养老床位1.7万张，并为300个中心乡镇卫生院、83所市县中医院配备急救车辆；全省范围内基层医疗卫生机构基本药物制度实现全覆盖，城乡基本公共卫生服务均等化水平得到提升，重大公共卫生项目得以有效开展。

近年来，黑龙江省积极落实经济适用房、廉租房、公租房建设及户棚区改造等保障性住房政策，先后出台了《黑龙江省廉租住房保障办法》《黑龙江省廉租住房保障工作考核办法》和《关于加快发展公共租赁住房的实施意见(试行)》等文件，实行租金政府定价、提供住房补贴、减免相关税费等财政政策，并通过贷款担保、贴息和奖励等引导金融机构和社会资金投入保障性安居工程。2013年保障性安居工程新开工26.83万套、竣工38万套，改造农村泥草房22万户。

(5) 经济区发展的其他政策。基础设施建设一直被视为实施积极的财政政策、拉动全省经济增长的重要工具。为改善经济区的外部发展环境、增强经济区的辐射效应、实现资源与优势的互补，黑龙江省近年来不断加大对交通、水利等基础设施的投入力度。2012—2013年黑龙江省争取国家投资230.6亿元，主要支持哈齐客运专线和哈西客站、乌苏大桥及引道、前抚高速公路等公路项目和抚远机场等城乡重大基础设施建设。

截至2013年年底，黑龙江省哈齐铁路客运专线等一批在建项目顺利推进，交工二级以上高等级公路13项778千米，哈尔滨市地铁1号线一期、二期工程通车试运营，抚远机场建设完工。仅2007—2012年，全省公路总里程由140909千米增加到155000千米，增长10.00%；全省高速公路总里程由1044千米增加到4300千米，增长3.12倍；全省二级以上高等级公路里程由9940千米增加到13879千米，增长39.63%。基础设施的完善拉动物流等行业的快速发展，改善了经济和生活环境，对黑龙江省经济区发展起到了积极的促进作用。

农业是国民经济建设与发展的基础，黑龙江省作为农业大省，农村人口比重大，其农业的持续发展对加快全省经济乃至全国农业经济的稳定发展尤为重要。黑龙江省全面落实“强农、惠农、富农”政策，积极保障财政支农需求，在大力促进农业生产经营、农村经济发展和农民持续增收等方面发挥了积极重要的支持作用。黑龙江省长期以来极为重视和加强对农业的财政投入，特别是突出具有“绿色、安全、优质”特色的农业产业链的发展，其粮食综合生产能力不断提高。

2013 年黑龙江省推动“两大平原”现代农业综合配套改革，上升为国家战略并启动实施，实现粮食生产“十连增”，总产量（达 1200. 82 亿斤）继续保持全国第一。全省现有绿色（有机）食品认证面积 7004 万亩，完成 5 个高效农业示范区建设，推动田间综合作业机械化程度提高至 92. 7%，新建和翻建烘干塔 106 座，新增烘干能力 93 亿斤，农民合作社发展到 4. 57 万个，各类新型农业经营主体规模经营面积 5099 万亩；省政府投入 2 亿元扶持资金吸引了社会投资 21 亿元，建设 45 个单体 1200 头以上的奶牛场，畜牧业标准化规模养殖水平进一步提高。

4. 1. 2　农林开发保护区发展政策

（1）农业开发区发展政策。为了充分保证黑龙江省农业在推进我国现代农业建设、维护国家粮食安全、参与国际市场竞争及维护边疆稳定等方面继续发挥重要作用，2006 年年底黑龙江省委省政府制定了《支持垦区加快发展的若干意见》（以下简称《意见》），该《意见》对松嫩平原、三江平原农业综合开发试验区，提出了“三化、四基地、两率先”的发展要求，以及“稳一产、强二产、兴三产”的发展目标；同时又相继出台多部地方性政策文件，旨在加快推进黑龙江省农业现代化进程，促进农业规模经营和农民持续增收，推动现代农业实现跨越式发展，为农业综合开发试验区的发展提供政策支持。

2009 年 4 月黑龙江省省委会议通过的《黑龙江省松嫩平原和三江平原农

业综合开发试验区规划》明确该经济区的主要任务是：充分发挥土地资源优势，以发展现代农业为主攻方向，大力发展优质、高产、高效、生态、安全农业，提高农业资源综合利用率和单位资源产出率；充分发挥农垦现代农业发展的示范带动作用，在地域广阔、土质肥沃、人口集中、农业资源富集的松嫩和三江两大平原，率先实现农业现代化，形成城乡经济社会发展一体化新格局。其发展目标是：到2015年农业综合生产能力显著提升，粮食产量达到1010亿斤以上；农民收入显著增加，人均纯收入在2008年基础上翻一番，达到8000元以上；农村经济发展水平显著提高，城乡一体化建设进程显著加快。

2009年12月黑龙江省第十一届人民代表大会常务委员会第14次会议审议通过的《黑龙江省农民专业合作社条例》规定：将黑龙江省行政区域内农民专业合作社的组建、经营、管理、扶持等活动纳入规定的适用范围；使其享受增值税、营业税、企业所得税、土地使用税等税收优惠政策；引导金融机构对农民专业合作社给予扩大担保范围、提高授信额度、允许抵押担保和实行优惠利率等金融支持；对其相应活动实行优惠电价、免收道路通行费和给予展位费补贴等优惠。

2011年12月黑龙江省政府颁布的《黑龙江省人民政府关于加快推进现代农作物种业发展的实施意见》提出，通过突出农作物种业科研作用、加强农作物种业人才培养、落实种子产业财税优惠政策、强化种子生产经营和市场监管、创新成果评价和转化机制、完善救灾备荒种子分级储备制度等改革措施，形成“育繁推一体化”的现代农作物种业体系，实现农作物种业的跨越式发展、粮食供给的安全稳定、农业综合生产能力的提升和农产品国际竞争力的增强等战略目标。

2012年10月黑龙江省政府办公厅出台了《黑龙江省人民政府办公厅关于金融支持我省现代农业发展的意见》（以下简称《意见》），该《意见》提出：通过长期授信、再贴现等融资方式加大对现代农业企业、现代农业发展项目及农村基础设施建设的信贷投放力度，通过发展新型农村金融机构、创新金融产品和扩大担保抵押物范围等方式拓宽现代农业的融资渠道，通过完善农村金融政策扶持体系与组织体系等方式营造良好的金融环境，为两大平原农业综合开发试验区的建设提供金融支持。

此外，黑龙江省财政厅、黑龙江省农业委员会先后联合制定了《黑龙江省绿色食品产业发展专项资金管理办法》《黑龙江省现代农业生产发展资金管理办法实施细则》《黑龙江省粮食精深加工专项资金管理暂行办法》和《黑龙江省省级农业产业化发展资金管理暂行办法》等部门文件，明确采用财政补贴、贷款贴息、财政奖励等财政政策，支持农业重点生产基地建设、先进农业技术的推广与应用、现代农产品的开发与认证等，促进农业综合开发试验区的协调发展。

（2）林业保护区发展政策。2008 年 9 月黑龙江省政府出台了《黑龙江省人民政府关于加快大小兴安岭生态功能区建设的意见》（以下简称《意见》），该《意见》明确了大小兴安岭生态功能区建设的“精心保护、合理开发、综合利用、以人为本”的总体要求，提出通过利用中央财政森林生态效益补偿基金制度、加大一般性转移支付与专项转移支付力度等措施，加强对森林、湿地、草原、自然保护区、耕地和水资源等的保护；通过给予财政贴息支持、调整政府投资重点和实施税收优惠政策等方式，培育和发展生态主导型经济，推进生态功能区产业结构的调整。

2009 年 4 月黑龙江省委会议通过的《黑龙江省大小兴安岭生态功能保护区规划》中明确该经济区的主要任务是：充分发挥黑龙江省森林资源丰富的优势，以保护和修复生态为主旨，大力培育和发展生态主导型经济，加快发展与资源环境相适应的区域接续和替代产业，在大兴安岭和小兴安岭的伊春、黑河林区及周边县（市）山区范围内，建设生产发展、生活富裕、生态良好的社会主义新林区。其发展目标是：到 2030 年生态环境显著改善，森林覆盖率达到 70% 以上，以生态旅游、特色种植养殖、绿色食品加工、北药开发、清洁能源、林木和矿产资源开发及精深加工等为主的接续和替代产业蓬勃发展，基本建立起完备的林业生态体系、发达的产业体系和繁荣的生态文化体系。

2010 年黑龙江省财政厅、省林业厅修订的《黑龙江省〈中央财政森林生态效益补偿基金管理办法〉实施细则》中规定：对公益林管护人员按国有和集体国家级每年每亩补助 4 元和 8 元；对全省 15 个牧区县（市）给予禁牧草原补贴、牧草良种补贴、牧民生产资料综合补贴及绩效考核奖励，其中前 3

项补贴每年分别为6元/亩、10元/亩和500元/户，引导当地居民积极实施封山育林、限砍限伐政策，提高其可支配收入。

国家发展和改革委员会等10个部门通过在内蒙古和黑龙江省进行调研并下发了编制《大小兴安岭生态保护与经济转型规划》大纲，该规划于2010年12月编制完成并获国务院批准予以实施。该规划对林区生态保护与建设、局场和城镇布局、产业转型升级、基础设施改善、社会事业发展、管理体制改革、经济对外开放和政策保障体系等方面进行了翔实说明，预计到2020年将实现两大林区生态环境初步恢复，生态主导型产业格局基本形成，居民收入和公共服务水平显著提高的目标。

2011年8月黑龙江省政府出台的《关于实施大小兴安岭林区生态保护与经济转型规划（2010—2020年）的若干意见》中提出：到2020年森林覆盖率由2009年（下同）的71.1%提高到73.4%，森林面积由1465.6万公顷提高到1512.8万公顷；活立木蓄积由11.4亿立方米提高到13.9亿立方米；人均地区生产总值年均增幅保持在14%以上；城镇居民人均可支配收入和农村居民人均纯收入均达到全省平均水平；城镇登记失业率控制在4%以内。其政策措施主要包括：加强生态保护与建设，全面恢复和增强大小兴安岭生态功能；发展接续替代产业，推进林区产业转型升级；优化林区局、场和城镇布局，加快林区城镇化进程；加强基础设施建设，着力改善林区生产生活条件；加快发展社会事业，建设和谐文明的新林区；推进改革和开放，实现国有林区体制机制创新等。

4.1.3 商业贸易旅游区发展政策

（1）东北亚经贸区发展政策。2008年12月黑龙江省政府依据《东北地区振兴规划》和《中国东北地区老工业基地与俄罗斯远东地区合作规划》等文件，并颁发与实施了《黑龙江省沿边开放带发展规划》（以下简称《规划》）。该《规划》明确提出：通过统筹延边开放带、建设建立生态保障体系、推进城镇化进程、建立政策保障体系、深化南北区域合作、推进金融产品创新、培育人力资源市场等措施，推进商贸、物流等产业的发展，从而形成“三区”“三带”“一岛”互动耦合、相融相连、功能完整的沿边区域经济发展新格局。

2009 年 4 月黑龙江省省委会议通过的《黑龙江省东北亚经济贸易开发区规划》中明确该经济区的主要任务是：充分发挥黑龙江省地处东北亚腹地的区位优势，充分利用国内国际两种资源、两个市场，全面提升对外开放水平和国际竞争力，完善区域性中心城市功能，加强边境口岸建设，大力推进对俄、韩、日等国经贸科技合作，加快建设外向型产业基地，创新发展各类开发园区，着力建设国际经济贸易大通道，全力打造面向东北亚，辐射亚欧大陆的扇形放射、多点向外的经济贸易开发区。其发展目标是：到 2015 年以哈尔滨市为中心、内连相邻省区乃至沿海省份、东连日本海地区、西接俄罗斯腹地的国际经贸大通道基本形成，建成我国面向东北亚重要的产业聚集区和进出口贸易加工基地，成为我国开展东北亚经贸科技合作的先导区。

2009 年 9 月中国与俄罗斯正式批准的《中国东北地区同俄罗斯远东及西伯利亚地区合作规划纲要（2009—2018）》，标志着中俄两国地区性合作已进入一个新的实质性操作阶段，有利于保持对俄贸易的稳定发展和逐步回升，充分发挥贸易产业集聚和贸易平台作用。为加快对俄国际运输市场发展，黑龙江省于 2009 年开通了 8 条对俄客货运输线路，为促进地方经济发展及八大经济区建设提供了运输保障，加快了“建设大物流、形成大流通”的进程，进一步规范和提升了有形货运市场。

2013 年《黑龙江和内蒙古东北地区沿边开放开发规划》已获得国务院批准，使其上升为国家层面的发展战略规划，这为东北亚经贸区的发展提供了更高层次的政策保障。该规划提出在总体布局方面，在黑龙江省行政区域内建立沿边开发开放先导带、支撑带和带动区；在政策与保障措施方面，完善投资、产业、财政、外贸、金融及国土资源等开发开放政策；在提升对外开发水平方面，提升沿边口岸功能，构建境内外开发合作平台，加强对外投资与科技合作等。

（2）贸易加工区发展政策。早在 2005 年 3 月黑龙江省政府推出了《关于推进对俄经贸科技合作战略升级的意见》，并相继出台了在俄蒙建设境外能源原材料基地实施方案、对俄出口加工基地建设实施方案等文件。该意见提出在对俄能源原材料投资合作、对俄进出口加工基地建设、对俄农产品生产加工基地建设和对俄科技合作基地建设方面实现“四个突破”，并在培育和做强对俄经贸科技合作主体、市场开拓和大通道建设方面加大工作力度。

2009 年 4 月黑龙江省省委会议通过的《黑龙江省哈牡绥东对俄贸易加工区发展规划》中明确该经济区的主要任务是：充分发挥黑龙江省沿边开放的优势，以哈尔滨、牡丹江市为支撑，以绥芬河、东宁等口岸为节点，以内陆市县为依托，全力打造对俄经贸合作加工、商贸、旅游、物流、会展 5 个产业中心，重点建设哈尔滨江北工业新区、牡丹江经济开发区、绥芬河综合保税区等 18 个特色园区，形成口岸、临岸地区与腹地优势互补、良性互动的对外开放新格局，使其成为带动和支撑全省对外开放的先导区。其发展目标是：到 2015 年对俄贸易额达到 330 亿美元，年均增长 20% 以上，口岸过货能力达到 2500 万吨，进口资源加工率达到 70% 以上，地产品出口比重达到 50% 以上。

2009 年 4 月在哈牡绥东贸易加工区经济合作座谈会暨签约仪式上，哈尔滨市与牡丹江市签订了《哈尔滨市—牡丹江市建设哈牡绥东对俄贸易加工合作框架协议》，提出全力打造对俄经贸合作加工、商贸、旅游、物流及会展中心，发掘各地优势项目、建设特色园区，加快对俄航运、公路、铁路等大通道建设，做大做强边境口岸经济区，逐步形成口岸、临岸地区与腹地优势互补、良性互动的对外开放新格局等合作发展目标。

2009 年 4 月国务院批准设立绥芬河综合保税区，黑龙江省政府也出台了《黑龙江绥芬河综合保税区有关政策》。该政策规定：作为我国东北地区唯一的综合保税区，在该保税区内实行区内企业间的货物交易免征增值税和消费税、区内货物进入国内销售需办理报关、物流保税、出口加工保税、国外货物入区保税、国内货物入区视同出口进行退税等政策，这对完善贸易加工区的分工体系、发挥园区载体和平台作用、提升对外开放水平、促进区域经济的发展等具有重要的现实意义。

此外，中俄两国政府在北京签署的《关于进一步深化平等互信的中俄全面战略协作伙伴关系的联合声明》，两国正式批准的《中国东北地区与俄罗斯远东及西伯利亚地区合作规划纲要（2009—2018）》，国务院批准的《黑龙江和内蒙古东部部分地区沿边开发开放发展规划》，以及国务院颁布的《中共中央、国务院关于实施东北地区等老工业基地振兴战略的若干意见》等政策文件，均为黑龙江省哈牡绥东对俄贸易加工区的快速发展提供了政策支持。

(3) 旅游开发区发展政策。2008年国家发展和改革委员会组织成立规划编制指导小组指导黑龙江省起草《黑瞎子岛保护与开放开发总体规划》,2010年,黑龙江省政府、省旅游局出台了《黑瞎子岛旅游总体规划》,突出黑瞎子岛“一国两岛”的地域特色,发挥其生态保护、旅游休闲、商贸流通、口岸通道四大功能,通过管理体制变革、保障政策的落实等将黑瞎子岛建设成重要的生态环境保护区、东北亚区域合作的先导区、沿边开放对俄合作的示范区和我国兴边富民的实验区。

2009年4月黑龙江省省委会议通过的《黑龙江省北国风光特色旅游开发区规划》中明确该经济区的主要任务是:充分发挥黑龙江省省生态环境良好的优势,突出冰雪、生态、边疆等北国特色,以哈尔滨、五大连池、神州北极、扎龙湿地、抚远华夏东极等十大旅游开发区建设为核心,以塑造冰雪旅游、生态旅游、边境旅游三大旅游产品为重点,打造最具北国风光特色的生态旅游产品体系,开发建设具有国际化、地域性和较强市场竞争力的旅游精品线路和品牌,把旅游业培育成为重要支柱产业,实现从旅游资源大省向旅游经济大省的转变。其发展目标是:到2015年旅游业总收入1500亿元以上,年均增长15%左右。

2010年11月黑龙江省政府出台了《关于加快黑龙江省“百镇”及重点旅游名镇建设的若干政策》,其政策内容主要包括:改革与完善“百镇”及重点旅游名镇的用地制度;对符合条件的在建项目贷款予以贴息支持,对企业的旅游景区、设施投资给予一次性财政奖励;提高政策性担保机构对相关企业的担保额度;减免“百镇”及重点旅游名镇的各项行政事业性收费,减免房产税、营业税、土地使用税和个人所得税等税收。

黑龙江省进一步优化旅游发展环境,打造北国风光特色旅游品牌,初步建立起科学发展的格局。2011年黑龙江省旅游工作会议提出,推进一批旅游资源深度开发、旅游产业转型升级和旅游新业态培育项目,并计划从2011年起启动实施旅游项目建设“351”工程,即省旅游局每年抓30个重点旅游项目,市(地)旅游局抓50个重点旅游项目,县(市)旅游局抓100个重点旅游项目,力争经过3~5年的努力,在黑龙江省建成一批成规模、水平高、效益好的精品旅游项目。

4.1.4 工业基地建设区发展政策

（1）哈大齐工业区发展政策。2008 年黑龙江省政府制定了《支持哈大齐工业走廊建设若干政策》。其中在用地政策方面坚持优先原则，出台了《哈大齐地区重度盐碱地等未利用地开发利用规划》和《哈大齐工业走廊产业布局规划》；在财税政策方面坚持分成、减免原则，享受国家及省市相关税收优惠政策，实行免收行政事业性收费等；在科技与人才政策方面坚持奖励、资助原则，对携带科技成果或专利进入园区等人员给予财政奖励或资助；在投资政策方面，坚持便捷、效率原则，为园区内企业提供优质服务。

2009 年 4 月黑龙江省省委会议通过的《黑龙江省哈大齐工业走廊建设区规划》中，明确该经济区应当突出抓好核心示范区和重点园区建设，集中建设好哈尔滨、大庆、齐齐哈尔、安达、肇东 5 个重点园区，充分发挥其产业集聚和辐射带动作用；充分利用黑龙江省现有工业基础，发挥产业优势和科技人才资源优势，着力吸引国内外资本和技术，建设多种产业相互配套，新体制、高科技、外向型、生态化、结构合理、高速增长的经济密集区。其主要任务是：充分利用黑龙江省现有工业基础，发挥产业优势和科技人才资源优势，着力吸引国内外资本、技术，建设多种产业相互配套，新体制、高科技、外向型、生态化、结构合理、高速增长的经济密集区。其发展主要目标是：到 2015 年形成装备制造、石化、食品、医药、高新技术和以现代物流业为主的服务业等特色产业集群；到 2020 年建成产业集群优势明显、生产力布局合理、科技支撑有力、保障体系齐全、生态环境优良的工业走廊。

2010 年 2 月黑龙江省人民政府办公厅转发了《国务院振兴东北地区等老工业基地领导小组第 5 次会议精神及黑龙江省贯彻落实意见》（以下简称《意见》），该《意见》提出重点从优化经济结构、加快企业技术进步、大力发展现代农业、加强基础设施和重大项目建设、推进资源型城市转型、加强生态环境保护和着力解决民生问题 8 个方面，加快推进东北老工业基地的振兴，这对促进产业转型升级和优化产业结构，推动哈大齐工业走廊经济加快发展具有重要意义。

黑龙江省工业和信息代委员会于 2011 年制定了《全省工业经济运行调控

纲要》，省政府与市地政府签订了目标责任状。在2011年召开的“黑龙江省工业项目建设三年攻坚战推进大会”上开启了黑龙江省工业项目建设三年攻坚战的大幕，计划在未来三年工业固定资产投资完成1.5万亿元，工业固定资产投资年均增长35%以上，为全省产业结构调整升级和国民经济又好又快发展奠定坚实基础，使哈大齐工业走廊在较短时间内初具规模，实现“有投入、有形象、有企业、有增量”的目标。

近年来，黑龙江省政府及其有关部门制定了一系列促进哈大齐工业走廊快速发展的政策，如省政府制定的《哈大齐工业走廊基础设施项目贷款财政贴息资金管理办法（试行）》，省政府办公厅制定的《关于创建哈大齐工业走廊优良法制环境若干意见的通知》，省工商局制定的《关于发挥工商职能支持哈大齐工业走廊建设若干措施的通知》和《发挥工商职能支持非公有制经济发展的实施意见》，省国家税务局制定的《关于认真贯彻落实哈大齐工业走廊产业发展税收政策的实施意见》等。

（2）煤电化基地发展政策。2008年3月黑龙江省政府出台了《黑龙江省东部煤电化基地建设支持政策》，其政策内容主要包括：在土地政策上实行土地出让金最低限价标准缴纳办法；在财税金融政策上对部门项目给予一次性财政奖励，积极创造条件引导企业发行债券，拓宽其直接融资渠道；在资源开发与保护政策上加大省级地质勘查基金和省级矿补费投入力度，加强对稀缺性煤种开发的保护；在科技与人才政策上给予地方政府财政资助和奖励；在投资服务政策上提供全程跟踪式、代办式服务。

2009年4月黑龙江省省委会议通过的《黑龙江省东部煤电化基地发展规划》明确该经济区的主要任务是：以延长煤炭产业链为主攻方向，以大项目建设为载体，以循环经济为主要发展模式，大力发展煤化工等接续和替代产业，加快资源型城市转型，把黑龙江省东部地区建设成为以煤电化产业为主导、相关产业相互配套、煤电资源综合利用、非煤产业快速崛起、区域经济协调发展、生态环境更加改善、生活环境更加良好的重要经济增长板块。其发展目标是：到2020年煤矸石和煤泥等固体废弃物综合利用率达到70%，电站装机容量达到2223万千瓦，煤化工产业销售收入达到1500亿元，年均增长20%。

2012 年 6 月黑龙江省政府办公厅印发了《关于贯彻落实找矿突破战略行动纲要（2011—2020 年）的实施意见》（以下简称《意见》），该《意见》将加强基础地质调查与研究、全面部署重点矿产资源勘查工作、积极开展地质找矿攻关、实施矿产资源节约与综合利用示范工程作为战略行动的主要任务，并提出要积极落实找矿突破新机制，加快推进找矿突破，不断增强矿产资源服务和保障经济社会发展的能力。该意见是对“围绕资源搞产业、以产业促发展”的科学实践，对煤电化工业的发展将起到重要作用。

4.1.5 高新技术开发区发展政策

自 2007 年起，黑龙江省财政厅、省科技厅先后制定与实施了《黑龙江省高新技术产业专项资金管理办法》《黑龙江省科技型中小企业技术创新资金管理暂行办法》和《黑龙江省高新技术企业认定管理工作实施办法》等政策文件，其内容主要包括：单位职务科研成果以股权投入方式实施转化的，成果完成人可享有该项目成果所占股份 70% 的股权；申请省创新资金项目的企业必须满足注册资金不少于 50 万元人民币，科技人员占职工比重不低于 10% 且资产负债率不超过 60% 等条件。

2009 年 4 月黑龙江省省委会议通过的《黑龙江省高新科技产业集中开发区规划》中明确了该经济区的主要任务是：充分发挥黑龙江省科技、人才、产业和区位优势，重点建设哈大齐国家级高新技术产业开发带，牡丹江市和佳木斯市高新技术产业开发区，以及煤化工、硅基新材料、农产品精深加工、生态保护与高新科技特色产业基地，促进优势产业集聚，扶持特色产业壮大，培育新兴产业发展，形成相对集中的高新科技产业开发区。其主要发展目标是：到 2015 年哈大齐高新技术产业带内重点科技园区的主要经济指标年均增长速度达到 30% 以上，其他“两个区域”和“四个基地”的主要经济指标年均增长速度达到 20% 以上，全省科技园区经济发展年平均增长速度高于全省的 5%。

2010 年 7 月黑龙江省科技厅、省财政厅、省教育厅、省国省资产监督管理委员会、省金融工作办公室和省总工会六部门联合发布了《黑龙江省技术创新强省富省工程实施方案》（以下简称《方案》），对未来 5 ~ 10 年黑龙江省科技发展做出总体部署。该《方案》本着坚持“自主创新、资源整合、开放合作和人才为本”的原则，提出到“十二五”末期“技术创新强省富省工程”将实现“五个主要目标”，并围绕规划目标提出实施“技术创新八大行动计划”，将其作为黑龙江省科技工作的着力点和主攻方向。

2012 年 9 月黑龙江省科技创新大会讨论并通过了《中共黑龙江省委、黑龙江省政府关于深化科技体制改革、加快科技强省建设的决定》（以下简称《决定》）。该《决定》强调要贯彻落实全国科技创新大会精神，全面深化科技体制改革、加快推动科技创新，组织动员全省各方面力量推动科技改革发展、增强科技创新能力、加强企业技术改造、推进信息化与工业化结合、加快科技强省建设，为黑龙江省经济社会更好更快更大发展提供强大科技支撑。

4.2　黑龙江省八大经济区发展的政策成效

近年来，黑龙江省委省政府、各直属部门出台了相应的规范性文件，为“八大经济区”的发展创造良好的政策条件和外部环境，旨在实现资源的合理开发利用、产业的转型升级、区域经济的协调发展。各项产业、财税、金融、科技、就业、社会保障、文化教育和医疗卫生等政策的实施取得了显著的成效，如 2013 年黑龙江省地区生产总值达到 14382.9 亿元，同比增长 8.0%；全省人均地区生产总值实现 37509.3 元，同比增长 7.9%；工业企业增加值达到 5090.3 亿元，同比增长 7.0%。

4.2.1　产业政策的成效

随着“八大经济区”“十大工程”和“十大重点产业”等发展战略的贯彻实施，黑龙江省在转变经济发展方式、优化产业结构和促进经济快速发展等方面取得了显著的成效。如全省生产总值三次产业构成比重，由 2000 年的 12.2∶54.9∶32.9 转变为 2010 年的 12.6∶48.4∶39.0，2013 年该比重为 17.5∶41.1∶41.4（见表 4-3）。可见，第三产业的生产总值所占比重逐年上升，其就业人数也逐年递增，全省三次产业的结构有所优化。

表4-3　　黑龙江省三次产业的发展趋势

项　目	产业	2000年	2010年	2011年	2012年	2013年
地区生产总值三次产业构成（%）	第一产业	12.2	12.6	13.5	15.4	17.5
	第二产业	54.9	48.4	47.4	44.1	41.1
	第三产业	32.9	39.0	39.1	40.5	41.4
三次产业贡献率（%）	第一产业	-5.1	5.0	6.3	7.6	7.4
	第二产业	74.6	62.9	51.3	50.1	40.8
	第三产业	30.5	32.1	42.4	42.3	51.8
三次产业对地区生产总值增长的拉动（%）	第一产业	-0.4	0.6	0.8	0.8	0.6
	第二产业	6.1	8.0	6.3	5.0	3.2
	第三产业	2.5	4.1	5.2	4.2	4.1
就业人数三次产业构成（%）	第一产业	50.2	41.3	—	—	—
	第二产业	21.7	19.4	—	—	—
	第三产业	28.1	39.3	—	—	—

资料来源：《黑龙江省统计年鉴（2014年）》。

4.2.2　财税政策的成效

财税政策是国家实施宏观经济调控的主要工具，其制定与实施对保证经济健康、有序地运行将会起到重要作用。近年来，黑龙江省深入贯彻“四大经济板块”“八大经济区”“十大工程”等战略部署，突出主导产业的战略地位，注重培育和发展新兴产业，重点强调惠民工程的开展等，使全省经济发展逐渐呈现又好又快的趋势；同时随着税源专业化管理的实施，市场体系的不断完善，黑龙江省在加快财源建设方面取得了显著成效。地方财政收入逐年增长，2013年黑龙江省公共财政收入为1277.4亿元，同比增长9.82%（见表4-4）。

表4-4　　黑龙江省2001—2013年财政收支及增长情况

年份	公共财政收入（亿元）	公共财政收入增长（%）	公共财政支出（亿元）	公共财政支出增长（%）
2001	213.6	15.27	478.3	25.24
2002	231.9	8.57	531.9	11.21

续 表

年份	公共财政收入（亿元）	公共财政收入增长（%）	公共财政支出（亿元）	公共财政支出增长（%）
2003	248.9	7.33	564.9	6.20
2004	289.4	16.27	697.6	23.49
2005	318.2	9.95	787.8	12.93
2006	386.6	21.50	968.5	22.94
2007	440.2	13.86	1187.3	22.59
2008	578.4	31.39	1542.3	29.90
2009	641.6	10.93	1877.7	21.75
2010	755.6	17.77	2253.3	20.00
2011	997.5	32.01	2794.1	24.00
2012	1163.2	16.61	3171.5	13.51
2013	1277.4	9.82	3369.2	6.23

资料来源：《黑龙江省统计年鉴（2014年）》。

2008年黑龙江省第十一届人民代表大会第一次会议以来，各级政府面对复杂多变的国内外经济形势和艰巨的发展改革任务，认真贯彻落实科学发展观，大力推进财税改革，税收收入稳定增长，财政保障能力不断提升。如2013年全省税收收入实现1277.4亿元，其中增值税、营业税、企业所得税和个人所得税收入分别为151.7亿元、268.0亿元、98.8亿元和35.6亿元（见表4-5）。

表4-5　　黑龙江省2013年各级地方公共财政收入　　单位：万元

项目	合计	省级	地级	县级	乡镇级
收入合计	12773951	3164496	4836617	4625831	147007
税收收入	9128175	2478962	3464753	3085204	99256
增值税	1517325	687816	434473	385951	9085
营业税	2679947	750642	1013971	897765	17569
企业所得税	988078	123816	433162	422825	8275
个人所得税	356270	2505	168991	179398	5376
资源税	752722	633109	20005	99131	477

续 表

项目	合计	省级	地级	县级	乡镇级
城市维护建设税	600059	3299	424370	160678	11712
房产税	240715	116	81865	156699	2035
印花税	102951	620	36517	64631	1183
城镇土地使用税	476480	143390	179585	149414	4091
土地增值税	493715	129607	242545	118833	2730
车船税	124057	171	37793	86085	8
耕地占用税	206366	1511	57601	123621	23633
契税	551660	2360	333858	208337	7105
烟叶税	35307	—	17	29313	5977
其他税收收入	2523	—	—	2523	—
非税收入	3645776	685534	1371864	1540627	47751
专项收入	736143	346511	261125	123366	5141
行政事业性收费收入	842221	105797	451839	281347	3238
罚没收入	459604	42781	168287	248371	165
国有资本经营收入	465105	36	175038	258527	31504
国有资源（资产）有偿使用收入	948940	157783	202623	581040	7494
其他收入	193763	32626	112952	47976	209

资料来源：《黑龙江省统计年鉴（2014 年）》。

4.2.3 金融政策的成效

金融政策作为国家实施宏观经济调控的主要工具，不仅是促进产业升级和转变经济发展方式的有效途径，更是改善民生、拉动区域经济发展的强力引擎。近年来，黑龙江省区域金融业快速发展，存贷款数额不断增长。2013 年年底达到 16655.6 亿元，其中单位存款、个人存款和财政性存款额分别为 6947.1 亿元、10350.8 亿元和 644.9 亿元（见表 4－6）。

表4-6　黑龙江省2011—2013年金融机构信贷资金平衡表（年底数） 单位：亿元

指　　标	2011年	2012年	2013年
资金来源合计	14068.9	14674.9	16655.6
各项存款	14328.4	16326.6	18131.8
单位存款	5718.9	6491.5	6947.1
个人存款	8189.8	9361.1	10350.8
财政性存款	264.1	349.4	644.9
临时性存款	37.4	22.9	22.3
委托存款	41.1	12.7	45.2
其他存款	77.1	89.0	121.5
资金运用合计	14068.9	14674.9	16655.6
各项贷款	8548.7	9906.7	11359.4
境内贷款	8548.5	9906.5	11359.2
短期贷款	3439.0	4057.1	4770.9
中长期贷款	4818.3	5441.3	6161.5
境外贷款	0.2	0.2	0.2

资料来源：《黑龙江省统计年鉴（2014年）》。

4.2.4　科技政策的成效

随着黑龙江省“八大经济区”和“十大工程”等发展战略的实施，科技政策的作用日益凸显，但同时国内外经济交流的活跃对科技创新提出了新的要求。从黑龙江省近年来R&D（研究+开发）内部支出总额可以看出，支出总额从2005年的42.3亿元增至2013年的115.4亿元，增幅为172.81%（见图4-1），可见黑龙江省对科学技术创新的重视程度和投入正逐年增加。

4.2.5　就业政策的成效

就业是民生之本，直接影响到经济社会的发展和社会成员收入水平的提高，就业问题也逐渐成为黑龙江省社会经济发展中的重要问题。随着黑龙江省“八大经济区”和“十大工程”等发展战略的深入实施，黑龙江省失业率

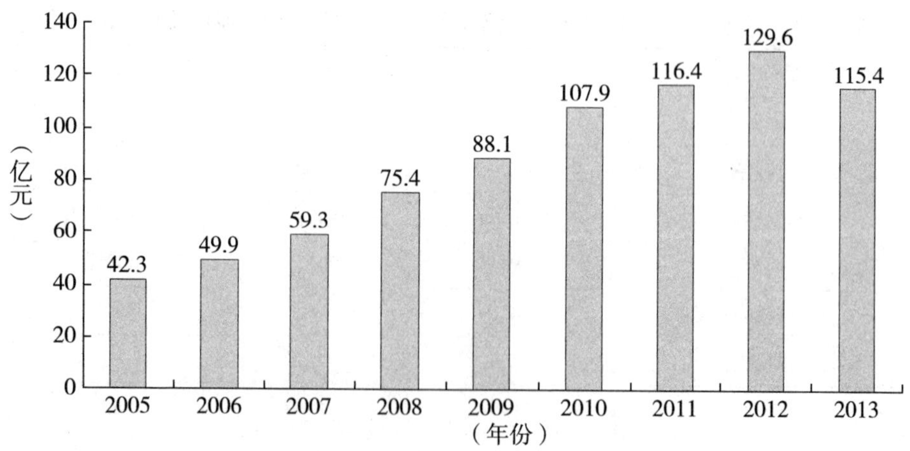

图4－1　黑龙江省 R&D 内部支出总额比较图

逐年趋于平稳，就业问题相对缓和，社会就业岗位有所增加，就业态势得到明显改善。如2013年黑龙江省城镇登记失业人员合计为41.4万人，比上年略有增加（增加0.1万人）；2013年城镇登记失业率为4.4%，较上一年仅升了0.2个百分点（见表4－7）。

表4－7　　黑龙江省城镇登记失业人员及失业率与相关省份比较

地　区	失业人员（万人）						失业率（%）					
	2005	2009	2010	2011	2012	2013	2005	2009	2010	2011	2012	2013
湖　南	41.9	47.8	43.2	43.1	44.1	45.6	4.3	4.1	4.2	4.2	4.2	4.2
宁　夏	4.4	4.8	4.8	5.2	4.6	4.7	4.5	4.4	4.4	4.4	4.2	4.1
黑龙江	31.3	31.4	36.2	35.0	41.3	41.4	4.4	4.3	4.3	4.1	4.2	4.4
云　南	13.0	15.4	15.7	16.0	17.4	18.1	4.2	4.3	4.2	4.1	4.0	4.0

资料来源：《中国统计年鉴（2014）》。

4.2.6　社会保障政策的成效

黑龙江省在贯彻“八大经济区”和“十大工程”战略过程中，极为重视社会保障事业的同步发展，在参保人数、社保基金累计结余等方面取得了显著的成绩。如农村社会养老保险参保人数由2009年的150.0万人增至2013年的815.8万人，增幅为443.87%；农村社会养老保险领取养老金人数由2009

年的28.1万人，增至2013年的231.3万人等（见表4-8），可见黑龙江省社会保障事业发展势头良好。

表4-8　　　　黑龙江省社会保险参保人数基本情况

项目		2009年	2010年	2011年	2012年	2013年
社保参保人数（万人）	城镇基本养老保险	920.4	952.2	981.0	1013.0	1062.1
	职工	586.7	529.2	540.7	554.2	639.9
	离退休人员	333.7	344.2	359.4	380.0	422.2
	城镇职工基本医疗保险	851.3	873.7	881.0	867.8	868.1
	职工	594.8	595.3	587.4	558.3	556.5
	离退休人员	256.5	278.4	293.6	309.5	311.6
	失业保险	471.3	472.9	474.5	476.2	477.4
	领取失业保险金	18.3	14.3	12.0	12.1	11.6
	工伤保险	401.8	415.1	450.0	470.6	493.1
	享受工伤待遇	5.6	6.2	8.2	6.8	7.2
	生育保险	270.0	290.1	350.0	353.1	355.1
	享受待遇	3.3	3.4	3.6	4.2	6.8
	农村社会养老保险	150.0	254.6	309.3	871.4	815.8
	领取养老金	28.1	54.6	82.9	173.5	231.3

资料来源：《黑龙江省统计年鉴（2014年）》。

4.2.7 文化教育政策的成效

文化对一个国家、地区和民族的发展起着重要作用，对推动经济发展和社会进步至关重要。教育是文化传承的载体，教育具有选择文化、保存和传递文化（将文化内化为学生的能力、素质）、创新文化以及促进文化交流的功能①。

黑龙江省“八大经济区”和“十大工程”等战略以及“教育兴省、文化惠民”政策取得了显著的成效。如2013年黑龙江省文盲人口占15岁及以上人口

① 吕子燕．黑龙江省文化发展与教育发展研究［J］．教育教学论坛，2013（9）：147-148.

的比重为2.18%，低于4.60%的全国平均文盲率，在全国各省中处于较高水平。

4.2.8 医疗卫生政策的成效

医疗卫生服务是公共卫生服务、医疗服务、医疗保障和药品供给保障的统一体，随着黑龙江省“八大经济区”和“十大工程”发展战略的实施，惠及全民的医疗卫生政策得以有效推广。

自2009年以来，黑龙江省卫生机构各项数据均有显著增长，卫生机构数上涨10.41%，床位数上涨29.15%，从业总人数上升16.15%，卫生技术人员数上升18.37%，万人拥有卫生机构床位和卫生技术人员数各上涨28.98%和18.00%（见表4-9），这些都说明医疗卫生服务建设取得了一定成绩。

表4-9　　黑龙江省2009—2013年卫生机构基本情况

项目	2009年	2010年	2011年	2012年	2013年
卫生机构数（所）	8678	8938	8656	8836	9582
床位数（张）	146568	159957	165402	178342	189290
从业总人数（人）	215412	233900	236101	241266	250191
卫生技术人员数（人）	172118	188612	191396	197168	203741
万人拥有卫生机构床位（张）	38.3	41.8	43.1	46.5	49.4
万人拥有卫生技术人员（人）	45.0	49.3	49.9	51.4	53.1

资料来源：《黑龙江省统计年鉴（2014年）》。

4.3 黑龙江省八大经济区发展的政策问题

就黑龙江省经济发展总体而言，大规模的龙头企业缺少，工业生产模式较为落后，科技含量相对低，资源消耗量比较大，环境污染严重等问题仍较为突出。各项政策制定的不完善、多元政策体系的不健全，成为阻碍经济区快速发展的主要原因。其表现在：产业调节政策不合理，包括三次产业结构不协调和产业布局不科学等；财政政策功能被弱化，包括财政投入力度较小和专项发展资金管理弱化等；税收政策作用力不强，包括税收优惠力度有限和税收征管能力不高等；金融政策支持度不足，包括农村金融体系还不健全和城市金融机制相对落后等；科技创新政策成效差，包括科研资金使用混乱和科研成果转化不足等；社会保障政策不规范，包括社会保险范围较窄和社会救济体系滞后等；就业政策体系不健全，包括自主创业引导不足和就业保障机制缺失等；文化教育政策不到位，包括义务教育质量不高和职业教育培训欠缺等；医疗卫生政策不完善，包括基础医疗服务体系落后和疾病防控预警机制滞后等。

4.3.1　产业调节政策不合理

黑龙江省产业结构不断优化，但产业调节政策在制定、实施、变更、反馈与评价过程中还存在不合理的问题，主要包括产业政策系统不完备、专项政策针对性不强、政策执行效果不理想、政策反馈不及时和政策评估标准缺失等，使得黑龙江省产业发展的潜在优势未能得到发掘、比较优势未能充分发挥及竞争优势无法充分体现，从而导致主导产业辐射作用不强、第三产业发展滞后和区域经济发展不平衡等问题。其产业调节政策的不合理性主要表现在以下四个方面：

（1）三次产业结构比重失衡。2013 年全国第一、第二、第三产业 GDP 构成比重分别为 10.0%、43.9% 和 46.1%；第一、第二、第三产业贡献率分别为 4.9%、48.3% 和 46.8%。而 2013 年黑龙江省第一、第二、第三产业地区生产总值构成比重分别为 17.5%、41.1% 和 41.4%；第一、第二、第三产业贡献率分别为 7.4%、40.8% 和 51.8%。可见，黑龙江省三次产业的生产总值与增加值占比结构较全国的平均水平，均有较大差距（见表 4-10）。

表 4-10　　黑龙江省及全国 2013 年三次产业的基本情况

项　目		第一产业	第二产业	第三产业
三次产业贡献率（%）	黑龙江	7.4	40.8	51.8
	全国	4.9	48.3	46.8
	黑龙江与全国之差	2.5	-7.5	5.0
三次产业生产总值构成（%）	黑龙江	17.5	41.1	41.4
	全国	10.0	43.9	46.1
	黑龙江与全国之差	7.5	-2.8	-4.7

资料来源：《中国统计年鉴（2014 年）》《黑龙江省统计年鉴（2014 年）》。

从表4－10可知：在国内生产总值构成方面，黑龙江省仅第一产业占比高于全国7.5个百分点，第二产业和第三产业分别低于全国2.8个和4.7个百分点。由表4－3和表4－10可知，虽然黑龙江省第三产业不断发展，三次产业结构比不断优化，但黑龙江省第三产业发展现状仍然滞后于全国平均水平，不能适应国内外加快发展第三产业的必然要求和整体趋势。

第三产业由流通业和服务业构成，包括旅游业、运输业、通信业、信息咨询服务业等行业，在再生产过程中为生产和消费提供服务，有利于细化社会分工和提高生产效率，促进第一、第二产业发展。因此，第三产业比重常被作为衡量或判断一个国家或地区经济发展水平高低的标志。目前，黑龙江省第三产业发展相对滞后，未能发挥其吸纳剩余劳动力、疏导就业需求、扩大社会需求、培育经济增长点的作用，在一定程度上制约了黑龙江省经济的快速发展和产业结构的优化。

（2）主导产业优势未能凸显。黑龙江省通过加大固定资产投资力度、组织实施重大项目改造，其装备、石化、能源和食品主导产业的市场竞争力和发展动力明显增强。仅2013年全省装备、石化、能源、食品工业的新增固定资产分别为750.85亿元、262.63亿元、752.23亿元和750.74亿元，工业总产值分别为1534.29亿元、2192.18亿元、3909.92亿元和3645.22亿元，主营业务收入分别为1507.35亿元、2167.19亿元、3945.21亿元和3656.59亿元（见表4－11），但上述产业的优势仍未能得到充分发挥和凸显。

表4－11　　黑龙江省2013年四大主导产业发展情况

项　目	装备产业	石化产业	能源产业	食品产业
建设施工项目（个）	1433	618	869	2087
建设投产项目（个）	869	397	588	1308
建设完成投资（亿元）	970.58	337.39	957.19	1083.26
新增固定资产（亿元）	750.85	262.63	752.23	750.74
工业总产值（亿元）	1534.29	2192.18	3909.92	3645.22
主营业务收入（亿元）	1507.35	2167.19	3945.21	3656.59
从业人员平均数（人）	214284	116897	531521	219808

资料来源：《黑龙江省统计年鉴（2014年）》。

黑龙江省 2000 年装备、石化、能源和食品产业占规模以上工业总产值的比重，分别为 11.7%、18.9%、47.2% 和 8.8%，四大主导产业总计所占比重为 86.7%；2012 年，装备、石化、能源和食品产业占规模以上工业总产值的比重分别为 11.5%、16.8%、32.2% 和 23.2%，四大主导产业总计所占比重为 83.7%（见表 4－12）。这既反映了黑龙江省旅游、运输等产业的快速发展，也说明了四大主导产业对黑龙江省经济的支撑、促进作用有所削弱。

表 4－12　黑龙江省四大主导产业占规模以上工业总产值比重　单位：%

年份	装备产业	石化产业	能源产业	食品产业	其他产业
2000	11.7	18.9	47.2	8.8	13.4
2005	14.9	18.3	44.6	11.7	10.5
2012	11.5	16.8	32.2	23.2	16.3

资料来源：《黑龙江省统计年鉴（2014 年）》。

黑龙江省是我国东北老工业基地的重要组成部分，其工业基础较为雄厚，积累了大量的工业生产经验和人才储备；依托丰富的石油资源，能源消费和经济发展得到保障；拥有丰富的土地资源，已建成水稻、大豆、“北药”等多个农作物标准化生产基地和特色种植基地。这些自然和经济因素为装备、石化、能源和食品产业发展奠定了基础，但由于黑龙江省科研经费投入较少等原因，导致企业自主创新能力薄弱，生产效率不高，主导产业的优势未能真正凸显。

如 2013 年黑龙江省 R&D（研究与开发）的经费投入为 950335 万元，为全国 R&D 经费投入 83184005 万元的 1.14%；2013 年黑龙江省 R&D 项目数为 4307 项，仅为全国总数 322567 的 1.34%（见表 4－13）。显然，R&D 人员全时当量、R&D 经费、专利申请数、发明专利数量、有效发明专利数等各项企业科研创新能力衡量指标均远低于全国平均水平，仅高于吉林省、内蒙古、青海省等少数经济欠发达省份。科研投入力度不足，使黑龙江省无法充分发挥粮食基地、重工业基地等区位优势。

表4-13　我国2013年各地区规模以上工业企业研究与试验发展（R&D）活动及专利简表

地区	R&D人员全时当量（人·年）	R&D经费（万元）	R&D项目数（项）	专利申请数（件）	发明专利数（件）	有效发明专利数（件）
全　国	2493958	83184005	322567	560918	205146	335401
北　京	58036	2130618	10037	19210	9240	16402
天　津	68175	3000377	12904	16302	6446	10191
江　苏	393942	12395745	48530	93518	33090	52718
辽　宁	59090	3331303	7813	11628	5226	6923
黑龙江	37296	950335	4307	4282	1683	2342
内蒙古	26990	1004406	2133	2062	981	1444
吉　林	23709	698136	6421	2520	971	2985

资料来源：《中国统计年鉴（2014年）》。

（3）产业布局及结构不协调。目前，黑龙江省经济增长主要依赖于西南部，以哈尔滨、大庆、齐齐哈尔为中心，以装备制造、石油化工、高新技术等产业为主导的工业园区和以牡丹江、绥芬河为中心的贸易加工区。但以煤电产业为主的东部地区和以生态主导型产业为主的大小兴安岭地区，经济发展严重滞后。区域经济的发展很大程度上依赖于产业的发展，因而当前黑龙江省区域经济的失衡也主要源于产业布局和结构的不协调（见表4-14）。

表4-14　黑龙江省2013年各地区及人均生产总值情况

地区	地区生产总值（亿元）	第一产业（亿元）	第二产业（亿元）	第三产业（亿元）	人均生产总值（元）
全　省	14382.9	2516.8	5918.2	5947.9	37509
哈尔滨	5010.8	592.6	1743.9	2674.3	50435
齐齐哈尔	1230.4	280.4	451.3	498.8	23191
鸡　西	570.9	166.6	220.0	184.3	30653
鹤　岗	320.0	93.6	143.5	83.0	29594
双鸭山	555.1	189.5	239.0	126.6	36983
大　庆	4181.5	175.6	3318.4	687.5	148209

续 表

地区	地区生产总值（亿元）	第一产业（亿元）	第二产业（亿元）	第三产业（亿元）	人均生产总值（元）
伊　　春	284.5	99.8	92.7	92.0	22911
佳 木 斯	747.2	225.1	198.1	324.0	31613
七 台 河	241.0	31.7	111.6	97.7	26122
牡 丹 江	1092.6	196.0	483.2	413.4	41251
黑　　河	389.6	186.8	68.1	134.8	22400
绥　　化	1210.0	489.6	337.4	383.0	21700
大兴安岭	162.3	67.5	32.3	62.6	31862
绥 芬 河	123.4	0.9	15.7	106.8	113685
抚　　远	45.0	30.8	3.5	10.7	38075

资料来源：《黑龙江省统计年鉴（2014 年）》。

由表 4－14 可知：2013 年哈尔滨市地区生产总值为 5010.8 亿元，大庆市地区生产总值为 4181.5 亿元，两市地区生产总值之和占全省地区生产总值 16164.4 亿元的 56.87%；而北部地区大兴安岭、伊春市的生产总值分别为 162.3 亿元和 284.5 亿元，分别占全省地区生产总值的 1.00% 和 1.76%；东部地区抚远的地区生产总值为 45.0 亿元，仅占全省地区生产总值的 0.28%。显然，黑龙江省经济发展极度不均衡，存在着严重的区域差异和产业布局差异。

产业布局不协调主要表现为：黑龙江省绿色食品加工、林木加工等产业布局较为分散，集中、系统、规范的产业园区未能有效建立，竞争优势未能充分发挥；初级、中端和高端产品各有侧重的产品体系不健全，产品定位不明确，产品特色不突出，产业链条延伸不足；规模大、资本雄厚的龙头企业较少，规模小、起步晚的中小企业成长不足，相互协调、优势互补的多元化产业格局尚未形成；且黑龙江省东部、北部地区的特色主导性产业发展相对滞后，区位优势利用不足。

产业结构不协调主要表现为：黑龙江省第一产业、第二产业和第三产业的结构比重不协调，第一、第二产业所占比重过高，第三产业所占比重低于全国平均水平；农业的现代化、机械化程度有待进一步提高，工业企业的科研能力较弱、自主创新能力不强，流通运输、批发零售等第三产业发展较为滞后，高效、便捷的现代服务体系未能建立；与生态恢复、环境保护相关的企业数量较少，经营规模较小，产生的经济和生态效益不高，完整的产业链条尚未形成。

（4）产业发展外部环境欠缺。一般而言，影响产业发展的外部环境包括政治环境、经济环境、社会环境和科技环境等多个方面。外部环境尤其是产业政策环境，对加快产业成长壮大、促进产业链条延伸和优化产业整体布局具有至关重要的作用。这里的产业发展外部环境欠缺主要是指产业结构调节政策存在问题，如尚未形成完备的产业政策系统，专项政策的针对性不强，政策实施负责主体较多等，导致各项产业政策执行效果不够理想。

产业政策系统不完备，主要表现为针对地区资源禀赋、区位优势的产业政策制定机制尚未形成。以大小兴安岭地区为例，该地区依托丰富的森林资源形成了以林木加工产业为支柱的经济体系，近年来随着“天保工程”和“生态功能保护区”等战略的实施，以生态旅游、特色种植养殖、北药产业、清洁能源产业为代表的生态主导型产业成为该地区新的经济增长点，但是有关扶持和发展上述产业的科学、系统、长效的政策体系却未形成，仅以相关政策作为主要参考（见表4－15）。

表4－15　黑龙江省2009年以来生态主导型产业发展的相关政策

序号	文件名	相关内容	发布时间
1	省政府办公厅转发省发改委关于国务院振兴东北地区等老工业基地领导小组第5次会议精神及我省贯彻落实意见的通知（黑政办发〔2009〕50号）	将加强生态环境保护、建设生态文明作为加快推进老工业基地振兴的主要途径。采取特殊政策扶持国有重点林区的经济发展，大力培育和发展生态主导型经济，建设生态主导型经济产业体系等	2009.08.28
2	省政府关于印发黑龙江省新能源和可再生能源产业发展规划（2010—2020年）的通知（黑政发〔2010〕13号）	支持新能源产业发展，发挥财税政策的引导作用，并综合运用新能源和可再生能源发电优惠电价政策，促进新能源产业的健康发展等	2010.02.11

续 表

序号	文件名	相关内容	发布时间
3	省政府办公厅关于转发省发改委黑龙江省蓝莓产业发展规划（2010—2020年）的通知（黑政办发〔2010〕41号）	通过设立蓝莓产业专项扶持资金、加大信贷投入和招商引资力度等方式，推进基地建设、产业化带动、科技创新与推广体系、市场建设和品牌建设工程等	2010. 08. 17
4	省政府办公厅关于加快标准化农产品出口基地建设的意见（黑政办发〔2011〕16号）	优先将省地产品出口奖励资金、外贸发展金等省级专项资金向标准化农产品出口基地倾斜；积极争取政策性银行信贷支持和出口信用保险公司支持等	2011. 04. 09
5	省政府政府办公厅关于印发黑龙江省产业项目建设年活动实施方案的通知（黑政办发〔2011〕25号）	通过设立省产业结构调整专项资金、增强金融机构信贷支持力度和完善省级创业投资引导基金制等方式，集中支持重点项目和重点园区的建设等	2011. 05. 23
6	省政府办公厅转发中国人民银行哈尔滨中心支行关于金融支持全省产业项目建设指导意见的通知（黑政办发〔2011〕27号）	通过长期授信、再贴现等融资方式加大信贷投放力度；积极引导企业发行债券，拓宽重点产业融资渠道；扩大贷款抵押担保物范围，加快金融产品创新的进程等	2011. 06. 03
7	省政府办公厅关于金融支持我省现代农业发展的意见（黑政办发〔2012〕74号）	通过创新金融产品、扩大抵押担保物范围等方式加大对现代农业的信贷支持力度，重点支持绿色食品产业、林下经济产业等产业和园区项目	2012. 10. 18
8	省政府办公厅关于印发黑龙江省产业结构调整专项资金管理办法（试行）的通知（黑政办发〔2013〕48号）	由预算资金和相关省直部门管理的有关专项资金共同构成产业资金，通过贷款贴息、股权投资和融资奖励的方式支持“十大重点产业”重点项目的实施等	2013. 10. 10

资料来源：根据有关法规政策文件整理。

差别化产业政策体系尚未形成也是产业调节政策不合理的主要原因，这不仅不利于营造良好的产业发展外部环境，且直接影响着黑龙江省产业结构的调整、优化与升级。如对国家鼓励发展的产业，相关政策支持力度不足，导致企业成长较慢、产业发展滞后；对国家限制发展的产业，相关政策的引导和调节作用有限，导致企业恶性竞争、市场趋于饱和；对国家禁止发展的产业，相关政策实施不力，导致落后产能淘汰不足，环境污染严重。

黑龙江省产业发展外部环境欠缺还表现为各项政策落实困难，效果不佳。各项产业政策的出台往往涉及工商、财政、税务、土地和社保等多个部门，且政策下发、资格鉴定、行政审批、政策适用、资料备案等必要工作均由不同的部门负责，如此“各司其职、多重监管”的情况也造成了行政审批程序较为复杂、所需期限较长，使相关企业无法及时、充分地享受各项优惠政策，严重影响了产业政策的运行效率、效果和效益，阻碍了黑龙江省相关产业的发展壮大。

4.3.2 财政政策功能被弱化

黑龙江省八大经济区发展规划的实施，需要财政作为强有力的后盾。如培育和发展经济区主导产业，完善区域基础设施建设，注重生态恢复与环境保护，实现区域基本公共服务均等化，促进区域经济协调发展等方面，均离不开财政政策的大力支持。但目前黑龙江省在加快“八大经济区”发展方面仍然存在着财政政策功能被弱化的问题。其问题主要体现在以下四个方面：

（1）财政资金投入力度较小。财政投入作为财政政策的重要内容，增加其数量和比重对促进相关产业发展具有重要的作用。一般可通过乘数效应来拉动区内经济的增长，通过财政杠杆作用吸引社会闲散资本投资于相关产业，促进产业转型与升级，延长产业链条。由表 4－4 可知，随着地方财政收入的增加，地方财政支出的规模也不断扩大，2013 年黑龙江财政支出为 3369.2 亿元，但财政资金对“八大经济区”建设的投入力度依旧较小，主要表现在数量和结构两方面。

财政资金投入力度较小在数量方面表现为：黑龙江省财政资金对农业良种栽培、农机设备更新的投入，以及对封山育林补偿和生态主导型产业的投入较小，导致农业发展现代化程度不高；大小兴安岭地区经济发展落后、居民生活困难，农林开发保护区建设相对滞后；对黑龙江省沿边口岸建设、区域基础设施、市场体系建设的投入，以及对旅游、物流、仓储等服务业的投入较小，导致旅游业、对外贸易等产业发展无法满足社会需求，商业贸易旅游区成长缓慢。

此外，黑龙江省财政资金对工业基地建设区和高新技术开发区的投入也相对较小。主要表现为：财政资金对黑龙江省东部煤电化基地建设区的投入较小，导致该经济区煤炭资源利用率低下，生态环境污染较为严重；对高新技术产业开发区的投入较小，如黑龙江省财政科技拨款量由 2001 年的 11.6 亿元上升为 2010 年 27.7 亿元，但其占财政支出的比重却由 2.26% 下降为 1.03%（见表 4－16）；导致企业的新产品、新技术的研发水平有限，自主创新能力不足。

表 4－16　黑龙江省 2001—2010 年财政科技拨款总量情况　单位：亿元

年份	2001	2002	2003	2004	2005	2006	2007	2008	2009	2010
拨款金额	11.6	10.9	10.6	12.2	11.9	13.6	18.3	19.2	20.0	27.7
财政支出	513.4	565.9	606.2	758.5	861.4	1064.8	1325.6	1717.7	2094.5	2690.7
拨款金额所占比重（%）	2.26	1.93	1.75	1.61	1.38	1.28	1.38	1.12	0.95	1.03

资料来源：黑龙江省科技统计网 http：//sts.hljkj.cn/tjsj/jszbsjk/。

财政资金投入力度较小在结构方面表现为：黑龙江省财政资金用于重复建设较多，即通过固定资产投资拉动经济增长，而忽视了财政支出的行业结构、产业结构和效益结构等因素；对自然资源的系统开发、利用不足，对限制和禁止开发区内居民的生产生活支出较少，影响了会省主体功能区基本公共服务均等化目标的实现；对能源、交通运输、邮电通信及城市基础设施等关键产业、重点领域投入较小等，这些均在一定程度上制约了黑龙江省经济区的快速发展。

（2）财政补贴政策尚不完善。财政补贴是调节经济发展的重要手段，按照经济性质一般可分为财政贴息、价格补贴及亏损补贴，对促进产业经济发展、稳定相关产品价格、调节市场供求关系、平衡生产经营者与消费者利益等方面都具有重要的作用。目前，黑龙江省对农林开发保护区实行农产品价格补贴和森林生态效益补贴，对北国风光旅游开发区中禁止开发区域给予生活补贴等。但财政补贴政策还有待于完善，主要表现为财政补贴的金额较少、形式有限和机制滞后。

第一，财政补贴金额较少。以大小兴安岭生态功能保护区为例，2014 年获批林业贴息贷款额 35820. 5 万元，贴息额 1059. 41 万元，贴息额仅为贷款额的 2. 96%；自 2010 年起对公益林管护人员按国有和集体，国家给予补助每年每亩 4 元和 8 元；对全省 15 个牧区县（市）可发放禁牧草原补贴、牧草良种补贴每年分别为 6 元/亩、10 元/亩，补贴金额十分有限。财政补贴金额较少也成为该地区经济发展落后、人均生产总值较低的主要原因之一。

第二，财政补贴形式有限。目前，黑龙江省实行的财政补贴主要是民生工程补贴，包括职业培训补贴、公益性岗位补贴、社会保险补贴、城乡低保财政补贴、粮食补贴、农业保险保费补贴及成品油补贴等，且多为国家统一财政补贴，缺少针对本省情况给予的补贴；同时缺少扶持和培育产业的财政贴息和亏损补贴，导致部分企业处于“投资—亏损—撤资”的恶性循环，其成长力和竞争能力均较弱。

第三，财政补贴机制滞后。除粮食补贴、成品油价格补贴、社会保险补贴等由省级财政按照国家统一标准给予外，黑龙江省实施的财政补贴政策均存在着条文分布较为零散、资格条件变化较多、负责主体各不相同、审批时间长短不一、财政资金到账延迟等问题，使企业无法及时、足额获得生产经营所需的财政补贴资金。加之财政贴息政策导向性不足，金融机构信贷倾斜力度有限，导致企业投融资困难。

（3）转移支付制度不够规范。转移支付制度作为我国财政体制的重要组成部分，包括一般性转移支付和专项转移支付等，在弥补政府财力缺口、平衡区域经济发展、缩小地区贫富差距、加快基本公共服务均等化等方面发挥了重要的功效，但也存在诸如转移方式单一和计算方法有待改进等问题。目前，黑龙江省财政转移支付制度不够规范，体现为相关立法不完善、负责主体不明确、绩效评估机制缺失等，导致一般转移支付和专项转移支付均存在着不及时、效率低、效果差、不公开等问题。

第一，转移支付立法缺失。目前，黑龙江省缺少对转移支付制度的立法，其转移支付量化指标和相关主体所应承担的法律责任不明确，更无“八大经济区”建设的专项转移支付制度，导致专项转移支付的种类多但效率低、效果差；没有转移支付的专门管理机构，导致转移支付信息非公开、分配过程和结果非透明，降低了资金的使用效率和效益；没有转移支付评估机制，给项目的新建、合并和消减带来不利影响，严重制约了转移支付结构的优化。

第二，生态补偿机制缺位。黑龙江省作为“生态资源大省”拥有的森林、草原、湿地、湖泊等生态资源，在调节气候变化、维持生态平衡等方面起到天然屏障的作用。伴随着黑龙江省经济及其经济区的快速发展，生态破坏和环境污染问题日益严重。近年来，为实现经济的可持续发展、提高生态和环境质量，我国本着“受益者付费、污染者付费和破坏者付费”的原则探索建立生态补偿机制，但目前黑龙江省依然存在着生态补偿机制缺位的问题。

第三，特殊区域差距加大。目前，黑龙江省缺少完善的区域性生态补偿机制，导致限制和禁止开发区的生态环境保护资金难以落实到位；缺少足够财力正确引导限制和禁止开发区的超载人口流出，导致本就贫困的开发区经济发展更加落后，其居民收入水平与重点开发区差距不断扩大，严重影响了限制和禁止开发区生态保护的成效，从而也直接导致上游地区投入、下游地区受益，以及欠发达地区投入、富裕地区受益，扩大了各开发区发展的差距。

（4）专项发展资金管理弱化。黑龙江省专项发展资金的设立可为产业的培育和发展提供可靠的资金来源，有利于优化财政支出结构、加快产业的转型和升级，以及培育新的经济增长点等。目前，黑龙江省已经相继出台文化产业、高新技术产业、新型工业化、对外贸易、服务外包产业、绿色食品产业、节能产业和旅游产业等发展专项资金管理办法（见表4－17），可见黑龙江省专项发展资金的拨付主要用于发展新型产业、特色产业等产业，但专项发展资金管理办法依旧滞后。

表4－17　　黑龙江省产业发展专项资金相关文件汇总表（节选）

序号	文件名称	文件编号
1	黑龙江省文化产业发展专项资金管理暂行办法	黑财教〔2006〕84号
2	黑龙江省发展高新技术产业专项资金管理办法	黑财企〔2007〕90号
3	黑龙江省新型工业化发展专项资金管理办法	黑财企〔2008〕20号
4	黑龙江省对外贸易发展专项资金管理办法	黑财企〔2008〕30号
5	黑龙江省发展服务外包产业专项资金管理暂行规定	黑财企〔2008〕33号
6	黑龙江省绿色食品产业发展专项资金管理办法	黑财农〔2008〕110号
7	黑龙江省节能专项资金管理暂行办法	黑财建〔2008〕240号
8	黑龙江省人民政府省本级专项资金分配审批管理暂行办法	黑政发〔2009〕7号
9	黑龙江省旅游发展专项资金管理办法的通知	黑财企〔2009〕95号

由表4－17可知，黑龙江省财政专项资金的设立仅涉及少数产业，未将战略性新兴产业、生态主导型产业等具有知识技术密集、物质资源消耗少、成长潜力大、综合效益好、生态破坏小的产业纳入其涵盖范围，也未完全包括黑龙江省“十大重点产业”；同时财政专项资金未能根据“八大经济区”的区域经济发展状况，设立相应的区域发展专项资金。可见黑龙江省专项发展资金的涉及范围较小，未能与产业及区域经济发展规划相协调。

专项发展资金管理弱化还表现为专项发展资金的来源较窄和资金的使用范围有限。表4－17中涉及的产业发展专项资金主要来源于省级预算，缺乏中央预算的资助及省以下地方财政的支撑，导致重大项目审批与实施上的诸多困难，增加省级财政的负担。加之专项资金主要用于推进省级及以上重大项目的实施，拥有资格申请的多为大中型企业，使产业内部多数企业发展缓慢，产业链条断裂，产业升级止步。

4.3.3　税收政策作用力不强

税收政策是调节居民收入分配、协调区域经济发展、调节宏观经济运行的重要工具，如高新科技产业集中开发区享受高新技术企业相关税收优惠政策等。但目前税收政策对“八大经济区”发展的促进力不强，主要表现在以下四个方面：

（1）税收优惠政策力度有限。税收优惠政策包括增值税、营业税、企业所得税、个人所得税和房产税等各个税种的税收优惠政策，在形式上则表现为各项税收减免、费用加计扣除、固定资产加速折旧、应纳税额抵免和适用较低税率等。税收优惠政策的制定与实施可直接减轻纳税人的税收负担并增加其可支配收入，对培育和扶持相关产业、调整和优化产业结构等具有现实意义。目前，税收优惠政策力度有限，已经成为制约黑龙江省八大经济区发展的主要因素。

黑龙江省目前还未形成针对促进“八大经济区”发展的税收优惠政策体系，各经济区在贯彻税收政策上，多依赖于国家颁布实施的适用于全国范围的税收优惠政策及黑龙江省出台的零星税收政策，且各项税收政策由于制定不及时、使用不规范等原因无法满足经济区发展的需要。黑龙江省八大经济区中仅高新科技产业集中开发区可适用具有针对性的高新技术产业税收优惠政策（见表4－18），其他各经济区仍缺少可有效促进产业发展和拉动经济增长的税收优惠政策。

表4－18　黑龙江省高新科技产业集中开发区适用的税收优惠政策

税种	基本内容
营业税	1. 自2010年7月1日至2013年12月31日，对注册在哈尔滨等21个中国服务外包示范城市的企业，从事离岸服务外包业务取得的收入免征营业税
	2. 黑龙江省2011年12月再次将营业税起征点由5000元调整至国家政策规定的最高上限2万元
增值税	1. 直接用于科学试验、科学研究及教学的进口设备、仪器，免征增值税
	2. 中小企业投资建设属于国家鼓励发展的内外资项目，其投资总额内进口的自用设备及随设备进口的配套件、备件和技术，免征进口环节增值税等
个人所得税	省级政府、国务院部委和中国人民解放军军以上单位以及外国组织、国际组织颁发的科学、教育、技术、环境保护等方面的奖金，免征个人所得税
企业所得税	1. 对国家需要重点扶持的高新技术企业，减按15%税率征收企业所得税
	2. 居民企业在一个纳税年度内转让技术所有权所得不超过500万元的部分免征企业所得税，超过500万元的部分减半征收企业所得税

续 表

税种	基本内容
企业所得税	3. 企业为开发新技术、新产品、新工艺发生的研究开发费用未形成无形资产计入当期损益的，在按照据实扣除的基础上再按其50%进行加计扣除，对形成无形资产的按照无形资产成本的150%进行摊销
	4. 创投企业采取股权投资方式投资于未上市的中小高新技术企业2年以上的，可按其投资额的70%在股权持有满2年的当年企业的应纳税所得额，当年不足抵扣的可在以后纳税年度结转抵扣
	5. 是企业的固定资产由于技术进步等原因，确实需要加速折旧的，可采取缩短折旧年限或加速折旧的方法
	6. 自2010年7月1日至2013年12月31日，在哈尔滨等21个服务外包示范城市实行税收优惠：经认定企业发生的职工教育经费支出不超过工资薪金总额8%的部分允许在税所得额时扣除，超过部分允许在以后年底结转扣除

资料来源：根据有关法规政策文件整理。

通过表4-18可以看出黑龙江省税收优惠政策的缺陷主要体现在以下四个方面：

第一，营业税政策的缺陷。营业税优惠政策涵盖的城市范围较窄，且2万元起征点规定无法满足高新技术产业发展与创新的要求。

第二，增值税政策的缺陷。增值税优惠政策覆盖行业单一，只有资源综合利用、再生资源、鼓励节能减排等行业，以及集成电路和软件行业享有减免增值税优惠。

第三，个人所得税政策的缺陷。依据现行税法规定免征个人所得税的奖金设定门槛偏高，未能发挥对科研人员的激励作用。

第四，企业所得税政策的缺陷。主要表现为：一是大部分高新技术企业为成长初期的科技型中小企业，虽具备创新能力却因难以满足拥有核心自主知识产权、符合研发投入比例、科技人员比重等认定条件，而无法享受15%税率；二是上述企业在成长初期基本上没有利润，待实现利润时已错过技术转让所得减免企业所得税的政策；三是研发费用加计扣除政策的门槛高、适用范围小，使企业更加忽视自主研发而转向由外引入技术，极大地削弱了企业自主创新的积极性。

此外，农业综合开发试验区可适用《企业所得税法》有关从事农林牧渔业免征企业所得税的条款，北国风光特色旅游开发区可适用《关于加快黑龙江省“百镇”及重点旅游名镇建设的若干政策》中关于部分免征营业税、房产税、土地使用税、印花税的规定。

上述可见，促进黑龙江省八大经济区发展税收优惠政策的力度有限，表现为体系尚不完善、涉及范围较窄、条件较为苛刻等，未能充分发挥税收政策的激励与促进作用。

（2）税收征管制度还不完善。黑龙江省税收征管工作能够坚持“依法征税、应收尽收，坚决不收过头税，坚决防止和制止越权减免税”的原则，科学开展组织收入工作，确保税收收入与经济发展同步增长。但目前其税收征管制度还不完善，影响了黑龙江省经济及其八大经济区的快速发展，主要表现为税源监管范围较窄、征管运行机制不畅和税收收入预测欠缺。

第一，税源监管范围较窄。目前，黑龙江省重点税源监管制度和体系不健全，其重点监管的对象主要为国有大中型企业，尚未将发展势头强的高新技术产业和外资企业纳入监管范围，且税源监管的质量和效率较低；非重点税源监管范围过窄，税收管理漏洞诸多；缺少针对税务风险的防范和解决预案，税收征管的风险较高；有关税收政策评价和反馈机制还未建立，导致税收政策反馈和评估不及时、效率不高。

第二，征管运行机制不畅。目前，黑龙江省尚未建立税务信息反馈联系机制，各部门间、上下级间缺少有效的工作互动，严重影响了税收征管的效率和质量；税收征管员制度不完善，综合征管软件利用效率不高，导致税收征管的针对性和实效性不强；税务机关内部绩效考评机制不完善，考核评价指标欠缺及考评结果应用不足导致税务机关内部的奖惩机制不健全，影响税务人员强化税收征管的积极性等。

第三，税收收入预测欠缺。税收收入计划作为政府预算体系的重要组成部分，其编制、确定、分配和执行对确保税收的及时足额入库等发挥重要的作用。目前，黑龙江省对税收收入的预测还不科学，如税收收入计划增长与地区经济增长不适应，且税收收入计划多以总量和增量的标准设定，而无具体的行业指标、产业指标等分类数量指标；税收收入计划的不可变性，使其缺乏对突发经济事件的适应能力。

（3）税务依法行政相对滞后。税务依法行政的内涵包括执法行为的不断规范、执法方式的完善及责任制度的落实等。依法行政是税务工作的“生命线”，对规范税务机关执法行为、提高纳税遵从度、培育健康税源、推动经济发展等均发挥着重要功效。近年来黑龙江省各级税务机关积极推进依法行政工作，旨在为其“八大经济区、十大工程和十大重点产业”等战略实施，以及全省经济的发展提供和谐的税收环境，但目前税务依法行政水平和能力仍然相对滞后，主要表现为税务执法不够规范、税务监督不够完善和税务责任落实欠缺。

第一，税务执法不够规范。主要包括：一是依法行政观念不足，由于缺少相应的教育、培训及宣传，税务人员还未完全树立其依法行政的观念，导致行政“缺位”、“越位”和“不作为”现象较为普遍；二是业务操作能力不强，包括对最新税收政策不熟悉，对办税流程不明晰，对涉税纠纷防范和化解方式不清楚，对网上报税系统操作不熟悉等；三是执法行为不规范，税收文件清理不及时和缺少对自由裁量权的限定，导致一些税务人员依法行政不规范、不严格。

第二，税务监督不够完善。主要包括：一是税务内部监察成效较低，由于缺少内部监察规范性文件，加之未能建立长期、稳定的监察机制，现有的监察多以短期、突击、专项监察为主，内部监督检查机构在履行监督检查职责过程中不免面临着执法依据不够明确、执行程序尚不规范、对纳税人处罚随意性较大等问题；二是税务信息公开制度欠缺，包括税务机关信息公开形式不规范，信息公开内容不全面，信息公开反馈不及时等问题。

第三，税务责任落实欠缺。主要包括：一是过错责任未能落实，对税务人员未能及时向纳税人提供税款征收、税务咨询、行政审批等服务，对税务人员“征过头税、免人情税”等越权执法、违规违章的行为，税务主管部门多采用口头警告或书面检讨形式进行处罚，尚未追究相关税务人员的责任；二是司法机关约束不足，目前对税务人员执法行为的监管基本上由税务机关独自完成，缺少司法机关对其执法行为的约束和制裁，导致“包庇”和“护短”等问题。

（4）纳税服务综合水平不高。随着经济社会发展与政府职能的转变，税务机关应当更加注重提高纳税服务水平，并将其作为提高纳税遵从度、改善征纳双方关系、优化税收征管环境的重要着力点。目前，黑龙江省注重开展纳税服务工作对加快八大经济区发展的重要作用，将构建“始于需求、基于满意、终于遵从、便捷高效、规范有序”的新型纳税服务体系作为税务工作的主要目标。但黑龙江省纳税服务综合水平还有待于进一步提高，主要表现为纳税服务制度不健全、网上办税方式不完善和纳税服务平台较落后。

第一，纳税服务制度不健全。目前，黑龙江省税务部门制定的相关文件还未对纳税服务的实施主体、岗位分工、办税流程、结果公布、责任追究与绩效考评等方面进行规范和统一，导致各级税务局、办税大厅在实施过程中存在行为不规范、解答不一致等问题。此外，目前纳税服务体系还没有形成跟踪辅导的动态机制，在辅导企业财务人员熟悉办税软件、实行流动式发票供给等方面多处于空白阶段，严重制约了纳税服务效率和质量的提高。

第二，网上办税方式不完善。我国《税收征收管理法》规定：“纳税人和扣缴义务人可直接办理纳税申报或报送代扣代缴、代收代缴税款报告表，也可按照规定采取邮寄、数据电文或其他方式办理纳税申报”。就黑龙江省目前状况而言，网上办税方式并没有被广大纳税人所认可与使用，其原因在于税务机关网上办税系统还不完善，纳税人无法直接知晓办税流程、税务事项期限等。此外，上门办税、电话办税和短信办税等多元化申报纳税方式基本处于“纸上谈兵”状态。

第三，纳税服务平台较落后。黑龙江省各级税务机关依据国家税务总局规定组建了“12366 服务中心”，但在岗位设置、人员选择等方面还有一些问题，以致纳税服务质量不高，表现为线路过于繁忙、税务咨询不到位、信息回馈不及时、解决问题不到位等；在设施配备方面，各级税务机关相应建立了纳税服务大厅，但仍存在着布局不合理、设施过于陈旧、办税流程不清晰等问题。另外，对税收法律、政策等的教育和宣传力度不够，也导致税务人员服务意识不足，纳税人的积极性不高。

4.3.4 金融政策支持度不足

近年来，黑龙江省行政区域内的金融业得以快速发展，其金融政策在促进“八大经济区”发展方面发挥了一定的支持作用，但也存在一些问题。主要表现在以下四个方面：

（1）农村金融体系还不健全。黑龙江省作为农业大省、国家重要的粮食基地，农业发展的现代化程度不高。长期以来，受历史原因及政策的影响，农村贫困人口较多，农村城镇化建设相对落后，城乡经济发展极不均衡，城乡居民在收入、生活、教育和社会保障等方面存在较大差距（见表4－19）。

表4－19　　黑龙江省2006—2013年城乡居民收入差异情况

项目 年度	城镇居民人均可支配收入（元）	农村居民人均可支配收入（元）	城乡居民收入差（元）	城乡居民收入比	收入差异系数
2006	9182	3552	5630	2.59	0.61
2007	10245	4132	6113	2.48	0.59
2008	11581	4855	6726	2.39	0.58
2009	12566	5206	7360	2.41	0.58
2010	13856	5919	7937	2.34	0.57
2011	15696	7591	8105	2.07	0.52
2012	17760	8604	9156	2.06	0.52
2013	19597	9634	9963	2.03	0.51

注：收入差异系数＝1－农村居民人均纯收入/城镇居民人均纯收入。

资料来源：《黑龙江省统计年鉴（2014年）》。

黑龙江省农村金融体系不健全，农村金融制度缺乏创新，金融服务业没有起到对农村地区经济发展的拉动和支撑作用，其问题主要表现为农村金融机构覆盖有限、现代农业金融支持不足和农村金融服务创新较弱。

第一，农村金融机构覆盖有限。黑龙江省农村由于地处偏远、经济发展落后、企业规模较小且数量较少，各类金融机构包括银行、保险、投资公司等都较少在农村设立分支机构，或虽设立分支网点但覆盖面远不如城市地区。目前，黑龙江省农村金融机构以农业银行、农村信用社和邮政储蓄银行为主，民间金融组织发展止步不前，农村金融组织过于单一，这些原因均导致金融资金无法及时、足额流向农业、农村和农民。

第二，现代农业金融支持不足。目前，黑龙江省农业政策性金融机构对农村基础设施和农产品基地建设，以及农业骨干企业的金融支持力度不足；商业银行及农村金融组织对农业现代化的信贷投入不足，信贷门槛较高、贷款手续较为复杂、业务办理时间较长，且适合并服务于“三农”的金融产品较少；金融机构支持力度不足导致农业龙头企业成长缓慢，农业发展现代化程度不高，农村基础设施建设不足，农民可支配收入较少等。

第三，农村金融服务创新较弱。农村金融服务创新较弱是农村金融体系不健全的主要原因之一。主要包括：农村金融服务设施依然陈旧，包括自动取款机、支付结算系统等硬件和软件滞后；农村金融业务不能有效进行创新，涉及“三农”的担保抵押范围过于狭窄，企业债券、信托基金、产业投资基金、私募股权基金、创业风险投资等金融新产品不能按现代农业发展要求进行创新；农业保险发展较为滞后，对农业市场风险化解能力较弱。

（2）城市金融机制相对滞后。近年来黑龙江省金融系统为服务于“八大经济区”“十大工程”和主体功能区建设等经济社会发展大局，坚持以市场为导向不断提升金融产业的服务功能和支持作用，金融业规模逐步扩大，金融生态环境也进一步优化。截至2013年年底，黑龙江省金融机构个数达到6474个，从业人员数达121626人，再创历史新高（见表4－20）。

表4－20　　黑龙江省2013年金融机构及其人员状况

项目	机构个数（个）	从业人员数（人）
金融机构合计	6474	121626
国有大型商业银行	2056	55453
政策性银行及国家开发银行	90	2616
股份制商业银行	106	3677
城市商业银行	507	13070
农村中小金融机构	2014	27943
非银行金融机构	8	1992

续 表

项目	机构个数（个）	从业人员数（人）
外资银行	7	133
邮政储蓄银行	1686	16742

资料来源：《黑龙江省统计年鉴（2014 年）》。

虽然黑龙江省金融机构发展、从业人员数量增长较快，但城市金融机制相对滞后，未能充分发挥金融政策的支持作用。其问题主要表现为市场定位不够明晰、金融机制尚不完善和综合竞争能力不高。

第一，市场定位不够明晰。黑龙江省委省政府颁布并实施了多个引导金融机构加大信贷力度、调整信贷方向的政府性文件，旨在运用财政贴息等手段引导金融产业的资金流向，进而促进全省战略性新兴产业等快速发展。但目前黑龙江省金融机构普遍存在市场定位不清晰、金融支持重点有偏差等问题，过多地将信贷资金用于支持传统优势产业和国有大中型企业的发展，而对风险较高、潜力较大的产业和企业，信贷政策则存在门槛过高、成本较大等问题。

第二，金融机制尚不完善。一方面，黑龙江省尚未形成规范、完整的金融资本市场，上市公司数量十分有限，企业筹措资金的形式较少，融资渠道相对狭窄，融资规模较小，期货交易等新型资本运作模式发展滞后，导致企业融资能力有限；另一方面，黑龙江省金融支付体系相对滞后，对支付清算基础设施和设备投入较少，支付系统平台和网络建设不足，导致企业的日常资金支付结算受阻，资金结算的成本增加、效率较低。

第三，综合竞争能力不高。随着黑龙江省经济的快速发展，城乡居民收入水平不断提高，其金融意识、风险意识逐步增强，金融市场与金融体系不断健全。与此相矛盾的是黑龙江省城市金融机构的综合竞争能力较弱，主要表现在金融产品结构不平衡，多元化的金融产品与投资产品相对较少，市场竞争同质化现象日趋严重，金融机构对金融风险的防控能力不足，金融企业的经营管理的地域性和针对性不强等，这些也导致黑龙江省城市金融机制相对滞后。

（3）现代金融中心尚未形成。区域性的现代金融中心对于提高金融业服务水平和质量，加快地区经济社会发展，提高居民生活水平等具有积极的现实意义。近年来，黑龙江省着力将哈尔滨打造成为机构聚集、功能完备、辐射力强的金融功能区，并最终形成以齐齐哈尔、牡丹江、佳木斯、大庆等区域性中心城市为支撑的各具特色、相互补充的金融业空间发展布局，但目前存在着金融改革开放不足、专业金融人才匮乏和外汇管理水平不高等问题。

第一，金融改革开放不足。一方面，黑龙江省金融产业改革滞后，政策性银行和非银行金融企业改革落伍，农村金融企业和中小型金融企业发展缓慢，金融市场体系建设不足，保险机构的数量不足，金融资源的配置不均衡。另一方面，黑龙江省金融产业开放程度不足，金融招商力度有限，导致欧美、日韩和新加坡等外资金融在黑龙江省发展迟缓，其数量较少、投融资金额不高，使得黑龙江省金融产业对管理经验、运作模式的引进和学习不充分。

第二，专业金融人才匮乏。区域金融中心的建立需要金融人才作为强有力的支撑，丰富的金融人才是城市提升综合竞争力的第一软要素。但黑龙江省金融产业的发展、金融市场体系的培育等方面均面临着专业金融人才匮乏的困境，主要表现在：各金融企业对人才的培育、发掘和使用还不重视，未能制定科学、翔实的人才引进与培育规划；激励机制与配套措施不足，对金融人才的吸引力不强；金融人才培训体制不完善，培训力度不足等。

第三，外汇管理水平不高。主要表现在：黑龙江省外汇管理部门对企业的指导作用不足，外汇金融服务体系不完善，外汇业务开展限制条件较多，外汇业务涉及主体较少，无法满足不同类型企业的对外经济发展需要；对外贸易结算体系不健全，本币结算范围有限，影响对俄贸易的发展；人民币境外投资业务起步较晚，且审批程序较为复杂，政策扶持力度极其有限；对外汇违法犯罪活动的打击力度不足等，影响黑龙江省区域现代金融中心的建立与发展。

（4）金融发展环境有待改善。“十一五”期间，黑龙江省相继颁布了《“诚信龙江”建设方案》《关于加快全省金融业健康发展的意见》和《关于改善金融生态环境促进经济和金融和谐发展的意见》等规范性文件，要求建立各级政府与金融监管部门、金融机构之间的沟通合作机制，强化对地方金融事务的管理、服务与协调，旨在改善黑龙江省金融产业发展、金融市场完善的外部环境。但黑龙江省金融发展环境仍然有待改善，主要表现为金融诚信建设落后、监管措施不力和综合环境欠佳等问题。

第一，金融诚信建设落后。目前，黑龙江省诚信环境尚未有效形成，企业与个人信用信息基础数据库还不完善，存在着信息采集范围有限、数据质量较低、信息未能实现共享等诸多问题，信息不对称导致各金融机构无法及时、充分掌握信贷申请人的有效信息，使不良贷款数额激增；加之企业与个人的信用观念较弱，且政府、金融监管机构和司法部门等机构，缺乏行之有效的监督、制约及惩罚方式，导致逃避银行债务等问题的发生。

第二，金融监管措施不力。目前，黑龙江省金融市场还存在着金融产品创新不足、金融风险防范能力较弱、金融企业同领域竞争越发严重、金融产业服务质量和水平不高等问题，严重阻碍并制约了黑龙江省现代金融业的培育与发展，而其中重要的原因在于金融监管措施不力。如银监局、证监局和保监局等金融监管机构的监管意识不强，监管手段和方式落后，监管的有效性和针对性不足，未能充分发挥其发展金融产业的保障作用。

第三，金融综合环境欠佳。主要体现在：一是金融政策环境不佳，黑龙江省缺乏必要的引导和激励政策，对金融机构的吸引力不强，金融市场的聚集效应未能得到充分发挥；二是金融法治环境较差，黑龙江省缺少对金融执法监督的法律性、规范性和指导性文件，对金融业违法犯罪行为的审查、监督与制裁的方式和手段较为落后；三是金融服务环境不良，目前政府部门与金融机构缺少高效、便捷的合作机制，金融产业对政府政策的支持与配合不到位等。

4.3.5 科技创新政策成效差

中国科技发展战略研究小组编制的《中国区域创新能力报告 2014》显示：东北地区创新能力排名整体下滑，东北三省处于榜单的中下水平。该小组将经济发展阶段由低到高划分为要素驱动、要素驱动向投资驱动过渡、投资驱动、投资驱动向创新驱动过渡、创新驱动 5 个阶段，而黑龙江省还处于要素驱动向投资驱动过渡的较低阶段①，即第 2 个阶段，与创新驱动第 5 个阶

① 陈磊. 2014 中国区域创新能力报告出炉——苏粤京沪浙鲁津渝皖鄂位列前十［N］. 科技日报，2014－12－26（01）.

段有着很大的差距。可见黑龙江省科技创新政策仍存在严重不足，主要包括以下四个方面：

（1）创新体制改革不够深入。科技创新体系主要由创新主体、创新基础设施、创新资源和外界互动等要素组成，为实现各类科技创新及要素紧密相连并有效互动，必须充分发挥政府的主导性作用和市场配置资源的基础性作用。而目前黑龙江省创新体制改革仍处于在完善政策法规、加大资金投入和改进现有技术的阶段，没能将科技创新体系中各组成要素有效串联，发挥整体优势，使得黑龙江省科技创新投入逐年增大，但并未实现跨越式的长足发展（见表4-21）。

表4-21　黑龙江省2013年科技产品情况及其比较

地区	技术市场成交额（万元）	国内三种专利申请受理数和授权数		规模以上工业企业新产品开发生产及R&D活动情况			
		申请受理数（件）	申请授权数（件）	新产品项目数（项）	新产品产值（万元）	R&D人员全时当量（人年）	R&D经费（万元）
全　国	74691254	2234560	1228413	358287	92467436	2493958	83184005
北　京	28517239	123336	62671	13310	2931908	58036	2130618
上　海	5316804	86450	48680	17295	5282586	92136	4047800
江　苏	5275020	504500	239645	58353	16693195	393942	12395745
广　东	5293936	264265	170430	47387	14065712	426330	12374791
陕　西	5332787	57287	20836	6491	1799803	45809	1401480
天　津	2761575	60915	24856	11977	2459585	68175	3000377
辽　宁	1733775	45996	212656	8568	3360539	59090	3331303
湖　北	3976158	50816	28760	10722	3317175	85826	2953410
山　东	1793981	155170	76976	31100	10206343	227403	10528097
四　川	1485752	82453	46171	12681	2135771	58148	1688902
内蒙古	387390	6388	3836	1581	619217	26990	1004406
黑龙江	1017747	32264	19819	3438	782854	37296	950335

资料来源：《中国统计年鉴（2014年）》。

2013年黑龙江省技术市场成交额为1017747万元，规模以上工业企业新产品产值为782854万元，R&D经费为950335万元。从表4－21的数据中可以看出：技术市场成交额黑龙江省处于全国中游水平，但从国内三种专利申请受理数和授权数、规模以上工业企业新产品开发生产及R&D活动情况的各项数据来看，黑龙江省除高于内蒙古，其他各项数据普遍低于排名前十位的省份，说明黑龙江省科技创新体制改革仍然任重而道远。

此外，科技体制改革与经济体制改革存在着不同步的问题。目前，黑龙江省还没能建立起全省范围的科技自主创新体系，也尚未建立起技术创新与经济发展相结合的自主创新机制。主要表现在：有关部门、各地方之间在组织创新活动中彼此分割、相互脱节，缺乏战略协同和宏观调控，“各人自扫门前雪”式的科技创新模式暴露出研究力量分散、资源配置失衡、重复现象突出等问题，导致各部门难以有效地集中力量办大事，科技宏观管理体制也因此发展滞后。

（2）科研资金管理存在缺失。R&D经费支出与地区生产总值的比值，能有效反映出该地区科技活动财力投入的总体情况。全国及黑龙江省2009—2013年科技活动的基本情况，见表4－22。

表4－22　黑龙江省2009—2013年科技活动的基本情况与全国水平的比较

地区	指　标	2009年	2010年	2011年	2012年	2013年
全国	R&D经费支出（亿元）	5802.1	7062.6	8687.0	10298.4	11846.6
	R&D经费支出相当于国内生产总值比例（%）	1.70	1.76	1.84	1.98	2.08
黑龙江	R&D经费支出（亿元）	88.0938	107.9458	116.4377	129.6006	115.4167
	R&D经费支出相当于地区生产总值比例（%）	1.03	1.05	0.93	0.95	0.80

资料来源：《中国统计年鉴（2014年）》和《黑龙江省统计年鉴（2014年）》。

从表4－22中可以看出：全国R&D经费支出占国内生产总值比例由2009年的1.70%逐年增长至2013年的2.08%，而黑龙江省R&D经费支出虽然从2009年的88.09亿元增长至2013年的115.41亿元，但与地区生产总值的比值却有所变化，并未保持逐年增长的势头且出现下滑，这说明黑龙江省 R&D 经费的使用和管理上还存在诸多问题。

黑龙江省 R&D 经费来源主要包括政府拨款、自筹经费和金融机构贷款等，黑龙江省政府拨款缺乏与地区生产总值紧密联系的长效机制，具有盲目性和随意性，容易导致政府拨款经费的不合理使用，一方面，拨款充足的地区和项目中容易出现资金浪费的现象；另一方面，拨款不足的地区则产生 R&D 经费严重短缺而科研后劲不足问题。

目前，黑龙江省 R&D 经费以企业自筹经费为主要来源，但自筹经费的筹集和使用过程仍存在着一些矛盾，一方面，对资金短缺、融资不畅、经营不稳的企业，自筹经费用于科研难度较大的项目；另一方面，对资金充裕、效益良好的企业，很多企业往往陶醉于当前良好的经济效益而忽视了长远发展和科研创新的重要性，不愿拿出经费进行科研活动。这种矛盾使企业逐渐丧失了自主创新的积极性，也使企业通过自筹经费进行技术攻关研究变得更加困难。

此外，黑龙江省对科技活动缺乏全面评估、全程监控和全盘管理，科研资金在使用中存在挪用、滥用和低效等问题，制约了政府拨款的落实和科研资金的运行，导致有限的资金无法得到充分利用，同时增加金融机构为科技活动项目贷款的疑虑和风险，即使有优惠政策的引导，金融机构和投资公司为实现最大回报率也不愿将资金投向科研活动项目，加剧资金不足的科研项目的融资难度，阻碍黑龙江省科技创新活动的健康开展。

（3）人才引进机制有待完善。人才是指具有一定的专业知识或专门技能，进行创造性劳动并对社会做出贡献的人，是人力资源中能力和素质较高的劳动者[①]。人才是社会文明进步、人民富裕幸福、国家繁荣昌盛的重要推动力量，在黑龙江省八大经济区发展中，人才的作用不容小视。在经济全球化和改革开放的浪潮中，黑龙江省要融入其中且取得主动权，必须在进行本地人才培养和开发的同时，重视省内外乃至国外的人才引进。《黑龙江省统计年

① 中共中央，国务院：国家中长期人才发展规划纲要（2010—2020 年）［EB/OL］. http://news. xinhuanet. com/politics/2010 -06/06/c_ /2/88078. htm.

鉴》中有17个专业技术职务类别，来反映国有企事业单位科技人力资源情况。这里选取5个具有代表性专业技术类的数据进行分析（见表4－23）。

表4－23　黑龙江省地方国有企事业单位五类专业技术人员的基本情况　　单位：人

年份	合计	工程技术人员	农业技术人员	卫生技术人员	科学研究人员	教学人员
2000	737890	182346	31134	135295	5252	383863
2005	652998	118318	28008	132515	6244	367913
2010	676844	114200	36220	137487	5027	383910
2011	692097	117190	36121	154820	6638	377409
2012	637316	99522	38198	132778	6911	359907
2013	656165	109558	40763	136690	8084	361070

资料来源：《黑龙江省统计年鉴（2014年）》。

通过表4－23可以看出：2013年与2000年相比，黑龙江省农业技术人员和科学研究人员数量分别增长了9629人和2832人，卫生技术人员相对稳定仅增长了1395人，教学人员和工程技术人员则分别下降了22793人和72788人，5类专业技术人员数合计下降了81725人，即2013年黑龙江省地方国有企事业单位5类专业技术人员数较2000年下降了11.08%。

上述人员数据均出现下滑，其原因主要是黑龙江省人才引进机制作用乏力，人才流失现象严重。一方面，省内人才资源没有得到充分利用，许多人才由于体制原因埋没在基层，缺少条件和机遇展现自身优势，最终被省外的优秀条件吸引而流失；另一方面，从省外和国外引进的人才出现“引进来、留不住”的问题，大量引进的人才尚未形成丰富的知识储备便转投他处。出现上述问题主要由于人力资源发展环境不够宽松，高科技人才的激励机制不够灵活等原因。

此外，黑龙江省人力资源分布不平衡，高精尖人才主要分布在哈尔滨市及大庆市的高等院校和独立科研机构，以及政府及其所属的企事业单位，而其他地区政府机关和企事业单位的人才严重不足，导致研发资源配置上出现某些地区闲置浪费、某些地区紧缺不足的矛盾。在强者越强、弱者越弱的马太效应作用下，欠发达地区的高精尖人才逐渐被吸引至黑龙江省的较发达地区或省外地区，进一步拉大了省内人才资源分布的差距。

（4）科研成果转化效率较低。目前，黑龙江省科研活动重“专利”轻“实用”的问题突出，导致研发成果侧重追求科学技术含量而忽视了转化为生产力所必需的利润率和市场认可等因素，使大量科研成果在实验室中被束之高阁。科研成果“中看不中用”的问题，一方面严重浪费科研资源，无法发挥科研成果对社会经济发展的助推作用；另一方面，增加了科研成果从科研机构向市场转化的成本，拉长了转化周期，同时也缩小了成果转化后的产品寿命。

黑龙江省2012年国内三种专利申请受理数量和授权数量分别为30610件和20268件，而2013年分别为32264件和19819件，同比增长5.40%和下降2.22%，全国排名均为第17位，位于中等水平；外观设计类专利的贡献度相对较大，2013年该项专利的受理数与授权数分别为5808件和5146件，位于全国排名第15位和第13位；发明类和实用新型类专利数，黑龙江省则处于全国的中下水平，位于全国第18位（见表4－24）。

表4－24　黑龙江省2013年国内三种专利申请受理数和授权数的比较

项目	申请受理数（件）				申请授权数（件）			
	总计	发明	实用新型	外观设计	总计	发明	实用新型	外观设计
黑龙江省	32264	10338	16118	5808	19819	2238	12435	5146
全国排名	17	18	17	15	17	18	18	13

资料来源：《中国统计年鉴（2014年）》。

专利能反映拥有自主知识产权的科技和设计成果情况，从表4－24中可以看出：黑龙江省三种专利申请受理数量和授权数量总体上处于全国中等水平，除在拥有自主知识产权的外观设计成果方面具有一定优势外，其他方面特别是发明类和实用新型类专利与其他省份存在一定差距，在拥有自主知识产权的技术和具有一定技术含量的技术成果方面还存在诸多的不足。

造成这种差距的主要原因是科研成果转化效率较低，主要表现为：一是专利申请和授权数量较少，科研创新动力和能力不足，新产品的研发数量和产值偏低，如2013年黑龙江规模以上工业企业新产品销售收入为

5825023.3万元，仅列全国第24位；二是科研人员全时当量较少，规模以上工业企业R&D全时间当量为37296人年，列全国第17位，而有效发明专利数为2342件，列全国第20位，说明个人科研效率偏低；三是技术市场成交额较低，科研成果无法快速转换为自主知识产权，商品意识和知识产权意识较差。

4.3.6 就业政策体系不健全

随着“八大经济区”发展战略的深入实施，黑龙江省在促进就业方面取得了一定的成绩，但也暴露出许多深层次问题。如黑龙江省城镇登记失业率虽趋于平稳，但失业率在全国范围内仍居较高水平，其就业政策在解决失业人员再就业和新生劳动力的初次就业问题上仍存在诸多不足，主要表现在以下四个方面：

（1）三次产业就业结构失衡。2013年我国三次产业就业人数构成比为31.4∶30.1∶38.5（见表4－25），国内生产总值三次产业构成比为10.0∶43.9∶46.1；而黑龙江省生产总值三次产业构成比为17.5∶41.1∶41.4（见图4－2）。虽然黑龙江省就业结构符合农业大省的省情，但三次产业的就业结构和生产总值构成与全国水平存在较大差距，也暴露出黑龙江省三次产业就业人数分布不合理的问题。

表4－25　全国按三次产业分就业人员情况

年　份	就业人员（万人）				构成百分比（%）		
	总计	第一产业	第二产业	第三产业	第一产业	第二产业	第三产业
1980	42361	29122	7707	5532	68.7	18.2	13.1
1990	64749	38914	13856	11979	60.1	21.4	18.5
2000	72085	36043	16219	19823	50.0	22.5	27.5
2010	76105	27931	21842	26332	36.7	28.7	34.6
2011	76420	26594	22544	27282	34.8	29.5	35.7
2012	76704	25773	23241	27690	33.6	30.3	36.1
2013	76977	24171	23170	29636	31.4	30.1	38.5

资料来源：《中国统计年鉴（2014年）》。

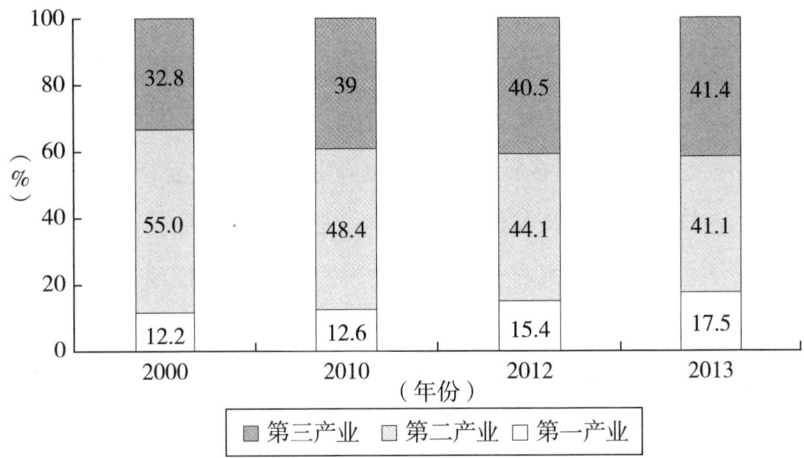

图4-2 黑龙江省地区生产总值产业结构图

通过两组数据比较发现，黑龙江省第一产业的就业人数和占三次产业构成比均为最高，但第一产业所创造的生产总值较第二、第三产业却没有明显优势。由此说明黑龙江省第一产业劳动生产率较低，其高产值主要依靠劳动力堆砌而成。从另一个角度看，大量劳动力被束缚在第一产业中，第一产业高产值是以牺牲第二、第三产业的劳动力比重来实现的。第一产业从业人数过多，不仅影响第二、第三产业的可持续发展，而且阻碍黑龙江省城乡一体化和城镇化进程。

全国第二产业就业人数占三次产业就业构成比为30.1%，第二产业占国内生产总值的43.9%，黑龙江省第二产业就业人数占三次产业就业构成比远低于全国水平，却创造了黑龙江省生产总值中的41.1%，这主要得益于东北老工业基地的产业基础和资源大省的自然条件。通过比较可知，黑龙江省劳动力在第二产业中就业人数较低，这说明其第二产业没能充分利用自身优势条件并逐渐趋于萎缩；同时也暴露出其第二产业劳动力不足，特别是高精尖技术工人匮乏深层次问题。

黑龙江省第三产业生产总值占全省地区生产总值比重为41.4%，低于46.1%的国内生产总值第三产业所占比；黑龙江省第三产业增加值占全省地区生产总值比重为41.35%，但第三产业就业人数却没有显著增加。这些数据都说明黑龙江省第三产业发展相对滞后，就业潜能尚未得到充分发掘，对剩余劳动力的吸纳作用未能充分发挥，其原因在于黑龙江省产业结构不合理及促进第三产业就业的相关政策不健全。这不仅严重制约了黑龙江省的经济发展，也使得第三产业巨大的就业空间被浪费。

（2）自主创业平台不够成熟。自主创业是劳动者主要依靠自己的资本、资源、信息、技术、经验及其他因素创办实业，解决自身就业问题。目前黑龙江省共有学生科技创业实习基地 2 个，国家级大学科技园 4 个，省市高校大学科技创业园和孵化基地 78 个，大学生创业团队 2000 余个，仅 2012 年就有 4360 名毕业生实现了自主创业。[①] 黑龙江省已推出“四放宽、两减免、一培训、一贷款、五服务”的积极鼓励和支持大学生创业的优惠政策。

虽然黑龙江省在鼓励和支持自主创业方面采取一系列措施并取得一定成效，但与 2013 年 184085 名普通高等学校毕业生数相比只是杯水车薪，加之同年 41.4 万人的城镇登记失业人口再就业的压力，黑龙江省促进自主创业的工作仍然任重而道远。目前，黑龙江省自主创业者处于“有创意没经验、有项目没资金、有基础没方向”的窘境，其根本原因是黑龙江省自主创业平台不够成熟，政策影响力度和作用对象范围有限，尚未形成自主创业的社会氛围，主要表现为创业扶持政策不够完善和创业服务体系不尽合理。

第一，创业扶持政策不够完善。部分鼓励创业的优惠政策较笼统，缺乏细化的实施细则，导致其可操作性差，严重阻碍了政策的贯彻实施；各部门在针对不同群体开展创业扶持工作时由于缺乏有效的整合和统筹规划，导致政出多门的问题突出，造成政策资源的浪费和政策执行的低效。此外，政策数量多、内容重叠的现象屡见不鲜，对扶持对象的认定程序较为烦琐，无形中增加了行政成本并降低了行政效率，这也暴露出黑龙江省创业扶持政策体系不健全的深刻问题。

第二，创业服务体系不尽合理。2012 年黑龙江省在全国范围内率先组建了省、市、县三级就业创业服务指导工作体系，覆盖面占全省的 90%，在创业服务体系建设方面取得不俗成绩，但同时也暴露出一些问题。如由专家学

---

① 黑龙江新闻网：黑龙江省多方联动推进大学生自主创业. http://www.hlj.gov.cn/zwdt/system/2013/04/25/010525993.

者、有经验的创业者和熟悉创业政策的企业人员所组成的创业辅导团队尚处于起步阶段，对创业者的指导作用尚未得到充分发挥；缺少对创业项目的评估体系和后续支持，无法充分发挥其社会价值和独特优势，使创业项目往往面临起步容易发展难的困境。

（3）劳动技能培训问题较多。在黑龙江省八大经济区发展中，努力造就大量高素质劳动者、专门人才和高精尖创新人才成为重大而迫切的任务，要打造高层次的人才队伍，劳动技能培训是重要的环节。把劳动技能培训作为促进就业工作的重要部分，不仅可提高劳动者技能水平，促进就业工作向更高层次发展，而且能将人才战略与促进就业工作紧密结合起来，为促进就业工作可持续发展提供重要基础和不竭动力。但黑龙江省劳动技能培训工作中仍存在一些问题，主要表现为培训中组织不力、重理论而轻实践和缺少针对性培训。

第一，培训中组织不力。在有些劳动技能培训实施中偏离了技能培训的宗旨，脱离了让培训者学会一技之长、增加其收入的目的，使培训工作逐级下发变成了简单的任务分派。政府主管部门和培训机构因缺乏主动性，也难以调动起农民工、农村剩余劳动力、失业再就业者等需要劳动技能培训人群的参与积极性。在培训工作验收过程中，也存在着仅注重参与人数和培训规模，而忽视培训效果和培训对象的接受程度等问题，敷衍塞责之风盛行。

第二，重理论而轻实践。技能培训的理论较多、内容死板僵硬，缺少针对劳动力市场需求而进行的适时调整；缺少引导劳动者转变就业观念，鼓励多渠道、多形式就业的指导性培训，以及提高劳动者法律意识和维权意识的法律政策培训等。而这些问题导致劳动技能培训浮于表面，培训效果不尽如人意，使培训对象对同类技能培训失去信心，不仅削弱了劳动技能培训的群众基础，而且使需要劳动力技能培训的群体无法获得真才实学，无法实现增加收入和实现就业的目的。

第三，缺少针对性培训。劳动技能培训广撒网、缺少针对式的劳动技能培训模式，以及缺少对农村转移劳动力、城镇困难人员、残障人士、退役军人等不同群体的针对性培训，“大锅炖”式的技能培训使效果事倍功半。许多劳动技能培训项目是由不同部门、针对不同服务群体设置的，但在实际贯彻执行中却逐渐脱离了服务群体的需要，这一方面是由于劳动技能培训政策仍按原有模式执行，缺少与时俱进的调整；另一方面，是培训项目执行部门没有给予足够的重视。

（4）就业保障制度不够完善。就业保障是指国家为保障公民实现劳动权所采取的创造就业条件、扩大就业机会的各种措施的总称。就业保障制度可以有效保障失业人员基本生活，避免失业造成的生活水平急剧下滑，是落实科学发展观的具体体现，也是构建社会主义和谐社会的客观需要。黑龙江省近几年就业形势平稳，推进就业工作顺利，但也存在失业率连年居于高位和失业人数逐年增加的问题，这与就业保障制度不完善有直接关系。

失业保险是就业保障制度的主要实现形式，目前黑龙江省失业保险机制运转良好，参保人数和基金累计结余连年增长，但仍暴露出失业保险对促进就业作用不突出的问题。如在经营困难、效益差的企业单位中存在许多隐性失业人员，这些劳动者对就业前景不看好，害怕与原单位脱离劳动关系，宁愿待在原单位享受基本社会保险也不愿主动离职，这既与当前的就业形势有关，又体现出失业保险没能发挥其促进就业的应有作用。

此外，黑龙江省就业保障制度存在忽视劳动者的职业安全和职业健康保护的问题，更多的是“亡羊补牢”，而非“防患于未然”。2013 年黑龙江省劳动争议案件受理 7088 件，平均每天受理近 19 件，虽然案件受理和处理情况整体处在下滑趋势，但 2013 年与 2012 年数据进行比较有抬头的趋势（见表 4－26），如果不采取有效措施，黑龙江省劳动争议案件将不断增加，如果频发劳动欺诈、劳动事故和劳动争议案件，将严重扰乱正常经济秩序并破坏就业环境。

表 4－26　　黑龙江省劳动争议案件受理和处理情况　　单位：件

项目	2009 年	2010 年	2011 年	2012 年	2013 年
当期案件受理数	10878	9122	7181	7577	7088
劳动者当时人数	15334	13167	2192	8624	8675
案件处理结案数	9818	9033	6955	7626	7164
本期未结案件数	1422	263	489	440	364
其他方式调节案件数	2484	2742	3857	2791	1657

资料来源：《黑龙江省统计年鉴（2014 年）》。

黑龙江省就业保障制度不完善还表现为就业保障水平的不平衡，一方面是指地区间投入水平的不平衡，经济较发达地区因政府税收充裕，所提供的就业保障资金相对充足，相反，经济欠发达地区因政府财力所限，对就业保障资金投入有限，造成地区间就业保障水平失衡；另一方面，是指行业间发展的不平衡，党政机关事业单位与企业之间、国有大中型企业与私营企业之间、效益良好的企业与效益不佳的企业之间就业保障水平差距明显，且有进一步扩大的趋势。

4.3.7 社会保障政策不规范

社会保障制度是保障人民生活、调节社会分配的一项基本制度，在维护社会公平公正和促进社会和谐发展中发挥着“安全阀”和“缓冲器”的重要作用，而社会保障的覆盖面直接关系到社会保障制度能否充分发挥其作用。尽管黑龙江省近年来在推进社会保障事业方面取得了一定成果，但随着就业环境、收入水平、人口结构等条件的变化，黑龙江省社会保障事业面临新的问题和挑战。其问题是社会保障政策不规范，主要表现在以下四个方面：

（1）社会保障涵盖范围有限。如2013年黑龙江省参保总人数为4783.80万人，总人口为3835.003万人，参保人数占总人口的124.74%，列全国第16位，其参保人数比例在东北三省中排名垫底，且远低于140.93%的全国平均水平（见表4-27）。

表4-27 黑龙江省与全国及其他省份社保参保情况的比较（2013年）

地区	总人口（万人）	2013年年末参加社会保险人数（万人）							参保人数占总人口的百分比（%）
		参保总人数	城镇职工基本养老保险	城镇基本医疗保险	失业保险	工伤保险	生育保险	城乡居民社会养老保险	
全国	136072	191767.08	32218.4	57072.6	16416.8	19917.2	16392.0	49750.1	140.93
北京	2115	5834.74	1311.3	1514.9	1025.1	920.3	883.2	180.1	275.90
广东	10644	24180.66	4183.0	9179.8	2702.2	3057.3	2711.6	2346.8	227.18

续 表

地区	总人口（万人）	2013 年年末参加社会保险人数（万人）							参保人数占总人口的百分比（%）
		参保总人数	城镇职工基本养老保险	城镇基本医疗保险	失业保险	工伤保险	生育保险	城乡居民社会养老保险	
上　海	2415	5404.07	1429.9	1650.5	625.7	904.1	713.9	80.0	223.76
浙　江	5498	11995.89	2375.4	4121.1	1144.3	1826.1	1173.2	1355.8	218.19
重　庆	2970	6207.71	773.1	3234.8	389.7	406.8	280.4	1122.9	209.01
天　津	1472	2480.58	520.7	1001.5	278.7	335.1	249.1	95.5	168.49
宁　夏	654	1101.23	143.8	565.5	71.3	72.7	68.4	179.5	168.34
辽　宁	4390	7381.67	1729.5	2333.3	663.2	856.7	752.3	1046.9	168.15
江　苏	7939	12625.96	2582.1	3427.6	1389.3	1487.3	1355.6	2384.0	159.03
海　南	895	1304.61	231.5	406.5	150.8	123.4	120.2	272.1	145.72
山　东	9733	13856.20	2259.6	3647.9	1089.6	1371.9	974.4	4512.8	142.36
福　建	3774	5207.53	812.8	1283.8	496.7	607.5	539.6	1467.2	137.98
吉　林	2751	3693.59	655.2	1378.6	258.8	392.1	365.9	643.1	134.25
山　西	3630	4688.71	672.4	1086.3	400.7	550.0	445.6	1533.7	129.17
湖　南	6691	8452.74	1091.7	2316.2	461.7	731.2	536.0	3316.0	126.34
黑龙江	3835	4783.80	1062.1	1580.4	477.4	493.1	355.1	815.8	124.74

资料来源：《中国统计年鉴（2014 年）》。

根据《黑龙江省统计年鉴》统计数据，自 2004 年起灵活就业人员（即以非全日制、临时性和弹性工作等灵活形式就业的人员）纳入城镇就业人员的数据统计范围。2005—2013 年黑龙江省灵活就业人数，除 2012 年小幅回落外，其他年份该数据均呈现上升趋势；灵活就业人数占城镇总就业人数比例一般在 20% 左右徘徊，其中 2008—2011 年该比例连续 4 年大于 20%；灵活就业总人数自 2008—2013 年已连续 6 年大于 180 万人，且 2013 年更是高达 208.4 万人（见表 4－28）。这些数据说明黑龙江省灵活就业人员体现了不断上升的态势，同时也说明其参加社会保障的空间仍就较大，已成为黑龙江省社会保障事业不可或缺的部分。

表 4-28 黑龙江省2005—2013年灵活就业人数情况

年份	城镇总就业人数（万人）	灵活就业人数（万人）	灵活就业人数占城镇总就业人数百分比（%）
2005	799.9	123.0	15.38
2006	839.7	149.1	17.76
2007	878.2	167.7	19.10
2008	886.1	182.2	20.56
2009	898.8	189.6	21.09
2010	942.6	188.7	20.02
2011	988.6	201.9	20.42
2012	1039.3	195.0	18.76
2013	1067.6	208.4	19.52

资料来源：《黑龙江省统计年鉴（2014年）》。

黑龙江省社会保障涵盖范围有限突出表现在：包括农民工、城镇私营企业员工、乡镇企业职工等在内的灵活就业人员未能参加社会保险。一方面黑龙江省每年根据本省社会平均工资水平适当提高灵活就业人员的社会保障补贴标准，减轻其参保经济负担，以鼓励其积极参保和缴纳社会保险费；另一方面，由于其参保意识不强、对社会保障政策了解不深入和收入相对较低等原因，大部分灵活就业人员没有参加社会保险，因而形成了政府与灵活就业人员“一头热、一头冷”的现象。

黑龙江省自2013年起将享受灵活就业社保补贴政策的人员界定为“4555”人员，即女性年满45周岁以上、男性年满55周岁以上的人员。该举措进一步降低了灵活就业人员享受社保补贴的比例，提高了非“4555”灵活就业人员的参保经济压力，打击了其参与社会保险的积极性，也压缩了社会保障涵盖的范围。可见黑龙江省社会保障涵盖范围仍然有限，如农村辍学的低龄进城务工人员、低龄辍学务农人员等未能参与社会保障体系的构建。

（2）社会救助体系不够健全。社会救助是指国家和社会对依靠自身能力无法维持基本生活的公民，以及遇到紧急、突发和特殊困难的公民提供基本物质帮助和相应服务的制度安排①。建立社会救助制度可保障低收入社会成员的基本生活，促进社会经济的发展与繁荣，维护社会秩序的稳定，弥补社会保险制度的不足。鉴于黑龙江省农村人口多、城乡差距较大等现实情况，建立健全社会救助体系意义重大，但在实践中也暴露出诸多的问题，如“一刀切”的粗犷管理、物价补贴机制缺陷和临时救助制度不完善。

第一，“一刀切”粗犷管理明显。一方面对黑龙江省救助对象的管理缺乏科学合理的进出机制，“进来容易出去难”的问题时有发生，使未达到救助标准但实际生活中确有困难的社会成员无法获得救助；另一方面，对黑龙江省社会救助工作的财政投入缺少科学合理的分担制度，各地区因财力不同对社会救助工作的投入也不同，导致黑龙江省部分地区的社会救助事业发展缓慢，部分贫困人口的基本生活无法得到保障，这些均暴露出“一刀切”管理模式的缺陷。

第二，物价补贴机制存在缺陷。现行物价上涨补贴联动机制主要以物价平均水平为参考对补贴标准进行调整，但缺乏对物价总体水平变化的动态调节。对救助对象而言，非经常消费品物价水平较高时，相同补贴标准下其生活水平变化不大，而当经常消费品物价水平上涨时，相同补贴标准下其生活则变得困难。黑龙江省针对生活必需品物价变动的补贴，多采用临时发放的方式，缺乏长效的动态联动机制，死板的补贴标准无法对物价水平的波动起到有效的缓冲作用。

第三，临时救助制度的不完善。2013 年 8 月黑龙江省经历洪水灾情的洗礼，其社会救助体系整体运行良好，但仍暴露出临时救助制度的缺陷。主要表现为：一方面黑龙江省现行的临时救助办法多分散于各类政策法规中，效力层级较低，缺乏法律强制约束力，不利于建立科学的社会救助制度；另一方面，临时救助实施过程由于缺少临时救助预案，工作缺乏制度性规范、执行面临诸多困难，如针对突发困难家庭和突发重大灾害家庭的救助存在滞后性和局限性等问题。

---

① 中央政府门户网站：如何健全社会救助体系［EB/OL］. http：//www. gov. cn/2008gzbg/content_ 924056. htm。

（3）社会保障衔接不够到位。随着黑龙江省城镇化进程的加快和农业机械化水平的提高，大量失地农民和农村剩余劳动力随之出现，他们大部分主动或被动的成为城市人口。但由于城乡社会保障制度衔接不到位，使得失地农民、进城务工人员和进城养老人员等群体，无法实现由农村社会保障向城镇社会保障的过渡，这不仅不利于打破城乡二元社会保障结构和消除城乡壁垒，而且严重阻碍了黑龙江省城镇化步伐和社会经济发展。

在黑龙江省城镇化进程中，诸多的农民因大量农业土地被征用成为失地农民，其中的大多数转变为城镇居民户口，但由于失地农民不是农民又与市民不同的特殊身份，使他们既失去了耕地的保障，又无法享受城市居民社会保障，处在两种保障夹缝间的尴尬境地。此外，失地农民社会保障水平不高、内容单一、覆盖面狭窄，加之失地农民思想观念保守落后、目光短浅等原因，往往在短期内便消费掉全部安置费，工作技能和就业渠道的缺乏使其生活逐渐致贫返贫。

由于农业劳动生产率的提高和城镇较高收入的吸引，大量农村富余劳动力向城市转移成为进城务工人员，他们往往是农闲时进城务工、农忙时返乡务农，具有时间上的周期性和地域上的迁移性，而户籍限制给他们进城务工中参与城镇社会保障带来了不便。此外，部分农民工虽然参与了农村社会保险，但其在进城务工期间如何缴纳保障费和按照何种标准领取保险金都成了亟待解决的问题。这些直接影响到进城务工人员的生活保障和养老问题，也暴露出城乡社会保险衔接不足。

从农村转入城镇生活的群体中还有一部分为进城养老人口，且大多数因其子女在城镇有稳定的生活和工作而被接进城镇里养老。进城养老人口往往仍是农村户籍，且没有参保或者仅参与了农村社会保险，面对较高的城镇生活成本，没有养老金或养老金水平较低的进城养老人口，则更多依靠子女赡养甚至社会救济。城乡二元户籍限制和城乡社会保障衔接不健全的问题，不仅给进城养老人口参与城镇社会保障造成困难，而且间接增加了其子女的经济负担与生活压力。

（4）社会保障基金管理落后。社会保障基金是根据国家有关法律法规和政策的规定为实施社会保障制度而建立起来的专款专用的资金，其中社会保险基金是社会保障基金中最重要的组成部分。人口老龄化问题不断加剧导致了养老金负担和医疗保险支出的迅猛增长。黑龙江省农业人口多、基础底子薄、经济不发达的省情，不仅考验着黑龙江省基本养老保险和基本医疗保险事业的发展，也对社会保险基金的使用与管理提出了严峻挑战。

自我国实行计划生育国策以来，黑龙江省人口出生率和自然增长率一直保持较低水平。2013 年黑龙江省人口出生率为 6.86%，死亡率为 6.03%，人口自然增长率仅为 0.78%，同期全国三率分别为 12.08%、7.16% 和 4.92%（见表 4－29）。与此同时，随着生活水平提高和医疗条件改善，人口预期寿命迅速增长。在这两个因素的共同作用下，老龄人口的比重迅速加大，黑龙江省将面临一个不可避免的人口老龄化问题（见表 4－30）。

表 4－29　黑龙江省与全国人口出生率、死亡率、自然增长率比较

年份	出生率（%）		死亡率（%）		自然增长率（%）	
	黑龙江省	全国	黑龙江省	全国	黑龙江省	全国
2000	9.43	14.03	5.50	6.45	3.93	7.58
2005	7.87	12.40	5.20	6.51	2.67	5.89
2010	7.35	11.90	5.83	7.11	1.52	4.79
2011	6.99	11.93	5.92	7.14	1.07	4.79
2012	7.30	12.10	6.03	7.15	1.27	4.95
2013	6.86	12.08	6.03	7.16	0.83	4.92

资料来源：《中国统计年鉴（2014 年）》和《黑龙江省统计年鉴（2014 年）》。

表 4－30　黑龙江省人口年龄构成和抚养比情况

年份	0～14 岁（万人）	15～64 岁（万人）	65 岁及以上（万人）	少年儿童抚养百分比（%）	老龄人口抚养百分比（%）
2000	719.1	2876.0	211.7	25.0	7.4
2003	604.3	2957.1	253.6	20.4	8.6
2005	563.7	2966.5	289.8	19.0	9.8
2008	481.6	2990.4	353.0	16.1	11.8
2010	458.5	3056.0	318.9	15.0	10.4

续 表

年份	0~14岁（万人）	15~64岁（万人）	65岁及以上（万人）	少年儿童抚养百分比（%）	老龄人口抚养百分比（%）
2011	453.6	3054.2	326.3	14.9	10.7
2012	452.0	3041.1	340.9	14.9	11.2
2013	450.1	3026.0	358.9	14.9	11.9

资料来源：《黑龙江省统计年鉴（2014年）》。

由表4-30可知，黑龙江省0~14岁人口从2000年的719.1万人下降至2013年的450.1万人，下降59.76%；65岁及以上人口从2000年的211.7万人上涨至2013年的358.9万人，增长69.53%；少年儿童抚养百分比从2000年的25%下降至2013年的14.9%，下降10.1%；老龄人口抚养百分比从2000年的7.4%上涨至2013年的11.9%，增长4.5%。可见，黑龙江省无论是人口绝对数还是抚养比，都呈现出0~14岁少年儿童数据降低、老龄人口数据上升的态势。

黑龙江省社会保障基金管理的落后，一方面由历史原因造成，即养老改革初期实行的部分累积制所形成的“转制成本”，使本该做实的个人账户资金不断被占用作为养老金发放，养老金的收支缺口呈现逐步扩大的趋势；另一方面，开源节流式的办法虽取得了一定成效，但总体看并非解决问题的最理想手段。随着人口老龄化程度的加剧，如何保证社会保障资金来源稳定、基金管理科学合理和社保财力储备充足，都关系到黑龙江省应对人口老龄化事业的成败。

4.3.8 文化教育政策不到位

随着黑龙江省“八大经济区”和“十大工程”等战略的实施，文化教育政策发挥了积极的功效，也取得了显著的成绩。黑龙江省地广人稀，农业人口众多，随着社会劳动力需求的不断变化，文化教育事业在改革与发展中面临诸多的挑战。2013年，黑龙江省高等学校（本、专科）在校学生数占全省总人口百分比为1.87%，在全国列第13位；普通高中和中等职业学校（机构）为1.54%和0.71%，位于全国第25位和第26位，说明黑龙江省高等学校教育工作发展良好，但普通高中与中等职业教育相对滞后（见表4-31）。

表 4-31　黑龙江省与全国及其他省份各类中等以上学校情况的比较（2013 年）

地区	人口（万人）	高等学校（本专）		普通高中		中等职业学校（机构）	
		在校学生数（人）	占人口百分比（%）	在校学生数（人）	占人口百分比（%）	在校学生数（人）	占人口百分比（%）
全　国	136072	24680726	1.81	24358817	1.79	15363842	1.13
天　津	1472	489919	3.33	175144	1.19	97443	0.66
陕　西	3764	1077627	2.86	899424	2.39	454858	1.21
北　京	2115	598904	2.83	187586	0.89	164892	0.78
湖　北	5799	1421434	2.45	988159	1.70	410795	0.71
重　庆	2970	659400	2.22	661384	2.23	362827	1.22
辽　宁	4390	968034	2.21	681460	1.55	349912	0.80
吉　林	2751	599526	2.18	453171	1.65	192672	0.70
江　苏	7939	1684455	2.12	1109899	1.40	793716	1.00
上　海	2415	504771	2.09	156817	0.65	153298	0.63
福　建	3774	730510	1.94	656488	1.74	525051	1.39
海　南	895	172143	1.92	179047	2.00	140225	1.57
江　西	4522	861849	1.91	876722	1.94	484628	1.07
黑龙江	3835	717856	1.87	589379	1.54	274020	0.71

资料来源：《中国统计年鉴（2014 年）》。

黑龙江省文化教育政策不到位及其文化教育事业发展存在的问题，主要表现在以下四个方面：

（1）义务教育资源分布不均。我国的义务教育是根据法律规定，适龄儿童和青少年都必须接受，国家、社会、家庭必须予以保证的国民教育，具有强制性、公益性和统一性的特点。黑龙江省文盲率一直较低，得益于其义务教育工作的顺利开展，使学龄儿童入学率和小学升学率常年处于接近百分之百的较高水平。但随着人才培养工作重心向高精尖人才方向的倾斜和学龄儿童数量逐年减少，黑龙江省义务教育工作出现萎缩迹象。

黑龙江省大中小学生构成百分比由 2000 年的 3.5：47.2：49.3，变为 2013 年的 22.7：43.1：34.2；平均每万人口学生中，小学生人数由 2000 年的

743.5人减少到2013年的401.6人，降幅为45.99%；中学生人数由711.3人减少到506.0人，降幅为28.82%（见表4－32）。此外，黑龙江省义务教育中的初中生人数也有所下降，由2000年的2158672人下降至2013年的932349人，降幅为56.81%；义务教育学生数总体，即初中学生和小学学生总数呈不断下降趋势（见表4－33）。

表4－32　黑龙江省平均每万人在校学生数和大中小学学生构成情况

年份	平均每万人口学生数（人）			大中小学学生构成百分比（%）		
	大学生	中学生	小学生	大学生	中学生	小学生
2000	52.6	711.3	743.5	3.5	47.2	49.3
2005	192.3	673.0	577.0	13.3	46.7	40.0
2009	253.0	637.7	497.6	18.2	45.9	35.9
2010	257.1	629.8	491.0	18.7	45.7	35.6
2011	255.4	616.6	489.1	18.8	45.3	35.9
2012	258.3	609.3	487.1	19.1	45.0	36.0
2013	266.3	506.0	401.6	22.7	43.1	34.2

资料来源：《黑龙江省统计年鉴（2014年）》。

表4－33　黑龙江省各级各类学校在校学生情况　单位：人

年份	中等学校	普通中学	初中	小学
2000	2707986	2487437	2158672	2830578
2005	2480041	2279390	1695823	2204055
2010	2159652	1907777	1290892	1879609
2011	2088030	1845445	1223194	1874996
2012	2046550	1816717	1204138	1867729
2013	1734842	1521728	932349	1540035

资料来源：《黑龙江省统计年鉴（2014年）》。

黑龙江省义务教育规模逐年萎缩，主要是由城乡义务教育资源分布不均所引起的，主要表现为：一是黑龙江省义务教育资源主要集中在城市，农村学校在办学条件、物质基础和师资队伍等方面相对薄弱，无法吸引优秀教师任教，且现有师资力量也在大量流失和减少；二是黑龙江省教育支出在农村居民消费中受到压缩，农村居民恩格尔系数由2009年的31.4%增长至2013年的35.2%，间接增加了教育支出对农村居民的生活压力，许多农村贫困家庭为维持基本生活不得不放弃子女教育。

（2）中职教育覆盖范围有限。中等职业教育是职业技术教育的重要组成部分，包括普通中等专业学校、技工学校、职业中学教育及各种短期职业培训等，在黑龙江省八大经济区战略的实施中，为社会输送大量初、中级技术人员及技术工人，在构建各层次人才队伍方面发挥着至关重要的作用。但目前黑龙江省中等职业技术教育发展不景气，使部分职业、技术工种人才出现短缺和断档，无法满足社会的需要，主要表现为求学观念相对落后、教育资源分布不均和教学质量有待提高。

第一，求学观念相对落后。该问题在黑龙江省经济相对欠发达地区尤为明显，家长们仍停留在“考大学是人生成功的必由之路”的陈旧观念上，对中等职业教育认同度低，对子女灌输脑力劳动至上的职业观和就业观，使大量农村学生主动或被动地踏上从普通中学到高等学校的求学道路。一方面加重了农村低收入家庭的教育支出和经济负担；另一方面，农村中等职业教育免费的优惠政策推广受阻，使中等职业教育的覆盖范围仍然有限。

第二，教育资源分布不均。仅以中等专业学校为例，黑龙江省中等职业教育资源呈现大分散、小集中的特点，分布不均现象普遍，这不仅使有限的资源无法实现合理配置，而且不利于各地区中职教育均衡发展。以在校生数万人以上为标准，黑龙江省中等专业学校教学资源主要集中于哈尔滨、齐齐哈尔、佳木斯、牡丹江和绥化5个城市，这5个地区在校生总数占全省在校生总数的83.00%，学校数占全省的76.71%，教职工数占全省的69.71%（见表4-34）。

表4-34　黑龙江省2013年各地区中等专业学校基本情况

地区	学校数（所）	教职工数（人）	毕业生数（人）	招生数（人）	在校生数（人）
全　省	73	7263	37314	40612	119341
哈尔滨	28	2196	11839	15522	45490

续　表

地区	学校数（所）	教职工数（人）	毕业生数（人）	招生数（人）	在校生数（人）
齐齐哈尔	7	954	6643	5562	16474
鸡　　西	2	145	248	645	2040
鹤　　岗	3	386	1296	1282	3950
双 鸭 山	2	219	213	206	827
大　　庆	3	394	124	478	926
伊　　春	3	564	2681	2753	6082
佳 木 斯	7	598	4519	5487	13890
七 台 河	—	—	28	792	1542
牡 丹 江	7	409	2141	2781	9864
黑　　河	4	492	1624	1085	3395
绥　　化	7	906	5594	3412	13333
大兴安岭	—	—	364	607	1528

资料来源：《黑龙江省统计年鉴（2014 年）》。

第三，教学质量有待提高。现行黑龙江省中等职业教育培养模式和教学方法不能适应快速的社会变革和增长的社会需求，专业课程设置不能与时俱进，授课内容一成不变；重视专业技能课程、轻视公共基础课程的教学模式不仅严重制约中等职业教育的影响范围和办学规模，也不利于中职学生毕业后进一步深造与提高。此外，部分地方政府对中职教育重视不足，使得中职教育学校运转困难，招生规模持续萎缩，以致学校很难从有限的办学资源中创造条件提升教学质量。

（3）企业与院校间合作欠佳。教学和科研是高等院校的基本职能，两者相辅相成、密不可分，企业依赖科学技术进行产品更新、质量提升和规模扩大，在竞争中取得优势。企业和院校有着深层次的联系，而黑龙江省近几年却出现院校科研与企业发展严重脱节的问题，形成“院校闷头搞科研，企业着急求技术”的矛盾。一方面，院校的科研成果积压严重；另一方面，企业急需科研成果来提高技术水平。显然，黑龙江省在企业与院校间合作上存在一些不足之处。

第一，院校未能实现科技与经济的有机结合。主要包括：一是产学研结合的技术创新体系不完善，院校以学术研究为主的传统科研模式未能有效激发科研创新的活力，科研成果无法满足经济发展的实际需要；二是院校及科研机构缺少合作的主观意愿，一方面由于企业与院校间信息不对称及院校内部体制的限制，导致院校科研成果积压现象较为严重，而另一方面院校在与企业合作中对企业的资金条件和经营规模等物质条件过于挑剔，降低了科研成果产业化、商品化的效率。

第二，企业在合作中的主体作用发挥不明显。主要包括：一是企业倾向于可以直接转化为经济效益的科研成果，既不愿承担自主研发的风险，又认为院校的科研成果与产业化相去甚远，所以企业在合作中缺少主动性；二是企业由于自身条件所限，无法准确判断院校的成果是否具有市场价值，也无法准确表达与院校合作的目标意愿，使企业错失许多有价值的合作机会；三是企业承载能力有限，无法承接许多省内院校的大型合作项目，使许多优秀项目流失省外。

第三，政府在校企合作中引导作用仍需加强。主要包括：一是政府部门在黑龙江省校企合作中偏重结果，关注校企合作合同数、招商引资数等与政绩相关的数据，而忽视了对合作项目的前期调研、中期检查及后续评定等步骤；二是政府的协调引导功能还有待进一步加强，企业与院校间、院校与市场间信息不对称的问题日渐突出；三是校企合作相关的法制不健全，导致监管不到位、违约成本低、维权成本高，严重制约了企业与院校间合作的顺利开展。

（4）特色龙江文化发展缓慢。特色龙江文化包括文化产业和文化事业两个方面。近年来，黑龙江省文化产业持续快速增长，产业规模不断扩大。如2011 年文化产业机构达到 6.59 万个，从业人员为 36 万人，实现增加值 285 亿元，增长率达36%，增速是黑龙江省地区生产总值同期增速的 3 倍[①]，在取得经济效益的同时也在推动社会效益的实现。目前，黑龙江省文化事业在稳步前进，但与蓬勃发展的文化产业相比，则显得相对缓慢。

---

① 吕子燕．黑龙江省文化发展与教育发展研究［J］．教育教学论坛，2013（9）：147 – 148.

通过比较近年黑龙江省文化事业机构数和从业人员数可看出，文化事业总体发展良好。如 2013 年其机构数与从业人员数，较 2000 年各上升了 58.82% 和 47.55%，其中群众文化服务业的两项数据上涨了 36.55% 和 61.35%；其他文化事业的两项数据增长约 18.5 倍和 15 倍；艺术业的两项数据下降 55.70% 和 43.88%；图书馆业机构数增加 10 个，从业人员数减少 29 人；艺术教育业机构数减少 4 家，从业人员数增长 131 人（见表 4－35）。

表 4－35　　黑龙江省文化事业机构数、从业人员数情况

项目	年份	总计	艺术业	图书馆业	群众文化服务业	艺术教育业	其他文化事业
机构数（个）	2000	1496	158	97	1201	10	30
	2005	1408	141	96	1015	8	148
	2010	2338	138	107	1654	7	432
	2011	2372	140	107	1652	6	467
	2012	2373	136	106	1641	6	484
	2013	2376	70	107	1640	6	553
从业人员数（人）	2000	12344	6522	1846	3167	338	471
	2005	12574	6129	1669	2947	342	1487
	2010	16245	5571	1846	4324	330	4174
	2011	17416	5506	1772	4530	324	5284
	2012	18056	5308	1796	4633	323	5996
	2013	18213	3660	1817	5110	469	7157

资料来源：《黑龙江省统计年鉴（2014 年）》。

尽管黑龙江省文化产业发展迅猛，但在高速发展过程中也暴露出许多问题。如文化产业总量相对较小，文化产业监管不到位，发展结构不均衡，文化消费水平较低，高端文化人才稀缺等，导致黑龙江省文化特色没能充分实现产业化，文化产业综合竞争力不高，文化市场环境有待改善。政府在龙江特色文化建设中对文化产业和文化事业界定不明，一方面使文化事业偏离了文化惠民的宗旨，而另一方面使文化产业融入市场经济变得艰难。

此外，黑龙江省在发展文化产业过程中，未能有效平衡本土文化与市场需求间的关系。黑龙江省文化产业虽发展迅猛，企业数量众多，但集团优势和品牌效应的缺乏加剧了政府宏观调控和政策引导的难度。一方面，部分文化产业过度追求本土特色，而忽视了省外市场和消费群体对该特色的接受能力，限制了其经营范围和发展空间；另一方面，部分文化产业过度迎合市场需求，虽取得了良好的短期效益，但丧失了龙江文化特色，逐渐趋于平庸，综合竞争力逐渐降低。

4.3.9 医疗卫生政策不完善

随着黑龙江省“八大经济区”和“十大工程”发展战略的实施，其卫生机构各项数据明显增长，各类医疗单位病床使用率均有所提高，惠及全民的医疗卫生政策发挥了一定的积极作用。但也存在诸如病床使用率相对不高等问题，如表4-36所示：2013年黑龙江省病床使用率医院合计为84.8%，同比增长3.4%，但在全国仅排在西藏、内蒙古、吉林省等之前而位列第25位，其中公立医院病床工作日为323.1日，列第24位；民营医院病床工作日为188.7日，列第29位；公立医院病床使用率为88.5%，列第25位；民营医院病床使用率为51.7%，列第29位。

表4-36　黑龙江省与全国及其他省份各类医疗单位病床使用率的比较（2013年）

地　区	病床工作日（日）			病床使用率（%）		
	合计	公立	民营	合计	公立	民营
总　计	324.8	341.2	231.4	89.0	93.5	63.4
广　西	356.0	363.2	240.8	97.5	99.5	66.0
湖　北	352.3	364.0	240.1	96.5	99.7	65.8
四　川	348.2	373.8	259.8	95.4	102.4	71.2
上　海	347.3	358.6	237.1	95.2	98.3	65.0
…	…	…	…	…	…	…
天　津	309.6	328.3	199.2	84.8	89.9	54.6
黑龙江	309.6	323.1	188.7	84.8	88.5	51.7
甘　肃	308.7	312.5	259.9	84.6	85.6	71.2
北　京	304.8	327.6	191.0	83.5	89.7	52.3

续 表

地 区	病床工作日（日）			病床使用率（%）		
	合计	公立	民营	合计	公立	民营
山 西	295.0	306.2	220.3	80.8	83.9	60.3
吉 林	294.1	315.2	162.7	80.6	86.4	44.6
内蒙古	287.2	297.8	187.9	78.7	81.6	51.5
西 藏	268.9	271.4	233.5	73.7	74.4	64.0

资料来源：《中国统计年鉴（2014 年）》。

当前黑龙江省医疗卫生政策及其服务建设仍存在一定的问题，主要包括以下四个方面：

（1）基层医疗服务相对不足。基层医疗服务主要是通过基层医疗单位实施。基层医疗单位一般情况下是指最小的行政区划级别的医疗单位，现在的基层从广义上来讲是指县一级的医疗单位和小型社区卫生医疗站（或医疗救助中心）。在医疗资源配置中，医院系统集中了大部分医疗服务资源，结合医院系统自身优势使其无论在政府层面还是通过市场调节，在争取卫生资源配置时都比基层医疗系统拥有更大的话语权和竞争力①。黑龙江省基层医疗服务相对不足，主要表现为基层医疗单位布局紊乱、基础薄弱级医疗服务马太效应的存在。

第一，基层医疗单位布局紊乱。黑龙江省综合性大医院主要集中于大中城市和较发达的地区，不断挤压其他医疗单位生存空间；大型医院的医科较多，从严重疾病的诊治扩大到常见病、多发病等疾病的接诊，综合大医院其原有的功能并未得到充分发挥，有“杀鸡用牛刀”和“大材小用”之嫌。由此导致医疗资源过度集中、分布不均，争抢就诊患者的问题在综合大医院与基层医疗单位间较为明显，不仅有限的资源无法实现优化配置，而且过度治疗、天价药费问题也时有发生。

第二，基层医疗单位基础薄弱。一方面是医疗设备单薄，常用医疗设施

① 陈小嫦. 基层医疗卫生服务体系卫生资源配置的若干思考［J］. 中国卫生事业管理，2012（6）：404－406.

简陋落后、更新换代慢，无法适应现代医疗救治需要，购置的新型设备由于就诊人数有限使用率不高，无法充分发挥其设备作用；另一方面是缺少高质量的人才队伍，对基层医疗单位的医师和护士多采用符合医院需求的专科培养模式进行教育和培训，导致全科医师和护士数量不足，这不仅与基层医疗单位主要负责常见病、多发病的医疗性质不符，而且加重了公众对基层医疗单位就诊能力的怀疑。

第三，医疗服务存在马太效应。黑龙江省现有政策机制的惯性和居民的就医观念，使公众更信任大型医院的就医条件和服务水平，对基层医疗单位存有偏见，大部分患者即使是在病后康复阶段，仍倾向于选择医院而非基层医疗单位进行康复，造成了医院资源的浪费；医院类别主要以综合医院为主，中医院、专科医院及特色医院发展滞后，医院仍以非营利性公立医院为主，民营医院发展缓慢，因而卫生资源从基层医疗系统向医院系统流动的马太效应现象较为严重。

（2）卫生预警机制仍需完善。公共卫生与普遍意义上的医疗服务存在一定的差别，公共卫生是通过评价、保障、防治措施来预防疾病扩散、维护公共安全、促进公众身心健康发展的一项公共事业。公共卫生与社会公众的健康利益紧密相连，而公共卫生事件的发生具有突发性和极大的危害性。因此，建立一套科学有效的公共卫生预警机制，对可能发生的事件进行预警，将公共卫生事件的危害遏制在萌芽中，这是政府和有关部门义不容辞的责任。

以黑龙江省疾病预防控制中心（防疫站）人员数为例，2003—2013 年人员数合计由 8853 人降至 6720 人，下降 24.09%，其中卫生技术人员总数由 6728 人降至 4713 人，下降 29.95%；其他技术人员由 498 人增至 737 人，增长 47.99%；管理人员由 661 人增至 703 人，增长 6.35%；工勤人员由 966 人降至 567 人，下降 41.30%（见表 4－37）。近年来，随着人们物质文化泩活水平的提高，人们对疾病的预防意识也再逐步增强，现实中诸多企业单位的体检（每年）已成为惯例，这就更加需要增加卫生技术人员的数量。而黑龙江省疾病预防控制中心（防疫站）人员数特别是卫生技术人员数的逐年降低，说明黑龙江省在公共卫生预警方面仍存在一定问题需要解决。

表4-37　黑龙江省疾病预防控制中心（防疫站）人员数量比较　单位：人

年份	合计	卫生技术人员						其他技术人员	管理人员	工勤人员
		小计	执业（助理）医师	注册护士	药剂人员	检查人员	其他人员			
2003	8853	6728	3708	219	62	902	1837	498	661	966
2004	8829	6654	3602	253	66	947	1786	471	737	967
2005	7958	6067	3212	248	74	891	1642	438	675	778
2006	7653	5835	2984	246	86	936	1583	453	659	706
2007	7378	5659	2889	263	76	964	1467	426	651	642
2008	7254	5413	2514	265	71	983	1580	486	635	720
2009	7151	5347	2502	280	76	965	1524	554	561	689
2010	6496	5331	2691	1333	263	387	657	328	484	353
2011	6968	5152	2151	293	88	895	1725	583	607	626
2012	6796	4849	2190	295	84	904	1376	698	634	615
2013	6720	4713	2064	304	78	824	1443	737	703	567

资料来源：《中国卫生统计年鉴》（2010—2012年）和《中国统计年鉴》（2013年、2014年）。

黑龙江省经历了全国范围的突发公共卫生事件，如2003年爆发的SARS疫情；处置重大灾害后可能出现的疫情，如2013年洪灾后的疫情防控；应对大量群体性公共卫生事件，如食物中毒事件等。实践证明，黑龙江省现有公共卫生预警机制运转良好，成效显著。

随着黑龙江省“八大经济区”和“十大工程”战略的贯彻实施，黑龙江省面对着大量的人口流动问题，不仅暴露出现有卫生预警机制中存在的问题，也对黑龙江省未来的卫生预警工作提出了新要求。主要包括：一是信息化基础薄弱，医院、政府、群众三者间缺少高效的信息传递平台，信息管理系统和疫情预告系统等软件系统建设远不及其他省份和地区，信息化硬件设施较为薄弱，信息化专业人才紧缺；二是预警机制建设缓慢，突发应急事件的预案有局限性，缺乏对慢性病及其他非公共卫生事件的防控长效机制；三是职能部门协调不力，卫生安全体系仍局限在医院、卫生局、食品药品监督管理部门等部门，未与公安、消防、交通、学校建立起广泛的公共卫生安全体系。

（3）农村医疗服务队伍薄弱。黑龙江省农业人口众多，解决好“三农”问题是黑龙江省快速发展的重要课题，而农村医疗水平和农民健康程度直接关系到“三农”问题的解决。目前，黑龙江省城乡差距明显，城镇与农村间医疗水平更是相去甚远，如何保障农民群众公平享受基本公共医疗服务，已引起全省各级政府和部门的重视。自2005年国家组织实施“万名医师支援农村卫生工程”，黑龙江省在医疗队伍下乡服务方面取得不俗成绩。但农村医疗服务较为薄弱的问题仍旧存在，主要表现为医疗管理体制落后、医疗单位运营艰难和队伍下乡问题较多。

第一，农村医疗管理体制落后。黑龙江省农村基层医疗服务机构既存在医疗管理体制的弊端，又受到农村政治文化环境的影响，管理体制落后、激励机制欠缺的问题明显。农村医疗服务机构中官僚风气浓重，人事管理制度缺乏活力。一方面，农村医疗服务人员业务素质良莠不齐，制约各地区医疗水平的均衡发展；另一方面，浓重的官僚风气使农村医疗单位人事管理制度改革举步维艰，严重阻碍了城乡农村医疗服务协同发展和医疗工作人员的流动和成长。

第二，农村医疗单位运营艰难。黑龙江省各级政府对农村医疗单位的投入逐年提高，但财政投入仍然十分有限。农村医疗单位既要维护日常运作支出，又要完成政府下达的指令性任务，还要面临大量支农、支边等工作，政策性亏损在农村医疗单位中普遍存在。随着国家对药品价格的调控管理，医药费快速上涨的情况有所杜绝，保证了农村医疗的公益性，但也切断了基层医疗卫生机构“以药补医”这一重要的补偿机制，使其经营更加困难。

第三，医疗队伍下乡问题较多。由于各类医药改革在城市医院中实行较为严格，药品和医疗服务的利润空间逐步缩小，于是某些城市医院将视线转移到管理较为松散的农村，打着医疗下乡的幌子，假借为农民服务，实则是到农村捞取经济好处，通过兜售和哄骗农民购买高价药来实现自己的经济目的。这不仅破坏了农村群众心目中对医疗下乡工程的良好形象，阻碍了正常下乡医疗服务工作的推进，而且增加了农民的不必要支出，加重了农民的经济负担。

（4）城乡医疗保险投入不均。目前黑龙江省农村医疗保险事业发展势头良好，以新型农村合作医疗（以下简称新农合）为例，2009—2013 年黑龙江省参加新农合人数由 1370.4 万人增至 1521.1 万人，增长约 11.00%；人均筹资额从 102.1 元增至 354.3 元，增长 247.01%；年度筹资总额从 13.99 亿元增至 53.89 亿元，增长 285.20%；补偿受益人次由 758.8 万人·次增至 2457.2 万人·次，增长 223.83%（见表 4－38）。这些都说明黑龙江省农村医疗保险事业发展平稳，在筹资和受益人次等方面取得了跨越式发展。

表 4－38　黑龙江省新型农村合作医疗情况比较表

年份	开展新农合县（市、区）（个）	参加新农合人数（万人）	人均筹资（元）	本年度筹资总额（亿元）	补偿受益人次（万人·次）
2009	121	1370.4	102.1	13.99	758.8
2010	121	1400.8	151.2	21.18	1181.6
2011	122	1418.8	230.6	32.71	1573.1
2012	122	1447.3	295.3	42.70	1960.7
2013	122	1521.1	354.3	53.89	2457.2

资料来源：《中国卫生统计年鉴》（2010—2012 年）和《中国统计年鉴》（2013 年、2014 年）。

尽管如此，黑龙江省农村居民参加保险的积极性仍就不高，收入水平的限制使其在是否缴纳医疗保险费用的问题上有所顾虑；居民缺乏医疗保险意识，尚未认识到医疗保险在抵御疾病风险中的重要性，“小病不想看，大病不敢看”的思想根深蒂固；居民对农村医疗保险相关政策具体内容，如保险范围、缴费标准、赔偿数额等缺乏了解，因而对农村医疗保险缺乏信任。上述问题的存在，说明黑龙江省各级政府对农村医疗保险的投入不足，且注重物质投入而轻视了精神宣传。

总的来说，城乡基本医疗保险的一体化进程是城乡统筹和经济社会发展的必然结果，是建立社会主义和谐社会的必然要求。但目前黑龙江省城乡医疗保险投入政策多是参照其他省份的经验，脱离了其城乡发展差距大、城乡户籍壁垒和农村人口众多等省情，直接影响到黑龙江省基本医疗保险的城乡统筹兼顾和均衡发展，因而在解决城乡医疗保险投入不均的问题中，建立并实施一套符合本地发展和群众需求的政策制度体系是其关键所在。

4.4 本章小结

本章对黑龙江省八大经济区总体政策的形成过程、具体政策内容进行了简要的阐述，包括政策概况、财税政策、民生政策和其他政策；对农林开发保护区、商业贸易旅游区、工业基地建设区和高新技术开发区发展的现行政策及其成效进行了阐述与分析；在此基础上提出了产业调节政策不合理、财政政策功能被弱化、税收政策作用力不强、金融政策支持度不足、科技创新政策成效差、就业政策体系不健全、社会保障政策不规范、文化教育政策不到位和医疗卫生政策不完善等政策问题，为以后政策建议的提出奠定基础。

5 国内外发展经济区的政策经验及启示

5.1 发达国家经济区发展的政策经验

5.1.1 美国商品粮基地的政策经验

美国的商品粮基地主要分布在中部地区，是以家庭农场为主的高度商业化农业，其机械化和信息化的发达程度位于世界前列。纵观美国200多年的历史，其农业政策可归纳为农业生产效率的提高、农场收入的增加、社会福利和农村发展水平的提高等方面[①]。目前，美国农业政策历经200多年的发展与完善，已形成完整的农业政策体系，其内容主要包括以下四个方面：

(1) 加强资源利用保护政策。美国政府在农业政策的制定过程中，对土地和水资源的利用和保护给予较大关注。政府主要是通过有效的立法和行政措施，如通过有关立法制定各种污染源的治理标准，并通过有效的执法机制使这些立法和标准付诸实施，制止对水土资源的破坏性利用；同时结合农产品保护和价格支持计划等其他政策，使资源保护成为各种农业政策的一项重要内容。

(2) 现代科技农业发展政策。美国现代科技农业发展政策以适应农业现代化需要为目标，通过研究和发展农业科学技术，以及对劳动者的教育和培养，增强农业发展的科技含量，提高农业生产效率，提高农产品在国际市场上的竞争力。政府将教学、科研和推广三者融为一体，组织了一个完善的

---

① 贾丽娟，刘连环．美国农业政策及其启示［J］．商业研究，2003（16）：153－155.

“农业科学、教育和推广体系”，对美国农业发展起到了极为重要的作用。

（3）价格和收入支持型政策。美国政府通过对农业生产的控制，有效控制美国农产品市场的供求关系，将农产品价格维持在一定水平上，一方面可以使生产者得到合理的利润，另一方面可以有效防止因农产品价格过高损害消费者的利益。此外，美国政府还针对农业发展专门制定相关的信贷政策和税收政策，使农业发展获得大量的资金支持和税收优惠的扶持。

（4）扩大出口的贸易型政策。美国农业是典型的商品谷物农业，其农业出口在世界农产品市场有着举足轻重的影响。为扩大贸易出口，美国政府制定了“扩大出口计划”，通过采取提供出口补贴、降低出口价格、限制贸易伙伴国的关税壁垒、利用进口配额及检疫制度等一系列非关税壁垒直接限制进口的措施，对本国农业的产、供、销各个环节提供有效保护。

5.1.2 法国马恩河地区的政策经验

法国位于欧洲大陆中部，是欧盟重要成员国之一，其地理位置和政治经济影响力十分有利于法国商业贸易的发展，并对欧盟乃至全世界产生十分重要的影响。马恩河谷地区位于法国首都巴黎西南部，其独特的地理环境、发达的交通系统、生机勃勃的产业结构，使其成为法国最有活力的商贸重地之一。马恩河谷地区发展商业贸易的政策经验，主要表现在以下三个方面：

（1）大力发展优势产业。马恩河谷地区优势产业主要包括食品加工、生物医疗、电子信息、环保科技和能源冶金等。该地区拥有国家食品加工技术研发中心、国家生物制药业研发中心和国家信息软件及影像技术工程研发中心3个国家级创新研发中心，同时拥有世界上最大的现货批发市场——兰吉斯国际食品批发市场，并积极出台相关政策吸引国际知名集团和中小企业在此地落户。

（2）打造高效物流平台。马恩河谷地区拥有法国最大的瓦莱登铁路（陆路）多功能物流中心、法国第二大国际机场——奥利机场、鲍乃依内河港口、索加里——兰吉斯物流中心和诸多的商业中心。其专业化的物流园区，可为周边的进出口贸易公司提供物流、配送服务，能够帮助企业在物流和仓库方面进行有效组织并降低成本，使产品能够在最短时间发送到顾客手中。

（3）积极制造投资契机。马恩河谷地区地方政府和民间组织根据自身明显的区域优势和经济优势，有针对性地积极营造投资契机和投资氛围，为该地区高效的招商引资提供保障。以中国为例，马恩河谷地区的商会每年要组织十几家企业来中国考察，并建立了马恩河谷地区企业发展署，帮助中国企业在该地区内、法国境内和其他欧洲国家进行投资与发展。

5.1.3 德国鲁尔工业区的政策经验

德国鲁尔工业区（简称鲁尔区）是德国最大的工业区，也是世界最重要的工业区。作为一个老工业区，鲁尔区从19世纪中叶开始，发展至今是以采煤、钢铁、化学、机械制造等重工业为核心，是德国的能源基地、钢铁基地和重型机械制造基地，这三大部门的产值曾一度占全区总产值的60%。20世纪50年代之后，鲁尔区单一的重型工业经济结构日益显露弊端，全区的经济受到很大打击，其声誉开始下降，经济的中心地位减弱。[①] 为挽救鲁尔区经济发展的颓势，德国专门成立相应的权威领导机构，不断创新该区域的发展规划。目前，鲁尔区已形成了新老工业并举、部门结构复杂、内部联系密切和布局相对合理的区域工业综合体，这与其审时度势、紧跟经济全球化趋势、利用科学技术革命不断创新、全面进行区域整治和更新是分不开的。鲁尔区成功转型的政策经验主要包括以下三个方面：

（1）以传统工业为基础，调整经济区产业结构。煤、钢两大部门一直是鲁尔区发展的两大支柱。从20世纪60年代开始，鲁尔区在国家资助下对相关企业实行了集中化、合理化的改造过程，对整个鲁尔煤田重新规划、统一部署，也对钢铁工业进行了设备更新和技术改造，使鲁尔区的经济结构得到调整、充实和提升；同时大力发展第三产业，在各大城市建有完善的服务业网络，在边缘地区开辟为数众多的新旅游点，为旅游业的发展提供条件。

（2）科研与实践相结合，科技优势化为生产力。鲁尔区多数的大企业都有自己的科研机构，并根据企业特点和国内外市场行情制订自己的科研规划

---

① 任保平．欧盟一体化进程中德国鲁尔区的产业转型绩效分析及其启示［J］．西安财经学院学报，2006（6）：5－10.

与计划。在发展新技术产业的同时，加快新技术对传统工业的全面改造，如建立科学技术革新的信息中心，政府帮助企业拟定技术革新计划、结合中小企业具有灵活应用新技术的特点，优先向中小企业转让技术等，大大加快了将科研转化为生产力的步伐，并提升了区域产业结构的层次，使鲁尔区逐步成为欧洲新经济中心①。

（3）完善交通运输网络，推动区域性综合开发。鲁尔区原有的交通运输系统就很发达，但由于新建企业和城市住宅区向远郊地区发展，出现了区内交通负荷不断增大、边缘地区和核心地区交通相脱节的局面，急需进一步改善交通网络和设备现代化②。对此，鲁尔区通过兴建高架铁道和高规格的高速公路，以及发展水陆联运等手段在区域内组成统一的运输系统，把全区域彼此分隔的工业区和城市紧密地衔接起来，对全区的综合开发起到了极其重要的先行作用。

5.1.4 日本科技开发区的政策经验

日本的科技政策已取得了显著成效，其科技开发区对日本的经济腾飞做出了突出的贡献。目前，日本信息技术（IT 业）稳步发展，地区经济逐步振兴，技术贸易发展迅速，这主要依赖于其科技园区的建设发展和科技政策的科学制定与有效实施。日本科技开发区的突出特点：一是构筑科技与社会的新关系，既强调科技是社会发展的动力，又强调科技对社会有正负两方面的影响；二是重视知识创造，主要是以企业、大学、政府研究机构为中心，充分发挥个人的聪明才智和创造精神，促进知识创新和发明创造；三是实施科技人才战略，主要围绕建立人才成长机制、加强创新人才培养、推进人才结构调整等方面采取了一系列政策措施。在开发建设科技园区的过程中，日本实施了一系列的科技政策，其主要内容包括以下三个方面：

（1）实施科技研发战略。日本在第二期《科学技术基本计划》（2001—2005 年）中确定国家重点研发课题的基本原则：一是能成为新发展源泉的知

---

① 荣宏庆，常丽，李玮．政府环境在老工业基地振兴中的作用——德国鲁尔区的实践与启示［J］．现代商业，2009（4）：171－173.

② 王青云．德国鲁尔区是怎样推进经济转型的［J］．中国城市经济，2007（6）：42－46.

识创新（知识资产）；二是在世界市场上持续增长、提高产业技术水平、创建新产业新就业机会（经济效果）；三是提高国民健康和生活质量，保障国家安全及防止灾害（社会效果）。因此，日本将生命科学、信息通信、环境、纳米技术与材料四大领域作为重点，并将能源、制造技术、社会基础和边缘科学等领域列入研发计划①。

（2）推进科技体制改革。近年来日本稳步推进科技体制改革，其改革涉及内容广泛，在推进研究开发体制改革、产学官合作改革等方面采取一系列措施并初显成效。如改革科技管理部门和科研机构，将国立大学和部分国立研究机构转变为独立行政法人机构；改制后研究机构采用灵活自主的管理模式，使研究机构获得更多的管理灵活性和学术自由；积极推进科技活动国际化，进一步加强国际间合作研究和学者、科技信息的交流，并积极促进国内研发环境国际化。

（3）加强计划组织管理。日本将加强计划性与组织管理作为实施科技政策的重要保证。近年来，日本沿袭第一期《科学技术基本计划》（1995—2000年）和第二期《科学技术基本计划》（2001—2005 年），在此基础上制订科学技术的基本计划，对日本的科技发展及科技政策的实施起到了积极的指导和促进作用；同时设立具有权威性、综合性、灵活性和透明性的综合科学技术会议机构，以增强科研的权威性和科技生产力的转化。

5.2 我国发达经济区发展的政策经验

5.2.1 京津唐地区经济带的政策经验

我国京津唐地区东临渤海，是我国重要的工业基地。京津冀地区是当前我国经济发展的重要核心区，而京津冀合作的核心则是京津唐地区，京津唐的区域合作对于京津冀乃至我国经济整体协调发展都有着关键的、积极的作用。作为环渤海经济圈的核心，京津唐地区在多年的区域经济一体化发展中

① 张明龙．日本运用长期发展规划推动科技创新［J］．学理论，2009（19）：36－37.

积累了宝贵的政策经验，主要体现在以下三个方面：

（1）强化京津唐发展基础。京津唐地区的经济基础及实力可谓雄厚，其中北京是中国的政治、经济、文化与国际交往中心，是综合性产业城市；天津商贸中心的地位与作用不断加强，已经成为全国南北物资交流的重要枢纽和辐射东北、西北、华北地区的商品集散地；唐山是中国近代工业的摇篮；京津唐新兴的开发区更是国内快速发展的典型之一，在钢铁、化工、高新技术产业、汽车制造、金融、商业和贸易等方面亦处于全国领先地位。京津唐地区经济发展能够充分利用其明显的政治经济优势，其政治文化使得该地区自 20 世纪 80 年代末以来成为中外企业的云集之地，越来越多的跨国公司在该地区设立中国的投资总部。

（2）发挥人力资源的功效。北京是全国最大的科学技术研究基地，有中国科学院等科学研究机构和号称中国硅谷的北京中关村科技园区，每年获国家奖励的成果占全国的 1/3；天津也有天津大学、南开大学等名校作为在科研方面强有力的后盾。该地区仅北京、天津就拥有 80 所普通高校、453 所中等职业学校，其中不乏全国乃至世界一流的高等学府和科研院所。该地区在科技资源的拥有量、科技应用与开发的实力，以及人才培养与选拔等方面都具有明显的优势，凭借人力资源优势吸引大量跨国公司在其投资、设立研发机构，形成了合理的人才结构及良好的人才培养选拔机制，从而促进该地区经济的良性发展。

（3）抓住战略发展新机遇。京津唐地区在“十一五”时期，抓住诸多有利的环境因素和战略发展机遇进行一系列调整。主要包括：一是调整区域发展格局，以致珠三角和长三角的部分制造业企业开始向环渤海地区转移，使中国北方省份的经济呈现出新的机遇与活力；二是抓住 2008 年奥运会战略发展机遇，启动奥运经济引擎，其大规模的投资达 16 亿美元，对相关产业的带动投资达到 5 ~ 10 倍，极大地拉动了京津唐区域经济的发展；三是加快外资北上步伐，促使外商在中国的投资流向不断地由南部沿海向中部沿海和北部沿海地区转移，外资的大量进入和国际贸易的拓展对京津唐经济产生了积极的拉动效应。

2014 年 2 月习近平书记强调，实现京津冀协同发展是一个重大的国家战略；有专家预测，2030 年将会实现京津冀区域一体化目标。

5.2.2　长江三角洲经济区的政策经验

长江三角洲经济区（以下简称长三角地区）是我国最早开展区域经济合作的区域之一。长三角地区包括上海市、江苏省、浙江省和安徽省4个省份及直辖市，共计30个城市，包括上海、苏州、无锡、常州、镇江、南京、扬州、南通、泰州、盐城、淮安、徐州、宿迁、连云港、杭州、宁波、舟山、绍兴、湖州、嘉兴、台州、金华、衢州、丽水、温州、合肥、马鞍山、芜湖、滁州、淮南市。长三角地区区位条件优越，自然禀赋优良，经济基础雄厚，体制比较完善，城镇体系完整，科教文化发达，已成为全国发展基础最好、体制环境最优、整体竞争力最强的地区之一，在中国社会主义现代化建设全局中具有十分重要的战略地位。2010年5月，国务院正式批准实施的《长江三角洲地区区域规划》明确了长江三角洲地区发展的战略定位，即亚太地区重要的国际门户、全球重要的现代服务业和先进制造业中心、具有较强国际竞争力的世界级城市群；到2015年长三角地区率先实现全面建设小康社会的目标；到2020年力争率先基本实现现代化。长三角地区在区域合作方面积累了诸多的经验，可为完善我国区域合作、促进“八大经济区”发展提供有益的启示，主要包括以下三个方面：

（1）促进地方政府自愿合作。在长三角地区，上海市等30个城市已形成了区域内相互沟通和共同发展的渠道和机制，在交通、市场、信息、金融和人才等方面进行全面的合作，为区域经济的发展注入了活力。地方政府通过参与区域合作追求并实现区域利益、综合发展效应，这是推动区域合作的根本动因。从这个意义上讲，区域合作应像长三角地区这样由地方政府自发自愿、自下而上开展才更具生命力，这对于目前仍希望国家出面建立跨区域组织，来推动本地区域合作的一些地区而言具有积极的借鉴价值。

（2）构建发达交通通信网络。发达的交通通信网络是生产要素流通的重要依托。长三角地区拥有水路、铁路、公路、航空、管道等现代化的运输方式，已经形成了以上海为枢纽，南京、杭州为次级枢纽，以铁路运输和江河运输为主干道的区域综合交通运输网络。已建成的宁汉光纤电缆、宁沪杭微波干线，为地区之间开展横向联合、实施经济一体化提供了有力保证；发达的交通网络，使长三角成为国内外资金流、人才流、商品流、信息流、技术流的交汇之地，成为跨国公司和国内著名企业理想的投资场所，为推进长三角都市圈崛起提供巨大动力。

（3）发挥龙头城市引领作用。上海作为长三角地区核心城市，通过大力转变发展方式、发展面向整个都市圈的服务业等方式，实现了打破区域壁垒、以创新促进产业升级等发展目标，并提高了单位土地上的就业数量及产出。龙头城市的核心作用对深化区域合作至关重要，因而长三角经济在区域发展过程中充分注重龙头城市的引领作用，充分发挥龙头城市的组织功能，增强其对区域经济的组织能力和对资源的整合能力，进一步提升其区域中心地位，这也为其他合作城市创造了新的发展机遇，从而带动了区域整体实力的提高①。

5.2.3 珠江三角洲经济区的政策经验

珠江三角洲经济区（以下简称珠三角地区），地处中国广东省珠江三角洲区域的9个珠江三角洲经济圈地级市组成的经济圈，9个地级市指广州、深圳、珠海、佛山、惠州、肇庆、江门、中山和东莞市。最早由广东省政府在1994年确立，其发展主要得益于邻近香港，香港一直是珠三角地区的主要投资来源。2009年1月，国家发展和改革委员会在国务院新闻发布会上公布了《珠江三角洲地区改革发展规划纲要（2008—2020年）》，其战略定位是：探索科学发展模式试验区、深化改革先行区、扩大开放的重要国际门户、世界先进制造业和现代服务业基地及全国重要的经济中心。目前，珠三角地区是中国改革开放的先行地区，在全国经济社会发展和改革开放大局中具有举足轻重的战略地位，其发展的政策经验主要包括以下三个方面：

（1）充分利用先天优势。珠三角地区具有先天优势，即区位优势、交通优势和产业基础优势。在区位优势上，其经济体均处于东南沿海经济发达地区，地域宽广，资源丰富，有良好的人力物力基础；在交通优势上，三大区域经济体都拥有众多的港口群，与内陆腹地有大量铁路公路相连，水陆空交

① 赵峰，姜德波．长三角区域合作机制的经验借鉴与进一步发展思路［J］．中国行政管理，2011（2）：81－84.

通极为便利；在产业基础优势上，珠三角地区工业化起步程度早，产业基础比较雄厚，发达的产业集群和完整的产业链形成了对投资的强大吸引[①]。

（2）发展特色化产业群。珠三角地区确定了自己的产业发展战略，并在十余年的发展过程中形成了众多颇具市场竞争力的特色产业群，并不断进行产业升级与结构优化，对外贸易业绩突出，带动了经济区的快速发展；同时不断进行产业转移，使集聚产业突出集中于高新技术产业和机械制造业，逐步形成了电子信息和电器机械、专用设备、汽车、建筑材料、纺织服装、医药、石化、食品饮料和森工造纸9大支柱产业。

（3）发挥中心龙头作用。珠三角地区加快改革步伐，培养创新机制，提高经济增长中的科技含量，积极开展国际经济贸易往来，参与经济全球化进程，推动我国经济社会快速发展。珠三角地区通过技术交流、合作创新、人员培训等途径不断提高技术水平，大力促进珠三角制造业的快速发展；同时通过着力发展金融、物流、旅游、会展、中介和信息服务等现代服务业，发挥区域经济中心作用，进一步拉动珠三角经济增长。

5.2.4 广西北部湾经济区的政策经验

广西北部湾经济区（以下简称北部湾地区）地处我国沿海西南端，由南宁、北海、钦州、防城港、玉林、崇左所辖行政区域组成。2008年2月国务院批准《广西北部湾经济区发展规划》，中央政府赋予其功能定位是：立足北部湾，服务“三南”（西南、华南和中南），沟通东中西，面向东南亚，充分发挥连接多区域的重要通道、交流桥梁和合作平台的作用，以开放合作促开发建设，努力建成“中国－东盟开放合作”的物流基地、商贸基地、加工制造基地和信息交流中心。[②] 经过多年来大力建设，北部湾地区成就斐然，并在其发展过程中形成了一些初步的经验，主要包括以下六个方面：

（1）立足区位优势，打造大西南出海通道。北部湾地区位于中国华南经济圈、西南经济圈和东盟经济圈的结合部，是中国大陆东、中、西三大地带

---

① 周璐．长三角、珠三角和京津冀经济圈发展特征比较［J］．中国商界，2008（6）：34－37

② 聂正标，王宏新，甄磊．北部湾地区发展历程与经验研究［J］．中国集体经济，2011（2）：37－38.

交汇点，更是中国西部唯一沿海的地区，是最便捷的西南出海大通道，是中国对外开放、走向东盟、走向世界的重要门户和前沿，在中国与东盟、泛北部湾、泛珠三角、西南六省区协作等国内外区域合作中具有不可替代的战略地位和作用。从内陆地区出海来分析，便利的交通和较短的运输距离使得北部湾成为我国西南地区最佳出海口，即使是相对于其他沿海经济已经比较发达的城市和港口，北部湾经济圈港口的对外贸易的区位优势也非常明显①。

（2）借助资源优势，提升经济区发展活力。区域发展战略产业选择的成功与否，直接关系着区域经济发展的前途和命运。北部湾地区地处我国南部沿海，优良港口众多、通航方便，并拥有丰富的港口岸线资源、土地资源、淡水资源、生物资源、农林资源、矿产资源和海洋资源等。另外，北部湾经济区与中东等世界性产油地区通航距离较短，是建立大型石油储备基地与铁矿石储藏及深加工基地的最佳地点。北部湾地区各级政府积极研究、不断探索与实践，规划和建立了一大批石油储备基地、铁矿石加工基地，极大地满足了国家矿能资源需求，并为北部湾地区经济发展注入了新活力②。

（3）发展港口经济，推进经济区建设进程。港口从某种意义上已成为北部湾地区发展的重要基础。北部湾经济区海岸线曲折，即东起粤桂交界处的洗米河口，西至中越边境的北仑河口，长1500多千米，且纬度较低，有多处大型深水不冻港，海港条件优越。目前，北部湾各地区以港口为中心来发展港口贸易和临港工业，以港兴市、依港促工，依靠港口对产业与人口聚集效应、集约效应、规模扩张效应，推动资源配置方式和经济增长方式的根本转变，在工业化和城市化的有机结合中把北部湾地区的经济、社会建设推进到一个更高的发展阶段，实现经济、社会共同快速健康发展③。

（4）注重特色产业，打造经济区发展亮点。以项目带动、培育和壮大能充分发挥资源优势和区位优势的特色产业，是北部湾经济区发展的一个着力点，

① 李顺明，冯敏，王单娜，等．促进广西北部湾经济区开发建设的财税政策研究［J］．广西财经学院学报，2010（1）：24－29.

② 李香菊，祝玉坤．区域经济协调发展与税收政策：一个新经济地理学的视角［J］．税务研究，2011（7）：24－28.

③ 广西财政厅课题组．促进广西“两区一带”发展的财政政策研究［J］．经济研究参考，2011（23）：14－20.

也是区域经济能步入发展快车道的一个重要支撑。北部湾经济区具有沿海、沿江、沿边三重叠加地理优势，是与国内其他经济区相比所具有的鲜明特征。在一定程度上，北部湾经济区经济社会发展的潜力、后劲、未来均在沿海。经济区围绕重大产业布局，全力推进石油化工、林浆纸、能源、钢铁和铝加工、粮油食品加工、海洋、旅游和物流等临海重大特色产业项目建设，在增强企业竞争能力、壮大工业经济、推进产业优化升级的同时，打造了经济区发展亮点。

（5）培育区域文化，发展经济区文化产业。北部湾文化是广西文化的重要组成部分，以海洋文化为主要特征而使其文化形态和内涵具有多样性。有1500千米海岸线的北部湾地区所孕育出的海洋文化，对北部湾经济区美丽的山水文化、旖旎的边境风光、斑斓的民俗风情、悠久的历史文化雍容吸纳并相互辉映，形成主题风格突出又多姿多彩的地域文化体系，具有强烈的文化吸引力和辐射力；同时随着对北部湾文化资源的深入开发和优化配置，该经济区注重发展文化精品，提高其地区的文化品位，打造文化品牌，发展文化产业，并将文化力转化为社会生产力，加速了北部湾经济区的经济和社会发展。

（6）重视人才培养，加快经济区人才开发。2011 年 3 月北部湾地区提出：必须加快实施重点产业、外向型高层次人才、人才公共管理与服务、紧缺专业人才四项人才开发工程，以提升广西北部湾经济区内人才整体素质和国际化水平。在重点产业人才开发工程方面，实施了“北部湾英才”、重点企业经管管理人才培养计划等，提升了专业技术人才创新和企业国际竞争能力；在外向型高层次人才开发工程方面，实施了外向型人才培训计划、国外智力引进计划等；在公共管理与服务人才培养工程方面，实施了公共管理人才开发计划、社会工作人才培养计划；在紧缺专业人才培养工程方面，大力引进和培养紧缺专业人才。

5.3 国内外政策经验对“八大经济区”的启示

5.3.1 完善低碳经济发展政策体系

低碳经济是依靠制度创新、技术革新、产业转型、能源开发等手段，限制和减少温室气体排放，以节能减排为发展方式，构筑能耗低、污染少、排放小、效能高、效率优、效益好的绿色经济发展体系。“低碳经济”最早于2003年出现在英国能源白皮书《我们能源的未来：创建低碳经济》中，之后迅速被世界许多国家重视和采纳，成为一种新型的可持续发展模式。黑龙江省作为重要的老工业基地和粮食主产区，发展低碳经济对黑龙江省经济及其“八大经济区”的重要意义在于：有利于发挥自身优势实现经济增长方式由粗放型向集约型的转变；有利于推进社会主义新农村建设；为黑龙江省农、林业发展提供机遇；为未来国家承担碳减排义务做准备①。构建低碳经济政策体系应坚持“市场主导与政府引导相结合、技术创新与制度建设相结合、生产领域与消费领域相结合”的原则，在财税、金融、能源、产业、消费等领域进行综合性的全方位政策体系构建。

（1）财税政策方面。通过完善税收奖惩机制和进行税收减免优惠等手段来引导全省低碳经济的发展，借鉴诸如英国的气候变化税、碳基金和德国的生态税等方面的政策措施，在节能减排、发展低碳经济方面制定更多、更细致的法律制度。利用减免税和财政投入政策支持“八大经济区”企业发展低碳经济，鼓励节能、高效、低耗的新技术开发、新企业发展和新产品涌现，为黑龙江省从老工业基地向新型工业化道路转变提供可靠保障。

（2）金融政策方面。黑龙江省应鼓励银行等金融机构提高自身的环保与社会责任意识，立足长远发展，引导社会资源和民间资本向“八大经济区”低碳产业特别是新兴低碳产业注入资本，利用资本市场培育低碳产业龙头企业；建立健全排污权交易市场，参考英、美、日和澳大利亚等国制定的排放交易机制，通过市场竞争实现二氧化碳排放权最佳配置，减弱排放权限制给经济带来的扭曲，间接带动高能效、低排放技术的开发和应用，鼓励企业以最低成本投资于能源效率和洁净技术②。

（3）能源政策方面。黑龙江省应建立能耗效率管制制度，制定严格的能耗效率和耗油标准，借鉴日本的“最强者方式”，即在家电、汽车、新建住宅

① 韦恒，柴方营，李友华．黑龙江省低碳经济发展战略研究［J］．商业研究，2010（8）：132－135.

② 任力．国外发展低碳经济的政策及启示［J］．发展研究，2009（2）：23－27.

及其配套设施等行业中，将能源效率最好的产品作为整个行业标准，促使企业革新技术、节能降碳；推广节能产品，逐步淘汰高耗产品和企业，通过开展节能运动和加强监管，防止能耗效率问题死灰复燃；保证能源消耗结构的调整与产业结构、能源消费总量相适应，避免过度削减能耗造成经济秩序混乱和产业结构扭曲。

（4）产业政策方面。黑龙江省应发挥政府和市场的作用，清除不利于产业结构升级的政策，调整高碳行业布局，积极发展高新技术产业和现代服务业，用高新技术改造工业、农业等传统产业，实现低碳转型；限制高碳产业的市场准入，因地制宜、及时调整市场准入门槛，避免盲目追求投资额而忽视长远发展目标；随着发达国家和地区低碳经济的发展，会出现碳密集产业和高能耗项目向外迁移的情况，黑龙江省应严把关口，避免成为转移浪潮中的牺牲品。

（5）消费政策方面。黑龙江省应在强化社会低碳消费系统的基础上，大力倡导“节约型”资源利用方式，引导大众树立科学理性的低碳消费观念；强化自主意识，鼓励使用清洁能源和低能耗产品，推进能耗认证在生活领域中的推广，激发消费者对低能耗产品的消费欲望，逐步淘汰高碳产品；通过人们消费意愿的改变，达到坚持绿色消费理念、提倡低碳生活方式的目的，利用市场机制和经济杠杆促使企业减碳，进行低碳技术革新和商品转型。

5.3.2 促进农林业政策生态现代化

生态现代化是一门环境改革的社会科学和一种不断深化的社会趋势。它产生于20世纪80年代初，由德国专家胡伯等人在柏林自由大学和社会科学研究中心予以提出，是在对造成全球生态危机的工业现代化进行反思的基础上形成的，其核心内容是以发挥生态优势推进现代化进程，实现经济发展和环境保护的双赢，体现了一种新的发展理念。黑龙江省存在着传统产业的资源能源消耗大、污染排放量高、产品附加值低等问题，严重制约了城市的可持续发展和经济建设，而生态现代化的发展能有效缓解资源短缺和环境污染问题，是实现可持续发展战略、建设生态和谐社会的重要手段。生态现代化经过世界各国的积极探索，在循环经济和产业生态化的具体实践中取得不俗成绩，如日本的循环型社会模式和美国的杜邦模式，这为黑龙江省发展农林业生态现代化建设提供了政策借鉴，其内容主要包括以下五个方面：

（1）促进生态产业化。通过评估和发掘黑龙江省的生态资源优势，运用政策引导、财政补贴、社会参与等手段，将资源优势转化为生态产业。如对旅游业的开发，可结合黑龙江省得天独厚的生态资源，打造“湿地旅游”“冰雪旅游”等旅游品牌，并发掘生态旅游新的增长点；发展生态农业，把现代科学技术成果与农业技术相结合、粮食生产与经济作物生产相结合、种植业与农林牧副渔业相结合，将三次产业串联为有机整体，形成具有生态合理性的良性循环体系。

（2）推进产业生态化。在资源潜力、生态劣势及优势、市场条件等全面调查分析基础上，以经济与环境保护相协调为目标，对生态农业产业进行总体规划，实现产业生态化的良性循环；优化产业结构，将生态观念融入各产业发展政策中，对现有产业进行生态化改良，限制有害环境项目建设，避免“先污染、后治理”的老路，鼓励绿色经济特别是第三产业的发展，发挥其投资少、见效快、环境影响小的特点，盘活整个产业。

（3）发挥政策能动性。完善财税政策，探索促进黑龙江省产业生态化财政投入稳定增长机制、企业污染治理补救机制和企业清洁生产补贴机制，通过减税退税等手段鼓励和扶持清洁能源和循环技术的开发及应用，提升产业生态化的活力和动力；加强立法保障，借鉴国内外先进经验，结合实际情况制定和完善产业生态化相关政策法令，充分调动市场积极性，发挥政府宏观调控能力，建立健全监督管理和激励处罚机制，为生态化建设保驾护航。

（4）建设生态化工业。在促进第一产业生态化过程中，不能割裂第二产业与第一产业间的内在联系，通过建设生态工业促进黑龙江省发展生态现代化的进程；学习发达国家和地区的先进经验，运用生态工业技术，遵循生态规律、经济规律建设生态工业园区，使工业生产过程中尽量做到废料再资源化，生态园区内企业通过分享副产品避免工业废弃物对环境的污染，降低工业生产成本，从而取得更好的经济效益，实现资源、能源的节约和保护自然环境、生态环境的目的。

（5）加大扶持的力度。积极组织黑龙江省金融、财政、税务、科技、环保和国土资源等有关部门支持和参加生态产业建设，制定优惠政策，增加资金投入，在全社会创造有利于生态产业建设的政策和投资环境，充分普及生态知识，支持生态技术研发，建立生态产业信息网络。搭建信息平台，政府应发挥“指挥棒”和“协调员”的作用，按照循环经济理论为企业提供交流平台和沟通渠道，为生产副产品寻找出路，实现“废料变材料、污染变资源”方式的转变。

5.3.3 构建发展商贸旅游政策平台

商贸与旅游是两个综合性强、关联度高、潜力巨大的产业，是现代服务业的重要组成部分，两者联系紧密、功能互补，商贸中蕴藏着旅游要素，一个市场即是一个旅游景点；旅游中的“吃、住、行、购”等要素也隐藏着商贸的身影。许多地区将商贸旅游相结合作为产业培育重点，统筹推进，取得了显著的经济社会效益。以商带旅、以旅促商的互动发展模式值得黑龙江省学习，商旅体系在调控资源配置和流向方面将会发挥着重要作用，可进一步影响到全省乃至全国经济的增长。构建商贸旅游政策平台，其措施主要包括以下五个方面：

（1）扩大商贸旅游城市圈。制定黑龙江省商贸旅游中心发展规划，以存量调整为主、增量调整为辅的原则引导商贸旅游业有序发展，同时以交通干线为渠道，充分发挥中心城市的龙头核心作用和集聚辐射功能，进一步建设沿边开放城市带，遵循“连点成线、多线成面、以点促线、以线带面”的发展模式，整合旅游资源、凝聚商贸引力。构建现代化的物流和客运体系，强化重要枢纽城市的建设，整合现有设施和资源，发挥集群优势，加强交通综合运输能力，同时发展配套服务业，利用高质量的交通运输服务网络盘活整个商贸旅游经济体系。

（2）改造提升低层次业态。黑龙江省政府及有关部门应加强对商贸旅游的检查监管，这是保证其健康发展的重要手段。通过设立多部门协同的监管机构，重点审查建设规划制定及实施的科学性和效率性，政策执行及财务管理制度的合法性和有效性，以及政府财政投资及其各类财政资金管理的合规性和效益性，以保证商贸旅游的健康、快速发展。此外，应提升低层次商贸旅游的服务水平，针对不同消费者的特定需求提供有效服务，加强交易信用建设，建立交易信用评估体系，推行现代经营方式，以达到优化城市商贸旅游环境的目的。

（3）构建贸易旅游“大体系”。努力消除黑龙江省国内外贸易体系间的壁垒，促进国内外贸易和旅游的融合，推动大宗商品和服务的交易；开展商品贸易多元化、旅游项目多样化的合作，利用区位条件和地缘优势与接壤国家和相邻省份开展科技、经贸和旅游的交流，强化产业分工、促进密切联系，互通有无、优势互补；拓展投资融资渠道，增强政府的服务功能，加强基础设施改造和新技术引进，改善投资环境，搭建招商引资平台、减轻投资企业负担和开展“以外引外”工作，进一步提高对外商投资的吸引力。

（4）优化人才及政策结构。鼓励和支持黑龙江省优势企业的发展，提高对商贸旅游业从业人员的吸引力，固化本地人才、吸收外地人才；加强对高校相关专业人才的培养力度，从源头解决从业人才稀缺问题；强化从业人员的培训与考核，逐步完善产业内部竞争机制；优化商贸旅游人才结构，创新人才引进政策，各级政府可从节约交易成本和行政成本、降低创新风险等方面支持商贸旅游创新；通过户籍、土地、投入等政策的设计与实施，进一步推进体制与机制创新，为商贸和旅游发展营造良好的政策环境。

（5）发展边缘化生态产业。浙江义乌购物旅游模式和广州越秀特色街区模式是商贸旅游的两个典型案例，其发展模式值得黑龙江省予以借鉴。如确定品牌发展方向，围绕城市品牌进行整体规划和包装推广，利用品牌效应提升旅游地形象，扩大国内外影响力、展现人文社会环境，在吸引投资的同时也为城市商贸发展注入充沛活力；通过品牌的凝聚力和示范效应，带动相关产业的发展，比如观光旅游经济、纪念品经济等，这些边缘化生态产业的发展会对品牌起到反哺作用，发展观光旅游经济等边缘化生态产业，实现生态资源的可持续利用，提高经济效益。

5.3.4 加强技术引进创新政策支持

日本是公认的20世纪发展最快的国家，仅用了20余年便走完了资本主义200多年的发展道路，其中重要的原因便是实现了从技术引进向技术创新的过渡。进入21世纪特别是金融危机发生以来，世界各国将创新提升为国家核心战略。如美国奥巴马政府出台了《美国创新战略：推动可持续增长和高质量就业》，加快知识产权转化速率，实行宽松的绿卡和签证计划引进高层次人才；欧盟推出《创建创新型欧洲》，建立蓝卡制度吸引外来人才；日本通过《创新25》报告颁布了《研发力强化法》，提出以吸引中韩的亚洲留学生为主的“亚洲人才构想”。这都预示着新一轮科技革命和技术竞赛正如火如荼地展开，依靠创新实力抢占国际地位、掌握世界话语权已成为世界各主要国家和地区的共识和竞争的焦点①。技术引进和创新是当前世界各国提高技术水平的重要举措，加强技术引进和创新过程中的政府引导，有助于提高技术创新能力，确保国家经济的安全。加强技术引进和创新，其内容主要包括以下四个方面：

（1）完善科技创新法规。科技创新法规体系是某一地区全部科技法规组成的集合。黑龙江省建立系统的科技创新规范体系必须将宏观的科技政策上升为科技创新法律法规，扩大技术引进范围，通过制定和完善与技术引进及科技创新相关的法规和政策体系，以规范企业的技术引进行为，强调并突出技术引进和科技创新主体与有关部门之间协调的权利和义务，确立政府在整个活动中的地位和作用，使科技引进与创新活动有章可循、依法开展。

（2）健全成果转化政策。黑龙江省应实施技术引进与消化吸收工作的一体化管理，强化宏观调控的力度，加强部门、地区协调，加强对技术引进的宏观引导和重大引进项目的审批；加强科技成果的知识产权保护，缩短知识产权审核周期，提升科技成果转化为生产力的速率；发挥政府在科技成果转化主体间的纽带作用，促进“产学研”一体化机制的建立，可效仿日本设立专门的科研成果转化机构，负责产学研三方的协调沟通等工作，加速科技创新成果商业化、商品化的过程。

（3）强化科技投入政策。世界公认的创新型国家的研发投入占GDP（国民经济生产总值）的比例一般在3%以上，说明科技投入是科技创新的基础，这也为“八大经济区”发展提供了借鉴：使科技投入成为一种常态的、持续

① 郭生练．深化科技体制改革 加快创新湖北建设［J］．政策，2013（6）：8－16.

的政策，为科技投入提供保障；通过税收优惠政策和财政扶持政策，激励企业转变为科技投入的主体；完善风险投资法规体系，通过建立行业专业机构和专门基金来强化科技政策支持，利用风险投资政策和法规能帮助企业有效规避风险，为科技创新提供良好的政策环境。

（4）完善人才培养引进。人才在科技创新中的地位和作用极为重要，要达到以政策吸引人才、留住人才的目的，黑龙江省应采取有效措施，如建立健全专业人才科技素养培训制度，结合每位人才的专长和能力进行针对性培训；完善科学的人才选拔政策机制，打破单一的专家小组评定形式，建立社会评价、推荐和认定的多元化选拔机制；企业、高校与政府协同配合，构建“产学研”联盟，推进人才的培养和引进，实现人才合理、高效的流动，发挥人才在实践中的能动作用。

5.4　本章小结

本章阐述了发达国家（美国、法国、德国、日本）的经济区发展，以及我国京津唐地区、长江三角洲、珠江三角洲和广西北部湾经济区发展的政策经验，提出包括建立完善低碳经济政策体系、促进农业林业政策生态化、构建发展商贸旅游政策平台和加强技术引进创新政策支持等成功的经验借鉴，起到承接第3章和第4章并与之比较的作用，为第6章、第7章和第8章政策建议的提出奠定基础。

6 黑龙江省八大经济区发展的经济激励政策建议

黑龙江省2001—2013年国民经济生产总值（GDP）增长按可比价格计算保持在9.3%～12.7%；三次产业产值结构趋于合理，第三产业的比重和对经济增长的贡献率持续走高；财政收入自2006年后增速较快，财政支出增速保持稳定（见表6－1）。

表6－1　黑龙江省2001—2013年经济发展概况　单位：亿元

年度	GDP	三次产业			财政收支	
		第一产业	第二产业	第三产业	公共财政收入	公共财政支出
2001	3390.2	435.6	1773.4	1181.2	213.6	478.3
2002	3637.2	474.2	1843.6	1319.4	231.9	531.9
2003	4057.4	504.8	2084.7	1467.9	248.9	564.9
2004	4750.6	593.3	2487.0	1670.3	289.4	697.6
2005	5513.7	684.6	2971.7	1857.4	318.2	787.8
2006	6211.8	750.1	3365.3	2096.4	386.6	968.5
2007	7104.0	915.4	3695.6	2493.0	440.2	1187.3
2008	8314.4	1088.9	4319.8	2905.7	578.4	1542.3
2009	8587.0	1154.3	4060.7	3372.0	641.6	1877.7
2010	10368.7	1302.9	5025.2	4040.6	755.6	2253.3
2011	12582.0	1701.5	5962.4	4918.1	997.5	2794.1
2012	13691.6	2113.7	6037.6	5540.3	1163.2	3171.5
2013	14382.9	2516.8	5918.2	5947.9	1277.4	3369.2

数据来源：《黑龙江省统计年鉴（2014年）》。

综合各方面因素，黑龙江省经济表现出良好的发展态势和发展后劲，为加快黑龙江省八大经济区的经济发展，本书从产业政策、财政政策、税收政策和金融政策着手，探讨经济刺激政策对经济发展的推动作用。

6.1 “八大经济区”发展的产业调节政策

加快发展黑龙江省八大经济区产业调节政策，其总体要求主要包括：积极发挥区位优势，建立地区间产业发展互补机制，制定城市发展规划，加强城市与区域规划的引导作用，强化城市化空间发展的载体与支撑作用，优化产业空间布局；做好招商引资工作，拓展融资渠道，充分重视各地区的招商引资和融资，搭建银企对接平台，利用好民间资金，为“八大经济区”的进一步发展提供有效的资金支持；改善产业发展外部环境，对公用设施实施多元化经营，加强公共服务事业建设，创建完整的信息共享平台机制，整合相关信息，将各类行政决策事项、非涉密文件及时向社会公布，使企业及时了解准确的信息；加强人力资源开发，制定人力资源开发综合规划，发展各级各类教育，提高市民综合素质，为产业结构空间布局优化提供智力支持等。针对目前黑龙江省产业结构、产业布局状况及产业政策存在的问题，发展“八大经济区”的产业调节政策主要包括调整三次产业比重关系、充分发挥主导产业优势、优化产业布局及其结构和改善产业发展外部环境。

6.1.1 调整三次产业比重关系

经济发展取决于生产力的发展水平和结构布局的合理优化程度，产业结构的不断调整、优化和升级为经济的持续、健康、稳定发展提供了保证，其中三次产业的合理比重关系对产业结构调整和均衡发挥着不可替代的作用。综合发达国家工业发展进程可知，随着经济发展三次产业比重变化呈现出一定的规律，即第一产业所占 GDP 比重不断下降，第二产业所占 GDP 比重先迅速增长后趋于稳定，第三产业所占 GDP 比重则不断上升。目前，黑龙江省经济发展存在着三次产业比重不合理和第三产业发展滞后等问题，为实现三次产业比重的合理优化和“八大经济区”的平稳、快速发展，其政策措施应突出农业基础地位、推进工业快速发展和大力发展第三产业。

（1）突出农业基础地位。农业在国民经济发展中的基础地位是不可动摇的，其快速、稳定发展在促进工业化发展、保证国家粮食安全、维持社会稳定等方面发挥着至关重要的作用。黑龙江省是农业大省，2013 年全省农业生产总值所占比重为 17.5%；农村人口比重较大，乡村人口占全省常住人口比重 42.6%（见表 6－2），因而农业的持续发展对加快黑龙江省经济及全国农业发展尤为重要。

表 6－2　　黑龙江省 2001—2013 年城乡人口状况

年度	城镇人口数（万）	城镇人口百分比（%）	乡村人口数（万）	乡村人口百分比（%）
2001	1996.2	52.4	1814.8	47.6
2002	2004.5	52.6	1808.5	47.4
2003	2006.3	52.6	1808.7	47.4
2004	2014.5	52.8	1802.3	47.2
2005	2028.4	53.1	1791.6	46.9
2006	2045.3	53.5	1777.7	46.5
2007	2061.1	53.9	1762.9	46.1
2008	2119.0	55.4	1706.0	44.6
2009	2123.4	55.5	1702.6	44.5
2010	2133.7	55.7	1699.7	44.3
2011	2166.2	56.5	1667.8	43.5
2012	2181.5	56.9	1652.5	43.1
2013	2201.3	57.4	1633.7	42.6

资料来源：《黑龙江省统计年鉴（2014 年）》。

黑龙江省应积极落实强农惠农富农政策，在大力促进农业生产经营、农村经济发展和农民持续增收等方面发挥积极的、重要的支持作用，充分发挥农业优势，加快农业科技创新和加强基础设施建设。

第一，充分发挥农业优势。黑龙江省应确保粮食产量稳定增加，在总体战略方面，坚持“稳定种植面积、注重粮食单产、改善产品品质、提高经济效益”的发展思路；在种植面积方面，形成玉米、水稻、大豆的“954”种植结构，确保主要农作物的年产量；在方案实施方面，积极开展粮食高产创建活动，加快“乡县市”的整体创建步伐，突出标准化、规模化和专业化的特色，巩固黑龙江省全国粮食总产和商品粮第一大省的地位。

加快发展黑龙江省其他农业，采取有区别、有针对性的政策发展规模化养殖场、养殖小区和养殖大户，不断优化养殖、畜牧产业结构，加快养殖业向市场化、产业化和集约化发展模式转变；通过引进新品种、推广新技术、建设标准园等方式扩大有机、绿色蔬菜的生产规模，加快蔬菜产业的专业化、规模化和标准化进程；通过建立特色标准化生产基地，扩大蜂、鹿、珍禽、蓝莓、北药等动植物的养殖和种植规模，加快特色产业发展。

第二，加快农业科技创新。黑龙江省应研究与发展现代种业，建立种质资源共享转化平台，加强对优良、特异种质资源的保护、收集、利用、鉴定和评价；扶持“育繁推一体化”的种子企业，逐步建立商业化、规模化的育种中心，加快种子产业的发展壮大；建立集教学、科研与实践为一体的人才培养机制，加大对高层次人才地方引进和培养力度，为种业发展提供人才保障；完善种业的市场体系建设，加大对种子购销环节的管理，加强对种业新品种的保护，强化农业、公安、工商等部门对种业品种的执法，维护种业市场的公平竞争。

促进黑龙江省农业科技成果转化，可通过国家现代农业示范区、国家现代农业科技示范园区、国际农业科技创新中心等园区的建立，构筑现代农业发展技术高地；积极推进农业科技合作共建工程，探索建立“专家大院、院村共建、院县共建、校市联建”等模式，提高农民对科技的应用能力，促进相关农业科技成果的转化。

第三，加强基础设施建设。黑龙江省加强农业基础设施建设，主要包括加强农田水利、机械设备和土壤肥力。

- 农田水利建设。加快重点水利工程建设包括节水灌溉示范项目、重点县小型农田水利项目及牧区水利项目等，并加强境内河流和病险水库的建设，提高农业水资源的利用率，实现“旱涝保收”的稳产、高产目标。

- 加强机械设备建设。以黑龙江省农机合作社为中心加快引进现代、先进、大型和配套的农业机械设备，优化农机装备的结构；加快农区农机装备服务中心建设，注重对现代化大型农机设备的维护、保养与修理；加快省内六大农机产业集中区的建设，提高农机装备的生产和营销能力。

- 加强土壤肥力建设。鼓励黑龙江省农民使用生物肥和高效、低毒、低残留农药，引导农民采用先进手段多积、多造、多施有机肥，扩大秸秆还田面积，逐步提高耕地的土壤质量；加强对耕地的肥力、污染等情况的监测和统计，及时、有效地防治因农膜、农药、化肥、废水等造成的土壤污染和耕地破坏。

（2）推进工业快速发展。工业在国民经济发展过程中占据主导地位，目前黑龙江省工业呈现出发展速度加快、结构调整加速、企业实力增强和效益逐步提升的势头（见表6－3）。

表6－3　　黑龙江省2009—2013年工业总产值状况　　单位：亿元

类别	2009年	2010年	2011年	2012年	2013年
按登记注册类型分					
内资企业	6548.0	8690.9	10557.4	11480.0	12510.6
国有企业	1201.7	1405.4	1344.1	1337.9	698.5
中央企业	775.7	947.9	515.1	736.3	469.1
集体企业	126.7	128.3	144.4	141.9	93.6
股份合作企业	41.2	60.4	80.2	82.7	12.6
联营企业	3.0	5.1	11.9	12.9	18.0
有限责任公司	3048.8	3930.4	5016.1	5643.2	6632.8
股份有限公司	985.7	1356.4	1855.2	1598.4	1628.0
私营企业	1140.7	1805.1	2038.5	2564.7	3402.7
其他企业	—	—	67.1	98.2	24.3
中国港、澳、台商投资企业	114.0	159.2	205.9	290.5	323.5
外商投资企业	639.7	685.1	751.3	795.0	885.2
按轻重工业分					
轻工业	1798.7	2421.5	3125.8	3787.4	4724.6
重工业	5503.0	7113.6	8388.7	8778.2	8994.7
按企业规模分					
大　型	4085.3	4719.2	6246.7	6492.2	6404.8

续　表

类别	2009 年	2010 年	2011 年	2012 年	2013 年
中　型	1514.6	2165.6	1761.6	1904.5	2103.0
小　型	1701.7	2650.4	3074.0	4065.8	5054.2
微　型	—	—	432.2	103.1	157.1
按行业分					
采矿业	1623.6	2303.9	2960.9	2982.2	2754.0
制造业	4820.2	6267.1	7468.3	8397.9	9667.9

资料来源：《黑龙江省统计年鉴（2014 年）》。

黑龙江省存在着高新技术产业比重低、区域竞争力较弱等问题，因而应推进工业快速发展。其政策措施主要包括走信息化工业道路、加快中小企业发展和提高持续发展能力。

第一，走信息化工业道路。黑龙江省走信息化工业道路的措施主要包括建立信息服务平台、完善信息基地建设和积极推广信息技术。

• 建立信息服务平台。由省政府牵头、各行业协会负责协调，构建以“数据开发共享、专业人才培养、管理设计协同、电子商务交易、节能安全监测和工业服务分离”为核心的信息共享服务平台，推进信息化工程的深入开展，改善外部工业发展环境。

• 完善信息基地建设。继续完善全省移动互联网、物联网、云中端等信息网络建设，打造云计算示范平台和试点基地，将信息技术引入工业原料采购、生产加工、研发设计、市场营销、仓储管理等环节，提高工业企业的生产和运营效率。

• 积极推广信息技术。加快可编程控制器、驱动执行机构、产品生命周期管理系统、过程控制系统、嵌入式操作系统等硬件设备和工业软件的推广和应用，提高工业产品的科技含量和附加值，提升工业生产与经营的智能化和集成化水平，加快实现黑龙江省“以信息化带动工业化、以工业化促进信息化”的发展目标。

第二，加快中小企业发展。黑龙江省加快中小企业发展的措施，主要包括加快企业成长速度、提升集约发展水平和完善社会服务体系。

• 加快企业成长速度。加大对全省中小型企业的扶持和培育力度，积极实施中小企业成长工程，综合运用财税、金融政策鼓励其进入现代服务领域和战略性新型产业，引导其加快技术升级改造，提高其产品和服务的质量与档次，形成龙头型企业、骨干型企业与成长型企业相互协调、相互配套的省内发展格局。

• 提升集约发展水平。实行区域品牌发展策略，充分发挥各市、县、乡镇的区位优势，建立功能互补、特色突出、协作配套的区域产业群，提高“八大经济区”内中小企业的综合竞争力。

• 完善社会服务体系。各级政府应加强对“八大经济区”内中小企业的创业辅导、人才引进和技术培训，在产品的设计研发、技术推广和培训咨询等方面提供免费的服务；加快法律、财务、税务、营销、管理和资产评估等社会中介机构的发展，为中小企业的发展提供专业的咨询服务。

第三，提高可持续发展能力。黑龙江省提高可持续发展能力的措施，主要包括加快工业节能降耗、促进循环经济发展、大力推广低碳技术和切实淘汰落后产能。

• 加快工业节能降耗。健全节能法规等制度建设，建立固定资产投资工程节能审查制度，推行能源终端需求管理；以石化、建材、造纸、电力、冶金等行业为工作重点，构建工业节能降耗技术共享与传播平台，加快全省工业节能技术创新。

• 促进循环经济发展。在国家级、省级重点工业园区内，全面推行节能生产，开发并推广源头减量、废物交换、能量梯级等技术，以形成相关工业循环链条，加快工业园区的循环改造。

• 大力推广低碳技术。在全省范围内开展低碳技术应用示范工程，建设低碳工业园区试点，引导企业自主研发节能家电、可再生能源和轻质材料等低碳产品和低碳技术，促进传统产业的低碳技术改造，实现消费结构、能源结构和产业结构的优化和低碳工业体系的壮大。

• 切实淘汰落后产能。在黑龙江省范围内实施差别电价、水价、排污费等政策，加快高污染、高耗能、高耗水“三高”产业的淘汰步伐，推进全省重点产业和领域的节能减排。

（3）大力发展第三产业。由流通和服务部门构成的第三产业有利于促进国民经济持续、健康、有序发展，有效缓解就业压力，优化产业结构与布局，提高人们的生活水平。黑龙江省第三产业近年来呈现出良好的发展态势，增加值由2001年的1181.2亿元增到至2013年的5947.9亿元（见表6-4）。

表6-4　　黑龙江省2001—2013年第三产业增加值状况　　单位：亿元

年度	第三产业						
	总计	流通部门	批发零售	住宿餐饮	金融业	房地产业	其他
2001	1181.2	262.8	344.8	—	31.3	109.9	432.4
2002	1319.4	302.4	377.1	—	31.6	118.7	489.6
2003	1467.9	330.5	412.3	—	32.2	127.2	565.7
2004	1670.3	377.1	462.9	—	32.2	137.7	660.4
2005	1857.4	331.6	403.7	106.0	35.0	163.3	817.8
2006	2096.4	352.0	439.9	122.0	74.2	194.7	913.6
2007	2493.1	412.1	494.2	141.2	155.5	225.8	1064.3
2008	2905.7	434.0	610.5	167.9	177.4	244.5	1271.4
2009	3372.0	433.6	757.4	211.0	227.5	301.2	1441.3
2010	3917.5	469.3	880.8	240.1	288.2	370.8	1668.3
2011	4673.9	543.8	1060.3	275.8	350.8	465.6	1977.6
2012	5540.4	598.8	1339.1	367.4	485.1	522.3	2227.7
2013	5947.9	616.0	1458.1	403.9	551.2	553.1	2365.6

资料来源：《黑龙江省统计年鉴（2014年）》。

黑龙江省经济发展主要依赖于装备、石化等重工业的快速发展，第三产业发展相对滞后，远落后于发达省市和全国平均水平，因而大力发展第三产业特别是发展特色旅游、商贸物流、金融保险产业对优化黑龙江省产业结构具有重要意义。

第一，发展特色旅游产业。其措施主要包括加强旅游景区建设、突出旅游资源特色、改进旅游消费方式和注重旅游人才培养四个方面：

• 加强旅游景区建设。黑龙江省应采取财政补助与以奖代补相结合方式对特色旅游开发区给予补助，加大财政对旅游景区内道路、厕所等基础设施投入，重点支持5A、4A级精品景区建设，提升旅游景区对游客的吸引力。

- 突出旅游资源特色。充分利用黑龙江省神州北极、雪域林海、湿地界江和北疆风情等特色资源优势，逐步开发并增加精品线路和旅游品牌，提高旅游景区的知名度和吸引力，发挥其特色品牌效应。

- 改进旅游消费方式。黑龙江省旅游业发展可效仿南京、武汉、苏州等城市旅游消费方式，支持旅游企业通过让利的途径发行“旅游消费券”，同时加大旅游景区的宣传力度，拓展旅游市场化运作。

- 注重旅游人才培养。鼓励并支持旅游企业引进专业人才，加强对旅游从业人员在市场开发、产品推广和品牌宣传等方面的教育、培训和考核，提高人员的综合素质和旅游景区的整体形象。

第二，发展商贸物流产业。商贸物流是在商业贸易活动中进行的物流过程。黑龙江省加快现代商贸物流产业的发展，应立足现有优势和基础，从做大、做强、做优、做全、做活方面发展商贸物流产业。

- 做大商贸物流产业。对“八大经济区”的商贸物流业提升优势和档次，推进产业集约、集群发展，形成规模效应。其措施主要包括：要培育龙头企业，形成产业支撑，如黑龙江省农业龙头企业（飞鹤乳业、北大荒马铃薯和完达山乳业等）；引进战略投资者，打造大型企业集团；发展现代物流园区，推进集群发展。

- 做强商贸物流产业。做强“八大经济区”商贸物流产业，应整合和改造现有商贸物流专业批发市场、仓储设施，完善专业市场体系；引导企业物流实体加快物流配送中心建设，大力发展代理制、配送中心、直达供货、连锁经营等现代流通企业；探索电子贸易，发展电子商务，实现无店铺销售。

- 做优商贸物流产业。做优“八大经济区”商贸物流产业，应按照建设区域现代商贸物流中心的总体目标，推进经济区商网规划，避免低水平、重复性建设；促进现有运输、仓储、外贸、邮政、批发企业的服务延伸和功能整合，推动有条件的运输、仓储和代理等企业向第三方物流企业发展；运用现代科技提升商贸物流，大力采用现代科技改造提升传统商业，提高商贸物流业信息化水平。

- 做全商贸物流产业。做全“八大经济区”商贸物流产业，从内涵提升，逐步扩大经济区作为商贸中心的知名度和影响力；外向延伸，引导商贸物流企业向电信、旅游、租赁等行业拓展；完善配套产业，发展金融、保险、电子商务、中介、广告等现代服务业和保健、家政等新兴服务业，推进商贸物流繁荣发展。

- 做活商贸物流产业。做活“八大经济区”商贸物流产业，应围绕构筑商贸中心，制定有利于发展现代物流产业的财税政策和培育工商登记等优惠的政策环境；积极融入东北亚经济圈和国际经济大循环，着力招商引资、进行资本对接；坚持政府管理服务化和行业协会自律化，加快培育商贸物流产业生产要素市场。

第三，发展金融保险产业。黑龙江省发展金融保险产业措施，主要包括完善金融服务主体、建立金融服务联盟、拓宽保险服务领域和强化金融市场监管。

- 完善金融服务主体。实现金融服务主体多样化，积极引入境外金融机构，支持小额贷款公司等新型金融机构发展；加强金融服务产品创新，进一步拓宽金融服务领域范围；激励金融机构发展农村金融市场并注重对企业上市的服务等。

- 建立金融服务联盟。引入战略投资者与金融机构组建金融服务联盟，实现更多企业的并购重组和 IPO（首次公开募股）上市融资；完善重点粮食品种交易、碳汇交易、人民币与卢布交易、股权登记托管和木材交易等金融体系。

- 拓宽保险服务领域。吸引更多资质优良的保险服务主体在黑龙江省设立分支机构，鼓励大型企业投资保险公司，实现保险公司专业化和区域化目标；加强保险服务产品的创新，拓展保险服务领域等。

- 强化金融市场监管。强化黑龙江省银监会、证监会、中国银行等机构对各金融机构存贷款、投资担保、证券发行等行为的监督管理，杜绝幕后交易等问题的发生，改善金融生态环境。

6.1.2 充分发挥主导产业优势

黑龙江省依托稳定的粮食产量、丰富的石油资源、雄厚的工业基础和充沛的人力资源等优势，经济发展呈现出稳定、持续的态势，并逐步形成以装备产业、石化产业、能源产业和食品产业为主导的工业体系。2013 年黑龙江省装备、石化、能源和食品业的工业总产值分别为 1534.3 亿元、2912.2 亿元、3909.9 亿元和 3645.2 亿元，主营业务收入分别为 1507.4 亿元、2167.2 亿元、3945.2 亿元和 3656.6 亿元（见表 6-5）。

表 6-5　　黑龙江省 2013 年四大主导主要经济指标状况　　单位：亿元

项　目	装备产业	石化产业	能源产业	食品产业	合计
工业总产值	1534.3	2912.2	3909.9	3645.2	12001.6
资产合计	2426.0	1256.6	6102.7	2020.2	11805.5
负债合计	1584.6	776.8	3150.6	1264.2	6776.2
主营业务收入	1507.4	2167.2	3945.2	3656.6	11276.4
主营业务成本	1284.4	1883.9	2417.3	3230.2	8815.8
利润总额	54.0	0.2	784.5	183.6	1022.3

资料来源：《黑龙江省统计年鉴（2014 年）》。

如前所述，上述黑龙江省四大主导产业存在着自主创新能力较弱、生产效率低下、产业优势不突出等问题，因而发挥主导产业优势主要依靠科技创新能力的提高，其政策措施是增强科技创新能力、加强企业技术改造和明确产业发展重点。

（1）增强科技创新能力。黑龙江省增强科技创新能力的措施，主要包括建立技术创新体系、建全产学合作机制、注重成果应用转化和实施科技自主战略。

第一，建立技术创新体系。黑龙江省应围绕重点行业和重点领域加强与国内外高校、大型企业的技术合作，将开发关键技术、制定新技术标准、培养科技管理人才等作为合作重点，逐步建立起区域创新体系。

第二，建全产学合作机制。以地方各级政府为主导引导企业加大对产学研联合开发的力度，创建产学研合作信息共享平台，负责产品开发、技术升级和企业生产等信息的公布，充分发挥装备、石化、能源、食品“校研企合作委员会”的作用，从而建立长期有效的三元战略合作联盟。

第三，注重成果应用转化。进一步加大对科技创新成果工业性试验的支持力度，依托黑龙江省内重点企业、工业技术研究院、技术创新服务中心及大专院校建立工业性试验基地，加快创新成果的孵化进程和转化速度。

第四，实施科技自主战略。各级政府和科技管理部门应鼓励并推动企业进行新技术、新工艺、新装备的研发，确保企业在掌握核心技术的基础上制定具有自主知识产权的技术标准。

（2）加强企业技术改造。其政策措施主要包括以下三个方面：

第一，加快传统技术升级。黑龙江省应运用财税等政策引导企业对生产工艺、装备设施进行改造和升级，全面应用新材料、新技术、新工艺和新流程，加快落后产能的淘汰步伐，从而推进主导产业的升级和结构的优化，实现产业整体素质与综合竞争力的“双高”。

第二，引导技术改造投资。黑龙江省应按照国家的产业发展倾向，定期制定并发布技术改造投资指南，组织实施技术改造“双百”工程，加强对工业投资统计监测分析，通过财税、金融、土地政策的落实逐步建立起对企业技术改造起到支持与刺激作用的长效机制。

第三，发展战略新兴产业。加大对黑龙江省现代装备制造、新能源、新材料、生物、电子信息和节能环保等战略性新兴产业的投入，深入推进产业合作，提高其自主创新能力和核心技术的掌握能力，从而推动四大主导产业的发展，提高四大主导产业的科技创新水平和生产经营效率，带动全省经济的转型升级。

（3）明确产业发展重点。其政策措施主要包括以下四个方面：

第一，明确装备产业重点。黑龙江省应大力发展高档数控机床、极端制造、智能电网装备等高端装备；优先发展飞机、轨道交通装备、基础机械、重型设备及关键铸锻件等优势装备；重点发展石油装备、农机装备、食品与农副产品加工装备等潜力装备。

第二，明确化工产业重点。以石油化工、煤化工、生物化工和化工新材料作为发展重点，加快大庆石油化工产业基地、东部煤电化一体产业基地和牡绥生物化工产业基地的建设，逐步形成“以大企业为主导、以专业园区为载体、以产业链条为依托”的化工产业发展格局。

第三，明确能源产业重点。确立煤炭、石油等传统能源主导地位，因地制宜开发生物质能、风能和太阳能等新能源，培育发展清洁能源产业。

第四，明确食品产业重点。加快粮油食品加工和畜产品加工两大支柱产业的发展，重点支持水稻、大豆、玉米、马铃薯、肉制品5个行业发展，延长其产业链。

6.1.3 优化产业布局及其结构

随着“八大经济区”“十大工程”和“十大重点产业”等发展战略的加快实施，黑龙江省经济持续、平稳发展，特别是哈大齐工业走廊已上升为国家级工业发展园区，2013年该经济区实现的工业总产值1167.6亿元，实现利润总额67.3亿元，上缴税金39.6亿元，对加快全省财源建设、带动全省经济增长等具有重要的现实意义（见表6－6）。

表6－6 哈大齐工业走廊主要经济指标 单位：亿元

项　目	2007年	2008年	2009年	2010年	2011年	2012年	2013年
计划投资额		369.3	411.1	491.6	455.2	563.8	738.9
完成投资额	168.2	117.8	286.4	253.4	399.9	244.0	687.8
基础建设投资	23.4	35.7	60.6	55.9	71.0	53.0	84.6
企业项目投资	144.8	82.1	225.8	197.5	328.9	191.0	603.2
工业总产值	215.4	296.4	481.0	626.7	690.1	818.7	1167.6
主营业务收入	227.3	311.5	550.3	629.1	672.5	817.0	1115.8
利润总额	14.2	13.7	34.4	42.8	47.9	56.2	67.3
税金总额	10.0	15.0	27.8	30.4	30.1	40.7	39.6
项目区生产总值	109.8	124.6	156.8	201.4	241.0	283.6	401.3

数据来源：《黑龙江省统计年鉴（2014年）》。

与此同时，黑龙江省产业发展也存在着布局不合理、区域经济发展不平衡等问题，因而应促进区域产业协调、推动产业加快集聚和优化生产力的布局。

（1）促进区域产业协调。其政策措施主要包括以下四个方面：

第一，发挥中心辐射作用。以哈大齐工业走廊建设区为中心，建立以中心城市、大型企业、重大项目和经济园区为核心的区域产业集聚区，发挥其辐射和集聚作用，进一步推进工业结构优化升级和产业协调发展。

第二，形成产业互动格局。通过技术改造和产品升级等方式，强化黑龙江省装备、化工、食品等传统产业优势，通过财税等政策扶持服务外包、新材料、节能环保等战略性新兴产业，逐步形成传统产业与战略性新兴产业彼此互动、彼此协调的发展新格局。

第三，加快东部地区发展。以黑龙江省资源型城市转型为核心，以重点项目建设为载体，大力发展装备制造、农产品加工、新材料等替代产业，加快循环经济发展，实现黑龙江省东部煤电化基地建设区的跨越式发展。

第四，加快县域工业发展。依托黑龙江省各县域特色，培养和发展县域工业园区，发展与中心城市重点产业相配套的“吃配”经济，最终形成全省“一县一品一业”的发展格局。

（2）推动产业加快集聚。其政策措施主要包括以下三个方面：

第一，依托重点产业发展。通过税收优惠、金融扶持、财政补贴、土地出让等政策手段，全力推进黑龙江省新材料、生物、新能源装备、新型农机装备、交通运输装备、绿色食品、矿产经济、煤化石化、林产品加工和现代服务业“十大重点产业”的快速发展。

第二，建立产业示范基地。黑龙江省可积极争取国家政策倾斜，推进国家级和省级新型工业化产业示范基地建设，鼓励和引导企业进行技术升级改造，加快工业园区内要素和优势的聚集；加快龙头企业发展，发挥其在技术研发、产品生产和市场营销等方面的模范和引领作用，延长产业链条，推动工业园区整体水平提升。

第三，实施特色品牌战略。黑龙江省应培育原产地注册、集体商标和证明标志等集体品牌，实现区域品牌、企业品牌和产业特色的有机结合，提高品牌的知名度、竞争力和影响力。

（3）优化生产力的布局。其政策措施主要包括以下三个方面：

第一，统筹各项发展规划。科学合理地制定和实施区域发展、产业发展和城乡发展规划，通过完善基础设施和信息网络建设、改善公共服务和自然环境等外部环境，加快各经济区主导产业发展和城乡一体化发展进程，进而推动黑龙江省工业布局与主体功能区规划及城镇发展布局的协调统一。

第二，确立经济发展支点。黑龙江省应坚持以重要工业城市、产业聚集区和工业园区为主要依托，综合考虑区域的资源禀赋情况、环境承载能力和消费市场大小等要素，合理调整和优化重大生产力的布局，如依托东部煤电化基地城市群合理开发和有效保护煤炭资源，增强煤化工产业的集聚能力和综合竞争力。

第三，提升对外合作层次。黑龙江省应不断加强外资政策与产业政策协调，吸引跨国公司、国内知名企业进行资本、设备、技术、人力资源等多层次的投资，共同参与黑龙江省传统产业升级和战略性新兴产业的发展。

6.1.4　改善产业发展外部环境

经济的发展应坚持以市场为主导、充分发挥市场对资源配置的基础性作用，但更离不开政府“看得见的手”对市场的引导和调控，否则就会出现市场失灵。产业政策是国家实施宏观调控的主要工具，其科学制定和规范执行对优化产业结构、弥补市场缺陷起到积极作用。如前所述，黑龙江省产业发展的外部环境尤其是政策环境尚不完善，表现为产业政策系统不完备、专项政策针对性不强、政策实施效果不理想等，严重制约了黑龙江省八大经济区的经济增长，因而发展“八大经济区”的产业调节政策重点是改善产业发展外部环境。

（1）实施区别产业政策。其政策措施主要包括以下两个方面：

第一，实行产业鼓励政策。黑龙江省应依据国家产业发展目录，综合考虑省内资源禀赋、环境容量、交通运力、市场需求、工业基础和发展状况等要素，科学确定本省的主导产业、优势产业和潜力产业，并通过完善相关法律制度，简化行政审批手续，综合运用税收、金融和土地等政策鼓励发展部分产业和项目，促进有关企业、行业和产业做大做强，从而实现吸引企业投资、降低生产成本、优化区域环境等目标，形成“政策鼓励－产业发展”的良性循环。

第二，实行产业限制政策。对产能落后、污染严重的产业，黑龙江省可通过经济、行政及法律手段，提高产业进入门槛限制其发展，对技术水平落后、生产效率低下、环境污染严重、资源利用不足的企业坚决淘汰；大力压缩因投资与建设重复而形成的长线生产产品，并加大执法力度，对违反相关政策法规的企业进行严格处罚，降低落后产业所占的经济比重。

（2）建立区域协调机制。其政策措施主要包括以下三个方面：

第一，建立统一指导机构。协调黑龙江省各经济区的产业发展规划，避免下属各区域因集中发展某些相同或相似产业而造成的产业结构趋同、竞争过于激烈和市场趋于饱和等问题的产生，为建立相互促进、相互补充、相互发展的产业格局和产业体系给予科学、系统的指导，实现区域经济发展的良性循环。

第二，建立利益补偿机制。为实现黑龙江省经济整体快速发展，相关产业政策的制定和实施可能会对部分区域产生不利影响，因而需要建立利益补偿机制，明确补偿资金来源、补偿主体和补偿标准等，以弥补个别区域在经济、社会等方面的损失，实现全省经济的稳定、持续增长及社会福利的整体增加。

第三，推进管理机制创新。打破黑龙江省现有行政区域界限，建立公司化、市场化的工业园区管理模式，科学、合理地制定经济区项目税收分成办法和项目完成考核指标，为产业布局优化和区域经济协调发展提供制度保障。

6.2 “八大经济区”发展的积极财政政策

发展黑龙江省八大经济区的财政政策，其总体要求主要包括：一是推进经济转变转型，黑龙江省各级政府及财税部门应贯彻落实科学发展观，以深化改革与积极创新为动力，为加快全省经济增长方式转变、资源型城市转型提供宽松的外部环境和有力的制度保障，并形成有利于全省经济增长、各地区经济协调发展的体制与机制；二是培育新的经济增长点，随着地区间财政竞争不断加剧，全省各级地方政府应确定本地区经济发展的长期战略和比较优势，突出财政投入的重点、难点和关键点；三是发挥市场机制作用，全省各级地方政府应积极转变政府职能观念，提升法制与服务水平，规范混乱市场行为，从以监管为主转向服务为主，从以审批为主转向监管为主，正确处理效率与公平的关系，逐步运用贷款贴息、以奖代投和参股控股等市场化方式使用财政资金，以协调政府与市场机制的关系；四是加强财政资金监管，各级地方政府应坚持“统一预算、专项管理、定期评估、适时调整”的原则，合理、规范利用财政政策及财政资金，支持地方经济持续发展；五是提高资金使用效益，包括科学预测和规划财政资金对促进地方经济发展扶持的范围、规模、标准和方式，加强资金的使用和管理透明化、精细化，提高资金使用效益。近年来，黑龙江省积极运用财税等政策加快“八大经济区”的发展，取得了十分显著的成效。但目前财政政策存在着财政资金投入力度不足，财政补贴制度不完善，转移支付制度不规范，专项发展资金管理滞后等问题，针对财政政策的诸多问题，我们认为，黑龙江省应实施积极财政政策促进“八大经济区”的发展，其内容主要包括加大财政资金投入力度、建立健全财政补贴制度、规范政府转移支付制度和强化专项发展资金管理。

6.2.1 加大财政资金投入力度

财政投入是财政政策的重要内容，增加财政对基础设施建设、优势产业和社会福利等方面的投入具有积极的现实意义。可通过财政杠杆吸引社会闲散资本投资于相关产业和设施，拉动地区经济增长，促进社会福利增加。2013 年黑龙江省公共财政支出总额为 33691827 万元，其中教育、科学技术、社会保障和就业支出分别为 5012788 万元、386146 万元和 5423259 万元（见表 6－7），并取得了显著效果，如保障性安居工程新开工 26.83 万套、竣工 38 万套，改造农村泥草房 22 万户。

表 6－7　　2013 年黑龙江省各级地方公共财政支出　　单位：万元

项目	合计	省级	地级	县级	乡镇级
合　　计	33667703	7823764	9201540	15347875	1294524
一般公共服务	2787957	455869	680606	1287815	363667
外交	270	—	—	270	—
国防	55780	26299	24115	5366	—

续　表

项目	合计	省级	地级	县级	乡镇级
公共安全	1733455	350752	589698	792738	267
教育	5012788	945995	977670	3068802	20321
科学技术	386146	128944	122041	132704	2457
文化体育与传媒	523705	201858	177180	136468	8199
社会保障和就业	5423259	1361723	1741249	2228984	91303
医疗卫生	1904950	185995	468699	1242392	7864
环境保护	1157524	577134	173636	392998	13756
城乡社区事务	3010704	49644	1665945	1203747	91368
农林水事务	4616956	923565	430577	2669042	593772
交通运输	2441954	1557031	413946	464586	6391
资源勘探电力信息等事务	950326	121584	475747	343466	9529
商业服务业等事务	225385	20769	75804	123573	5239
金融监管等事务支出	16658	1482	5422	9754	—
国土资源气象等事务	455967	142158	171943	140104	1762
住房保障支出	1809806	547159	651749	572536	38362
粮油物资储备管理事务	667539	155014	51095	427761	33669
国债还本付息支出	84241	37968	45386	887	—
其他支出	402333	32821	259032	103882	6598

资料来源：《黑龙江省统计年鉴（2014 年）》。

加快黑龙江省八大经济区建设，应加大财政资金的投入力度。其内容主要包括推进农业的现代化、加快发展低碳经济、支持企业科技创新、高度注重改善民生和加快城镇化发展。

（1）推进农业的现代化。其财政投入的重点主要包括以下三个方面：

第一，增加现代农业投入。黑龙江省各级政府及财政部门应加大对现代农业的投入力度，不断推进农业试点进程，积极推广优势生态农业，为松嫩平原、三江平原两大平原的农业综合开发试验区提供有力支撑；进一步落实农机具购置补贴政策，支持大型农机合作社建设，促进农业机械化可持续发展；支持现代农业科技推广和良种繁育基地建设，提升水稻、玉米等主要粮食作物的产能和品质；支持农业产业化、绿色食品精品工程、蔬菜产业和苜蓿草种植业发展，促进农产品本地转化和精深加工增值，推进现代农业示范区建设。

第二，大力支持农民创业。积极搭建黑龙江省农民创业平台，以培育龙江特色产业为核心，多渠道筹集资金，主要从财政资金或政策层面支持建设特色鲜明的创业基地和种植、养殖基地；对农民创业意识和生产技能开展免费培训，提高农民发展现代农业的思想意识和实际能力；鼓励农民去城镇创业，支持外出务工人员回乡创业，政府提供创业融资支持、创业环境优化等政策支持，合理配置社会优势资源；坚持多元化的经营理念，加快实现从资源利用一元化到经营方式多元化的转变，增强农民防范创业风险的能力。

第三，健全农业服务体系。黑龙江省应规范化管理土地流转工作，加快土地流转市场建设和土地流转方式创新；支持实施“节水增粮行动”，加强基本农田水利建设，推进中小河流治理、山洪灾害防治和小型病险水库除险加固，提高水利设施防灾减灾能力，改造中低产田、建设高标准农田；推进农村金融机制改革，探索金融担保新机制，开辟小额创业贷款产品，为下岗失业人员、农民工等提供创业贷款贴息支持；推进农业科技服务平台建设和农业技术检测设施建设，提高农科教和产学研相结合的农业科技服务水平。

（2）加快发展低碳经济。其财政投入的重点主要包括以下三个方面：

第一，积极支持节能减排。黑龙江省应继续加大对低碳技术、节能减排研发的投资、融资的财政支持力度，支持服务业、低能耗产业、高新技术产业和新能源（如生物能源等）产业的快速发展；重点支持优势资源（如风能等）发展，鼓励金融机构为节能减排优化工程和特色街路等项目提供贷款基金，优化产业结构、能源结构；推进大型公共建筑和既有居住建筑节能改造，促进既有居住建筑节能改造政策体系建立和相关技术的研发，并组建既有居住建筑节能改造管理、设计、施工、监理队伍，推动既有建筑节能改造工程的发展等。

第二，大力发展循环经济。黑龙江省应支持节能技术改造和城乡综合治理，支持废物、垃圾、可再生资源的回收与循环利用；推动发展循环经济和清洁生产，重点扶持资源综合利用率高的产业，大力发展循环型工业、循环型农业和循环型服务业；支持松花江流域水污染防治和污水管网建设，重点建设全省循环工业园区的试点和牡丹江经济技术开发区国家级循环经济的试点，以及哈大齐工业走廊和东部煤电化基地等园区建设，形成资源循环利用产业链；建设黑龙江绿色生态大省，充分发掘绿色产品的市场潜力，实现绿色消费等。

第三，加快服务行业发展。积极运用财政手段推进黑龙江省旅游名镇项目建设，重点开发冰雪游、避暑消夏游、北国风光特色游和农家游等旅游产品；支持黑龙江省“十大重点产业”项目建设，推进传统产业技术改造，培育壮大战略性新兴产业（如新能源、新材料、节能环保和生物医药等），支持信息化、服务外包、文化创意、商贸流通等现代服务业发展；支持举办如“哈洽会”等区域性、专业性、国际化展会，积极推动会展业发展；支持大型现代物流枢纽建设，构建科学合理与繁荣发达的现代服务业体系。

（3）支持企业科技创新。其财政投入的重点主要包括以下四个方面：

第一，加强自主创新服务。落实科技招商等税收优惠政策，推动实施创新驱动发展战略，鼓励企业原始创新和开发高新技术产品，制定推动科技进步和区域创新体系的措施；加强科技研发、科技信息化、科技项目融资、科技成果转化和转让交易平台建设，建立以政府为引导、企业为主体，银行、证券、产权交易、创业投资等为依托的科技投融资体系；发挥地方政府财政性科技投入的杠杆作用，带动企业提高研发经费投入；帮助企业提高企业综合竞争力，减少对企业的直接拨款资助，推进自主创新公共服务体系建设。

第二，实现产学研相结合。建立黑龙江省省级创新研发管理中心，解决企业重复开发、低水平试验、分散检测和成果不共享等问题，集中研发力量和资金，打造独具特色的名牌产品。如黑龙江省越橘庄园的蓝莓产业发展势头良好，但因起步较晚，企业产量过小，蓝莓野生资源浪费较严重，因此应大力发展人工培育蓝莓种植产业，保护与培育野生蓝莓，并出台鼓励种植的财政扶持政策。此外，应建立企业与科研机构技术人员互换互助制度，支持科研人员以技术专利入股或到企业工作及企业人员到科研机构进行培训，并鼓励科研人员创办科技型企业等。

第三，助创新成果产业化。科学、合理地制定《黑龙江省自主创新产品目录》，充分发挥政府采购和广告宣传的积极引导作用，优先购买企业自主创新产品，借助产生示范效应正确引导消费者；尽快出台符合省情的《国务院关于进一步支持小型微型企业健康发展的意见》（国务院〔2012〕14号）的实施办法及配套措施，支持诸如哈尔滨康明新网络科技开发有限公司、齐齐哈尔盛瑞食品公司等高科技小微企业参与政府采购招投标，促进省内企业自主创新产品的社会认可度，推进自主创新成果产业化。

第四，完善人才激励机制。省政府可设立创新型人才奖补专用基金，对科技创新、自主创业杰出人物、优秀创新团队及在生产一线并做出突出贡献的专业技术人才给予奖励；完善与人才贡献相适应的分配激励机制，使个人收入与所付出的劳动相等同；对科技研发及科技成果转化贡献较大的科技人才和高技能人才，实行课题及项目津贴制，并建立以政府奖励为导向、单位奖励为主体、社会奖励为补充的荣誉激励体系；开展省长特别奖、科技明星和技术标兵等评选活动，推行首席岗位、领军人才等制度，不断完善创新人才激励机制。

（4）高度注重改善民生。其财政投入的重点主要包括以下三个方面：

第一，加大教育投入力度。全面落实《黑龙江省中长期教育改革和发展规划纲要（2010—2012年）》，扩大人力资本投入规模，增加教育支出，推动教育优先发展，这也是黑龙江省从根本上改善民生、转变经济发展方式的迫切要求。主要包括：巩固财政教育投入水平，落实财政教育经费法定增长政策；完善农村义务教育经费保障机制，实施中小学校舍安全工程；支持义务教育和高中教育改善办学条件，以及全省学前教育三年行动计划实施；支持职业教育能力建设，特别是农村职业教育发展；落实贫困学生财政资助政策等。

第二，增加卫生社保支出。继续提高哈尔滨等城市卫生、社保支出占地方财政一般预算支出的比重；提高城镇居民医保、新农合财政补助和年人均基本公共卫生服务经费补助标准，以及城乡居民就医费用报销水平；重点推进县级公立医院改革，建立农村医疗卫生专项转移支付制度，增加财政对乡卫生院、村卫生室的资金投入；加快普及农村合作医疗制度，将农民工纳入城镇公共卫生医疗保障体系；提高企业退休人员基本养老保险待遇水平，城乡低保对象的保障水平和财政补助标准，实施社会救助和保障标准与物价上涨联动机制。

第三，增加就业民生支出。实施更加积极的就业再就业政策，做好高校毕业生和进城务工农民等群体就业工作，提高就业资金使用效益；通过融资担保、贷款贴息和奖励等方式，引导银行贷款和社会资金参与保障性安居工程建设；落实税费减免政策，加快推进棚户区和农村危房改造；加快推进文化体制改革，支持文化艺术创作和优秀文化产品生产；支持重点文化惠民工程，深入推进公益性文化设施免费开放；提升基层政法机关办案能力和装备建设水平，支持禁毒、反恐、法律援助和疑难信访积案化解等工作，推进平安龙江建设等。

（5）加快城镇化发展。其财政投入的重点主要包括以下四个方面：

第一，逐步完善城镇化布局。不断完善“一心、两翼、一带、两轴”（以哈尔滨为中心，以哈齐大牡绥等城市带和以佳、双、鸡、鹤、七等东部煤电化基地城市群为两翼，形成侧翼联动、带中隆起、功能完善的哈大齐牡城市带，以绥满高速公路和铁路为中心轴）为主体的城镇化发展格局，大力支持推进哈尔滨大都市圈、哈大齐牡城市带和东部城市群等地区发展，并以此带动周边城市共同发展；着重培养主导产业支撑能力，促进城镇产业集聚发展，提升牡丹江市阳明工业园等省级开发区的城市规划、建设和管理水平，努力建设现代化国际化城市。

第二，大力支持新农村建设。积极推进农村基础设施和公共服务体系建设，加快新农村建设，促进农村经济发展；加大财政投资力度，保证补偿政策的落实及时到位；哈尔滨作为全国绿建筑试点之一，应大力支持其绿建筑的理念宣传和经验交流，推进全省以绿建筑为标志的建筑业的快速发展；支持城镇“三供三治”基础设施建设，推进重点旅游名镇建设、进星达标和整镇推进新农村建设和农村道路等公益事业建设；加强对农民技能培训和农民专业合作社的建立，推动农村第二、第三产业发展，不断增加农民收入。

第三，积极推进小城镇发展。加大对黑龙江省小城镇中小企业的投资力度，培育和壮大小城镇经济基础，促进中小企业自主创新，以中小企业发展带动小城镇经济的全面发展；贯彻城镇化建设一系列政策，重点推进旅游名镇、新农村建设示范村和“三优”文明城市的建设力度；建立小城镇专项发展基金，专门用于加强小城镇基础设施建设；对农村金融、流通等合作经营组织给予一定的资金扶持，加快小城镇建设的进程；制定奖励政策，提升小城镇产业项目发展水平和教育、医疗、养老等基本公共服务水平，吸引农民定居小城镇就业。

第四，加快农用地的整治。从黑龙江省每个县（区）选择3~5个试点村作为示范，支持加快农村土地有序流转和村庄改造建设，积极、稳步地推进农村土地整治工作，促进农村增地、粮食增产、农民增收和农业增效；支持建立农村土地整治信用平台和信息反馈系统，鼓励金融服务机构提供完善的金融服务，及时了解工作进展，促进城乡土地资源优化配置；支持开展全省农村土地整治工程项目绩效评估，加强项目进度和质量监察，完善土地整治工作制度，规范土地整治资金管理。

6.2.2 建立健全财政补贴制度

财政补贴作为一种财政转移性支付，是调节经济发展和社会生活的有力杠杆，科学、合理、规范地实施财政补贴政策有利于确保生活必需品价格基本稳定，保证居民的基本生活，合理分配国民收入。近年来，黑龙江省积极落实粮食补贴、农业保险保费补贴、成品油补贴和公益性岗位补贴等政策，但黑龙江省发展八大经济区的财政补贴政策仍然存在着补贴金额不足、补贴形式较少和补贴机制滞后等问题，在很大程度上影响企业的发展壮大和居民生活水平的提高，因而黑龙江省应进一步建立健全财政补贴制度，主要包括加大财政补贴力度、丰富财政补贴形式和完善财政补贴机制。

（1）加大财政补贴力度。其补贴内容主要包括以下三个方面：

第一，落实农林补贴政策。认证落实农机购置补贴政策，扩大补贴对象并提高补贴金额，实现100个现代农机专业合作社的建设目标；以农机合作社为中心，加快引进现代、先进、大型、配套的农业机械设备，优化农机装备的生产和配置机构，提高农机装备的现代化程度；加大对大小兴安岭地区居民的财政补贴力度，积极实施禁牧草原补贴、牧草良种补贴、牧民生产资料综合补贴及绩效考核奖励等财政补贴政策，提高公益林管护人员国有和集体每年每亩的补贴标准，保障地区居民的基本生活，加快生态功能保护区的建设进程。

第二，增加工业园区补贴。实行科技投资补贴政策，吸引大中型企业携带科技成果、专利进入工业走廊创办企业，提高哈大齐工业走廊的整体科技实力并加快工业走廊的产业集聚进程；实施人才培养补贴政策，鼓励企业与高校合作建立职业技能实训基地和研究生培养创新基地，按照订单式培养等继续教育方式开展各类紧缺人才的培训，满足哈大齐工业走廊对人力资源的需求；实行资源开发与保护专项补贴政策，加快生态环境保护工程和大型矿山企业发展，促进黑龙江省东部煤电化基地的建设与发展。

第三，保障居民生活补贴。全面落实职业培训补贴、公益性岗位补贴和社会保险补贴等政策，健全创业培训和服务体系，实现以创业带动就业和产业化建设拉动就业；建立物价上涨对低收入群体的动态补贴救助机制，加大价格调节基金投放力度，保障人民群众的基本生活；落实廉租房、公租房建设和廉租住房补贴政策，改善社会底层人员的住房条件；提高低保户补贴标准，落实好困难家庭、居民和特殊人群的子女上学、住房、供暖、供气、供水等各项救助、补贴政策，以保障人民的基本生活。

（2）丰富财政补贴形式。其补贴形式主要包括以下两个方面：

第一，实施财政贴息政策。经营资金不足可谓是战略性新兴产业、生态主导型产业等重点发展产业的通病。黑龙江省应在实施财政补贴政策的同时加大财政贴息额度，引导全省商业银行、信用担保等金融机构实施融资优惠政策，鼓励和支持主导产业、优势产业和潜力产业快速发展。其融资优惠政策主要包括：通过扩大抵押担保物的范围、创新金融产品和服务等方式，加大对上述产业的信贷支持力度；指导企业发行短期、中期和长期债券，拓宽其融资途径；通过加快金融支付体系建设、加强和改进外汇管理等方式，为其发展创造良好的金融环境。

第二，适度实行亏损补贴。黑龙江省清洁能源产业生产成本较高、市场竞争力较弱，增加生产和消费环节的价格补贴，可有效提高其利润额。如增加对风力发电企业的生产补贴，并实行高电价和差额补贴政策，将会直接降低风能电力价格，进而增加城镇居民对风能电力的使用并提高企业的利润水平，促进风能产业的发展。高新技术产业和战略性新兴产业在其新建初期和生产经营前期多处于亏损状态，由财政部门发放适度的亏损补贴，不仅可以缓解企业的生存压力，还可以推动其产业链的延伸、产业布局的调整，加快产业的升级与快速发展。

（3）完善财政补贴机制。其补贴机制主要包括以下四个方面：

第一，明确财政补贴法规。黑龙江省各级政府及财政部门应制定有关财政补贴的法律法规，通过法律形式明确用于培育和扶持相关产业的财政补贴的资金来源、补贴形式、补贴数额、申请条件、核定标准、审批程序、监督机制等，形成科学、规范、合理的财政补贴制度。实行重点补贴与日常补贴相结合机制，满足企业发展需要，提高财政资金使用效率；建立产业发展服务平台，负责政策信息发布、企业资格初审、审批结果公示、相关数据统计和财政补贴绩效评价等，提高财政补贴的经济性和效率性。

第二，建立信息披露制度。财政补贴政策直接关系到产业发展、经济增长和生活条件改善等居民的切身利益。黑龙江省应建立财政补贴信息披露制度与机制，明确各财政资金使用部门应公开的信息内容、公开时间、信息发布渠道、信息公开格式等内容，以制度方式来规范、监督和约束对财政补贴资金的使用情况，提高资金的使用效率和效益。各级地方政府应根据本地实际情况建立切实可行的社会监督机制，鼓励社会群众参与财政补贴制度的监督和管理，保证财政补贴资金的及时、足额发放及有效使用，最大限度地实现其经济和社会效益。

第三，严格财政补贴审计。财政补贴资金是否及时、足额发放，是否合规、合理使用，都关系到相关产业的壮大与发展及居民生活水平的提高。但目前黑龙江省的财政补贴、财政贴息与亏损补贴等也存在资金被截留、挪用等问题。因此，应建立严格的财政补贴审计制度，由财政部门内部审计机构定期对财政补贴的发放、使用及企业财务管理等情况进行严格审查，以便于更好地掌握政府财政补贴的发放情况和相关产业的运营状况，保证财政补贴资金的及时发放、合理使用；并引入社会中介审计机构参与财政补贴的审计工作，强化独立第三方的监管作用。

第四，实施资金评估机制。实施财政补贴资金长效评估机制的关键是制定政策性财政补贴评估指标体系。以城市公交补贴为例，其评估指标体系主要包括运营成本和服务质量两类评估指标，前者主要是评估人车比和单车营运成本等内容，以防止公交企业因运营管理不善而导致的浪费；后者可采取社会各层人士组成的考评小组或通过对乘客满意度调查来确定评估指标，以提高公共交通整体的服务质量与水平。此外，还应建立规范的成本费用、政策亏损和资金效率等评估制度，进行成本费用审查与评价，科学、合理界定和计算政策性亏损额度。

6.2.3 规范财政转移支付制度

规范财政转移支付制度、平衡各地区公共服务水平，是加快经济区发展的重要手段。随着经济社会的发展与政府公共职能的扩大，加之各级政府之间事权与财权的严重失衡，地方政府面临着越发严重的财力困境，这就需要实施科学、规范、合理的转移支付制度，弥补地方政府财力的不足，缩小地方经济差距，实现基本公共服务均等化。黑龙江省在实施“八大经济区、十大工程”等战略及加快经济社会发展的同时，也暴露出部分地区经济基础薄弱、地方财力有限、财政入不敷出等问题，急需规范财政转移支付制度，主要包括以下四个方面：

（1）完善转移支付法规。在国家或中央政府层面，应提高财政转移支付制度的立法层级与质量，如在《预算法》中适宜补充有关财政转移支付的相关内容，增加发达地区横向政府转移支付办法。黑龙江省也应结合实际省情、区情制定黑龙江省《财政转移支付管理办法》，包括财政转移支付的基本形式和资金来源；标准收入和标准支出的核定标准、测算公式和权重或系数动态调整；资金分配程序、监督机制、公示程序及责任主体应承担的法律责任等，以增强其独立性、规范性和科学性，使之成为公共服务均等化的法制基础。

（2）规范转移支付制度。为进一步加大对黑龙江省各经济区财力性补助力度，在财力可能的情况下进一步提高对各经济区的一般性转移支付补助系数，建立以一般转移为主、专项转移为辅的转移支付制度；重新界定地方各级政府专项转移支付的范围，逐步用因素法代替基数法进行分配，合理确定其测算模式、影响因素、收入能力、标准支出范围；对属于省政府事权或全省共同事权的专项补助，可根据省级财政与地方财力状况和项目实际需要进行分配；对矿难事故和灾后重建等临时性的救济补助，应客观评估损失，以确定其补助系数及数额。

（3）建立退出整合机制。黑龙江省各级政府及财政部分应通过建立转移支付评估机制，对各项转移支付的资金用途、使用效率和实现效益进行动态的评估和评价，实时合并、消减不合理项目，增加符合需要的新项目，实现以动态评估机制优化转移支付结构的目标；引入财政资金绩效审计制度对转移支付的制定方和实施方进行审计，并明确责任主体违规使用财政资金等情况的法律责任，通过第三方来加强政府间转移支付的审计监督；引导社会成员树立牢固的生态成本意识，解决生态消费“搭便车”等问题。

（4）完善生态补偿机制。主要包括：建立生态移民基金，对由于保护生态环境而“关停减转封”的企业及农民，给予一定的经济补偿；为生态脆弱地区和重点森林防火区的居民提供部分移民费用；对移民人员实施信贷支持（如适当放宽移民人员购房抵押标准或降低贷款还款利率）和税费减免等优惠政策。此外，还应建立生态补偿基金，在重点开发区、限制开发区和禁止开发区之间建立横向的生态转移支付制度，本着“谁受益，谁补偿”原则，对受益者征收生态补偿费，其收费划入黑龙江省生态补偿基金。

6.2.4 强化专项发展资金管理

近年来，黑龙江省为加快区域经济发展相继出台了多部促进各产业发展的专项发展管理办法，并坚持“突出重点、集中使用、注重效益”的使用原则。如黑龙江省财政厅、旅游局联合颁布的《黑龙江省旅游发展专项资金管理办法》，明确专项资金重点用于特色旅游开发区的基础设施及公共服务设施建设，并吸引各类社会资金支持省级重点旅游开发项目。但专项经费投入逐年增多，也存在着经费违规和滥用等问题。为充分发挥财政政策对“八大经济区”发展的积极促进作用，应强化专项发展资金管理，主要包括以下三个方面：

（1）扩大涉及产业范围。黑龙江省应在高新技术产业、文化产业、绿色食品产业、服务外包产业专项发展资金的基础上，扩大专项发展资金产业的涉及范围，逐步将“十大重点产业”、战略性新兴产业、生态主导型产业及各经济区主导产业纳入其涵盖范围，通过专款专用、优先发展等方式实现产业规模化、集群化和现代化发展。以大小兴安岭生态功能保护区为例，通过设立生态主导型产业专项发展资金，在注重生态恢复与环境保护的基础上，促进包括生态资源培育型、支持型产业和反哺型产业的快速发展。

（2）拓宽专项资金来源。目前，黑龙江省各产业发展专项资金主要由省级预算安排资金予以实施，虽保证了各重点产业发展所需资金的稳定性和固定性，但也限制了发展专项资金的来源范围。为保证黑龙江省优势主导产业、高新技术产业、战略性新兴产业、生态主导型产业等重点发展产业有充足的发展资金，应在省级预算统筹安排的前提下，争取一定数额的中央财政预算，同时吸收部分省级以下地方政府财政资金，拓宽专项资金的来源。此外，还应将各省直属部门和产业发展协会所管理的资金纳入产业发展资金的范畴。

（3）扩大资金使用范围。目前，黑龙江省省级产业发展专项资金主要用于各大重点项目工程的建设，而较少用于常规项目的规划和实施，且专项资金的申请条件较严格，仅少数大型企业具备申请资格，这对新设立企业和中小型企业基本没有获得资金的可能。因此，应适当地扩大专项资金的使用范围，在满足重点项目建设需要和培育龙头企业的同时，将市场开发、资格认证、物流服务等配套的辅助项目和中小型企业作为重点扶持对象，协调产业内部分工合作，延长产业链条，逐步形成大中小企业相互配合、相互协调的良性发展格局。

除上述财政政策外，黑龙江省还应综合利用政府购买等财政政策加快“八大经济区”的发展。鉴于政府采购政策是一种有效的区域政策工具，其对象的选择和采购政策的变化，能够对特定地区、特定产业和特定企业的投资选择和生产销售产生重大影响，因而黑龙江省应通过对全省限制开发区的特色产品和发达地区的高新技术产品实施政府采购，以引导相关产业在区域间合理布局。

6.3 “八大经济区”发展的税收管理政策

发展黑龙江省八大经济区的税收管理政策，其总体要求主要包括：一是有针对性的加大税收优惠政策力度，在主体税种上要有新的突破，即在增值税、企业所得税和个人所得税实行更加优惠的税收政策，同时增加产业税收优惠政策，加快黑龙江省高新技术产业、战略性新兴产业、生态主导型产业等产业发展；二是进行体制改革创新，在部分地区建立试点，允许税收执法权的适当下放，待取得经验后再在全省推行；三是解决税源跨地区不合理转移问题，理顺企业所得税横向分配关系，确认总机构和分支机构所在区域政府对企业所得税收入同时，享有税收收入归属权；四是尽快全面实施资源税改革，适时将矿产资源、自然资源纳入改革范围，率先改革与完善矿产资源产权制度，在矿产资源国家所有的实现形式上要多元化。针对目前黑龙江省税收政策存在的税收优惠政策力度有限、税务依法行政相对滞后、税收征管制度尚不完善、纳税服务综合水平不高等问题，发展黑龙江省八大经济区的税收激励政策主要包括加大税收优惠政策力度、实施税务依法行政管理、强化税收征收管理工作和不断提高纳税服务水平。

6.3.1 加大税收优惠政策力度

国家在制定和实施税收优惠政策时应注重满足不同产业、行业和不同规模的纳税人的个性化需求，立足现有条件为纳税人提供实效性、规范性和针对性强的税收优惠政策服务。结合黑龙江省八大经济区的发展现状及优化产业结构的要求，这里仅就高新技术产业和生态主导型产业的税收优惠政策提出相关建议。

（1）高新技术税收优惠。现行的高新技术产业税收优惠政策在培育高新技术企业、促进企业自主创新等方面取得了显著成效，但目前仍存在诸多问题，如营业税优惠政策涵盖范围较窄、增值税优惠覆盖行业单一、个人所得税优惠门槛过高，以及企业所得税优惠效果不佳等。因此，加快黑龙江省高新技术产业发展首先应从提高营业税、增值税、企业所得税和个人所得税的优惠力度和水平入手，以完善高新技术产业的税收优惠政策体系，促进高新技术产业的快速发展并带动全省经济的发展。

第一，营业税的税收优惠。鉴于高新技术企业高风险及高投入的特殊性，营业税应根据企业自主创新资质的级别，设置相适应的不同层次的起征点，并对高新技术企业的特定应税行为实施减免税优惠政策。具体内容包括以下三个方面：

• 进行创新资质评价。在构建企业自主创新资质的科学评价指标体系（见表6－8）的基础上，由政府人员和外部专家组成评议机构，对企业自主研发能力、成果转化能力、盈利能力及成长能力4项指标进行同行评议，科学合理地评定高新企业的自主创新资质，依据自主创新级别，细化营业税起征点水平。

表6－8　企业自主创新资质评价指标体系

<table>
<tr><th>一级指标</th><th>二级指标</th><th>三级指标</th><th>指标描述</th></tr>
<tr><td rowspan="12">企业自主创新能力</td><td rowspan="4">自主研发能力</td><td>科研经费投入强度</td><td>科研经费/GDP×100%</td></tr>
<tr><td>科研人力资源投入</td><td>科研人员数/企业员工总数×100%</td></tr>
<tr><td>专利总量</td><td>本年度申请专利数</td></tr>
<tr><td>专利增长率</td><td>（本年专利总量/上年专利总量－1）×100%</td></tr>
<tr><td rowspan="2">成果转化能力</td><td>研发成果成交额</td><td>市场成交额</td></tr>
<tr><td>特许费及专利转让收入</td><td>科研人员及企业转让无形资产收入</td></tr>
<tr><td rowspan="2">盈利能力</td><td>高新技术产值</td><td>高新产品及服务总销售收入</td></tr>
<tr><td>高新产值/企业总产值</td><td>高新技术产值/企业总产值×100%</td></tr>
<tr><td rowspan="3">成长能力</td><td>设备更新改造速度</td><td>每个科研人员新增仪器设备费</td></tr>
<tr><td>科研人员留存比率</td><td>新招科研人员比率－离职科研人员比率</td></tr>
<tr><td>政策契合度</td><td>是否符合国家产业政策要求</td></tr>
</table>

• 制定具体实施细则。黑龙江省应积极贯彻实施国家“十二五”期间结构性减税政策，依法制定黑龙江省营业税起征点的细则，依据企业不同的创新等级，有区别地设置起征点数值（见表6－9），使优惠营业税政策有法可依。

表 6－9　　各级别自主创新资质企业的营业税起征点

级别	评定标准	起征点（元）
AA	最高评级，自主创新能力极强	70000～100 000
A	自主创新能力较强，但面临一定的技术瓶颈	50000～70000
BB	目前拥有一定的自主创新能力，但受资金约束较大	30000～50000
B	非关键环节需要依靠外部引入技术来实现自主研发	20000～30000
CC	关键环节需要依靠外部技术实现	10000～20000
C	完全依靠外部引入技术实现产品生产	5000～10000
NP	企业未获得自主创新资质评级	5000

● 实行减税免税政策。对高新技术企业或其内部研发人员依法对外转让专利权或非专利技术行为，给予营业税减税或免税优惠；对企业转让上述无形资产，按3%的低税率征税；对研发人员个人依法转让上述无形资产，给予免税优惠等。

第二，增值税的税收优惠。高新技术企业主要依靠人力资源，使用的实体设备、实物资源较少，难以从增值税的进项税额抵扣方式中获得优惠。但其研发投入较多、无形资产耗费较大，如果允许增值税抵扣其外购的专利权及非专利技术等无形资产，高新企业的税负将会大为减轻，因而增值税的优惠政策措施可考虑以下两个方面：

● 外购无形资产税额抵扣。对高新技术企业外购的无形资产实行增值税抵扣政策可考虑设定较高抵扣率，但不应超过17%的基本税率，以体现政策的优惠效应，调动企业外购无形资产用于自身研发的积极性。此外，企业在申报进项税额抵扣时应出具相应的专利认定证书，以防止其虚构外购无形资产的行为。

● 扩大即征即退政策范围。增值税一般纳税人销售其自行研发并生产的高新技术产品和服务（不包含软件产品），在按照17%的基本税率缴纳增值税后，对其实际税负超过3%的部分实行即征即退的优惠政策，期限1～3年。其优惠政策期限届满后，可适当考虑提高即征即退的退税率，加大政策的优惠力度。

第三，企业所得税的优惠。高新技术企业实施更加优惠的企业所得税政策，对提高其经济利益特别是对社会经济发展具有积极的现实意义。高新技术企业优惠政策内容可包括以下四个方面：

• 前置税收优惠环节。将高新技术企业所得税的优惠重点转向风险最高及资金需求最大的自主研发环节，并对中间试验阶段给予一定的优惠，增强税收优惠政策的一体化效应，使有限税收优惠资源得到最优配置。

• 加大费用扣除比例。对高新技术企业新产品、新技术、新工艺的研发费用形成无形资产的，按无形资产成本200%摊销；未形成无形资产的，在据实扣除的基础上，再按照研发费用的100%加计扣除。

• 放宽加计扣除条件。对高新技术企业未达到“三新”标准的小型发明创造研发费用形成无形资产的，按照原规定的150%摊销；未形成无形资产的，在据实扣除的基础上，再按研发费用的50%加计扣除。

• 缩短设备折旧年限。对高新技术企业设备折旧年限缩短为3~5年，并考虑设备的自然磨损和经济折旧状况放宽折旧条件；在设备正常折旧的基础上，按照一定比例实行加计折旧，根据设备具体状况可将加计折旧比例提高至10%~50%。

第四，个人所得税的优惠。自主创新的关键在于人才，对科技人员给予足够的个人所得税优惠可充分调动其创新积极性，促进高新技术企业的创新与发展。但现行的个人所得税对免征类奖金设定的门槛过高，不利于调动个人研发积极性，无法起到政策的惠及作用，因而可对科技人员加大个人所得税的优惠力度。其优惠政策措施可包括以下四个方面：

• 降低奖金免税门槛。在现行我国个人所得税奖金免税奖金规定的基础上，可对县级（含县级）及以上人民政府颁发的科学、教育、技术、环境保护等方面的奖金，减半征收个人所得税。

• 提高费用扣除标准。在现行工资薪金所得费用扣除标准每月3500元的基础上，对科技人员可比照外籍个人加计扣除1300元，并将本人及子女的教育支出也纳入扣除范围。

• 无形资产收入免税。对个人因转让无形资产获得的收入实行5%~10%的低税率或免征个人所得税的优惠政策，以此鼓励个人向高新技术企业转让专利权与非专利技术。

• 技术入股收益免税。科技及研发人员以技术入股获得的投资收益，包括转让收入、股利及股票期权转让收入等，在3~5年内享受免税待遇。

（2）生态产业税收优惠。生态主导型产业包括生态资源培育型、支持型和反哺型产业，培育型产业如保护自然湿地和综合治理水土流失，支持型产业如特色养殖业，反哺型产业如矿产资源开发等。结合黑龙江省“八大经济区、十大工程和十大重点产业”，以及《大小兴安岭生态保护与经济转型规划》和《黑龙江省大小兴安岭生态功能保护区规划》等战略发展规划，这里所研究的生态主导型产业仅包括生态旅游产业、绿色食品产业、林木加工产业、特色北药产业和清洁能源产业。生态旅游产业以提供旅游服务为主，税收优惠政策主要通过旅游资源开发、经营和消费等环节发挥其促进作用；而林木加工、绿色食品、特色北药和清洁能源（以下简称为绿林药源产业）等产业以产品的生产和销售为主，税收优惠政策主要通过投资、生产（包括研发）和销售环节发挥其调控作用。

第一，生态旅游产业的税收政策。其政策措施主要包括以下三个方面：

• 开发环节的税收优惠政策。应以生态保护为前提，实施“绿色”税收优惠政策。其内容主要包括：对生态保护和资源利用较好的企业，在投资和开发阶段可减免地方税，包括耕地占用税、城镇土地使用税、房产税和企业所得税等；对投资于城市或景区道路建设而未造成生态破坏的企业，给予适当的减免税优惠；开发旅游资源、项目造成自然资源和生态环境破坏的企业施以重税，在征收排污费基础上开征环境维护费（或条件允许时直接征收环境保护税）。

• 经营环节的税收优惠政策。应以产业发展为目标，充分发挥税收调节功效。其内容主要包括：对从事生态旅游服务的企业减按3%征收营业税，免征城市维护建设税和教育费附加；对为提供生态旅游服务而购置的用于景区内的汽车，免征车辆购置税和车船税；对在生态旅游景区内的饭店、旅社和度假村减免营业税、房产税和城镇土地使用税；对企业新开发的生态旅游产品和生态旅游线路而取得的收入，可减免1~3年企业所得税等。

• 消费环节的税收优惠政策。应以低碳消费为导向，充分发挥税收引导作用。其内容主要包括：鼓励使用节能、环保汽车进行生态旅游，通过减免电动汽车车辆购置税等方式，倡导游客景区内使用电瓶车、自行车或步行；对景区内从事污水、垃圾回收处理的企业，在免征增值税的同时减免1～3年的企业所得税；对生态旅游景区内采用节能环保的材料和设备从事服务的企业减按3%征收营业税，并减免1～3年的企业所得税。

第二，绿林药源产业的税收政策。其政策措施主要包括以下三个方面：

• 投资环节的税收优惠政策。以促进设备更新、吸引社会资金、争取信贷支持和实现规模经济为导向。其内容主要包括：对绿林药源企业（以下简称企业，除指定说明外）进口或在境内购买用于生产的先进设备和仪器，可减免关税和增值税；对资金缺乏、融资困难的企业，实行投资额税前扣除和再投资退税的优惠政策，吸引社会资本；对金融机构发放企业贷款减免营业税，引导其资本投入；对投资基地建设的企业，减征企业建设期所得税等。

• 生产环节的税收优惠政策。其内容主要包括：允许生产企业固定资产加速折旧，提高产出能力；研发费用在享受所得税优惠的基础上，可适当缩短无形资产的使用年限；职工教育经费超过扣除比例部分，允许在以后年度扣除；计算应税所得可扣除一定比例的准备金，允许其取得其他企业投资收入按比例作为所得税免税收入；科研人员应税工资、研发津贴和奖励、转让专有技术所得等减免个人所得税，发挥税收对人力资本的激励作用等。

• 销售环节的税收优惠政策。其内容主要包括：对企业销售绿林药源等产品，实施增值税即征即退与先征后退政策；在实行增值税出口免退政策的同时，扩大出口退税范围，并适用较高退税率，提高产品国际竞争力；对主要从事市场营销、物流运输的企业，并为绿林药源产业提供服务所得收入减按70%计入应税收入；对销售给企业为提高其技术水平和创新能力而购置的专利技术等无形资产所得收入，免征增值税等。

6.3.2 实施税务执法依法行政

近年来，黑龙江省税务执法依法行政工作取得了明显成效，如法制度系日益健全、管理方式不断创新、行政行为更加规范、法治环境有所改善和征管水平逐步提高等。这不仅有助于加快全省财源建设进程，也为各经济区发展营造了良好的税收环境。但其个别税务机关在行政执法过程中，仍然存在着执法行为不规范、监管制度不完善、责任落实不到位等问题，影响着各项税收优惠政策的落实。因此，规范税务执法行为、完善监督检查制度和明确税务执法责任应作为黑龙江省推进税务依法行政工作的重点。

（1）规范税务执法行为。黑龙江省各级税务机关依法行使税款征收、税务管理和税务稽查等职责，其依法行政的进程和能力直接影响着纳税遵从度的提高、税收征管环境的改善和法治社会的建设等。税务人员作为上述权力的直接行使者，提高其综合素质有助于加快税务依法行政进程。因此，规范税务人员执法行为应通过树立依法行政观念、加强税收业务培训和规范税务执法依据予以实现。

第一，树立依法行政观念。其措施主要包括以下两个方面：

• 加强思想政治教育。通过加强对各级领导干部党风廉政教育，使其深入理解税收“取之于民、用之于民”的内涵，提高其政治思想觉悟，牢固树立“民本位”的理念；同时应注重法治思想教育，加强“法理、法制”教育，聘请有关专家开展《宪法》《行政复议法》《行政诉讼法》《国家赔偿法》和《税收征收管理法》等法律专题讲座，提高其对税收法定的思想认识和重视程度。

• 加强税收法治宣传。通过举办税法宣传月、制作税收法定宣传手册和组织税法知识竞赛等形式加强对税法的宣传力度，并积极组织税务人员到依法行政示范省市进行考察、调研和学习，扩大税收法治的舆论范围和影响力度，潜移默化地影响税务人员的行为。

第二，加强税收业务培训。其措施主要包括以下两个方面：

• 积极开展岗位培训。注重专业人才的培养与培训，应有针对地开展税务稽查、税务评估、纳税服务、信息管税、反避税、税收政策法规、税收经济分析等岗位培训，提高税务人员的综合管理能力和服务质量；开展税收科研、财务管理、文秘、纪检监察、信息技术、后勤保障等专业骨干培训，充实税务机关人才库，使培训的内容更加符合岗位设置的需求。

• 优化教育培训方式。主要应采取专题调研、案例模拟、卷宗整理、事务所实习、关键岗位跟踪学习、开设网络课堂等新方式对税务人员进行教育培训。此外，建立培训保障体系，即通过建立“双向挂职”制度实现税收前沿与教育培训的对接；在预算经费方面，逐步将税务人员教育培训经费列入专项经费管理。

第三，规范税务执法依据。其措施主要包括以下两个方面：

- 注重政策解读规范。各级税务机关应成立专家小组和政策管理组织，负责对财政部、国家税务总局颁布的最新税收法律文件进行解读，并制定相应的实施细则，为税务人员依法行政提供政策支持；同时应建立规范性文件清理制度，定期对税务系统文件进行清理、废止和规范，以防基层税务人员在执法过程中选错、用错税收条款。

- 规范自由裁量权力。黑龙江省税务局已出台多个有关行政裁量的规范性文件，但这些文件对具体行为的裁量标准依旧不够精细化、准确化，导致税务人员在执法过程中做出不当甚至是违法违规的行为。因此，今后应注重对行政处罚进行分类、规范、细化和公示，使税务人员和纳税人都能知晓税务执法行为权限。

（2）完善监督检查制度。不断完善税务行政监督检查制度，对规范税务执法人员行为、健全税务系统内部管理机制和预防税务纠纷与矛盾等方面有着不可替代的作用。针对黑龙江省税务系统内部监察制度成效较低和税务信息公开制度欠缺等问题，可通过明确监察机构职责、建立长效监察机制、规范税务信息公开的内容及形式等方式完善税务行政监查制度。

第一，加强税务内部监管。其措施主要包括以下两个方面：

- 明确监督检察职权。依据相关法律法规出台的系统内部的监督检查规范性文件，并将有关税收法律法规、规范性文件的执行情况，以及有关岗位轮流、职权划分和干部选拔等执行情况，均纳入检察机构的审查范围；对监督检察的实施流程、选择对象、考核标准、结果公示、反馈分析等均做出明确的规定，实现监查履职有依据、税务人员行为有限定。

- 建立监督检查长效机制。逐步形成定期、定点、定量的长效税务监查机制，督促税务人员注重自身执法行为的规范、注重税务行政处罚的合法性与合理性、注重纳税服务质量的提升、注重日常事务资料的整理与备案等工作，开创以监督检查促规范合理的依法行政新局面，杜绝“人情税、关系税、过头税”问题的发生。

第二，推行税务信息公开。其措施主要包括以下三个方面：

• 规范信息公开形式。黑龙江省各级税务机关应注重公开税务信息形式的规范和统一，将不同的信息进行分类和归纳予以公开并整理分析，从而实现年度、季度、月度数据的连续性和可比性。

• 丰富信息公开内容。各级税务机关应逐步将各年度税收收入、系统内部规范性文件、行政处罚裁量标准、行政绩效考评结果、人事变动信息等内容，纳入税务机关信息公开内容，方便纳税人对税务机关与人员的监督。

• 优化信息公开渠道。加强税务机关网络建设，将符合《政府信息公开条例》原则、理念的内容通过网站渠道公开；通过宣传手册、业务指导手册等形式向社会公开税收政策、办税流程等信息；借助 12366 热线平台满足纳税人的需求。

（3）明确税务执法责任。为全面提高税务人员的依法行政能力，提高税务机关依法行政水平。黑龙江省各级税务机关在全面推行执法责任制、规范税务行政裁量权、完善税收执法程序和改进税务执法方式等方面取得了一定的成效，但也存在着责任淡化、管理松懈等问题，因而应进一步采取措施。

第一，落实过错责任制度。其内容主要包括以下两个方面：

• 完善税务举报制度。黑龙江省税务系统应完善纳税人举报制度，并注重维护纳税人的合法权益，应设立专门的机构、配备专职人员负责受理纳税人举报的事项，并认真做好基本信息记录、真实情况调查、过错责任判定和相关材料上报等工作；同时要重视对举报人基本信息的保密及纳税人合法权益的保护。

• 实施过错责任划分。一方面，应对税务机关单位领导、中层干部和基层税务人员不同的职责范围，将不同的涉税事项责任划分为决策责任、领导责任、执行责任等；另一方面，根据不同行为人主观意图、涉税事项处罚金额和对纳税人造成的经济损失等因素，并将承担过错责任的惩罚形式划分为警告、记过处分、停职处分、承担部分经济赔偿等。

第二，实现行政司法对接。法律责任一般可分为行政责任、民事责任和刑事责任，目前税务机关及其人员因“越位”“缺位”或“行政不作为”等原因而受到的处罚通常是行政责任或内部责任，主要包括通报批评、责令待岗、记过处分等，这在一定程度上纵容了税务人员的违法行为。因而各级政府及税务机关应积极引入司法监督，以实现税务行政与司法的有效对接。

实现行政司法对接的措施主要包括：设立专门的机构和人员负责与司法机关的沟通与协调，以及涉税纠纷案件相关资料的整理与转移，积极配合司法机关对涉税案件进行调查、传讯等；同时要求税务机关及其人员牢固树立法律意识，对司法机关做出的裁定、判决等应主动执行，对需承担的经济赔偿责任也应严格按照《国家赔偿法》执行。

6.3.3 加强税收征收管理工作

黑龙江省国税和地税系统，近年来紧紧围绕黑龙江省八大经济区和“十大工程”建设项目，全面贯彻落实国家出台的各项结构性减税政策，在税收征管方面取得了不俗的成绩。如“十一五”期间黑龙江省经济平稳发展，全省国税系统共组织税收收入 3732.3 亿元，是“十五”时期的 1.9 倍，增收 1726 亿元，年均增长 6.8%。我们认为，健全税源监管体系、科学制订税收计划和提高税收征管效率，应作为黑龙江省加强税收征收管理工作的重点。

（1）健全税源监管体系。近年来，黑龙江省各级税务机关紧紧围绕“服务科学发展，共建和谐税收”的工作主题，切实遵循“总结、规范、创新、落实、提高”的科学方法，深入开展“创业、创新、创优”实践，为全省经济社会又好又快、更好更快发展做出了积极贡献。针对目前全省税源监管体系的问题，其应对措施是加强全省税源监控和强化风险应对机制。

第一，加强全省税源监控。其措施主要包括以下两个方面：

- 加强重点税源监控。黑龙江省各级税务机关应遵循“注重效能、分权制衡”的工作原则，通过稳步扩大重点税源的监控范围、逐步完善监控指标体系等方式，建立与完善重点税源企业税收管理和服务机制，旨在进一步提高重点税源企业纳税管理和服务的效率、效益和效果，最终实现税源日常管理、调查核查、纳税评估三个业务体系的税源管理职责的有机整合。

- 完善非重点税源监控。黑龙江省各级税务机关应推行零散税收税源管理方式，如对税额较小的个体工商户实行委托代征方式，以节省人力物力资源，实现征管效益的最大化；加大对非重点税源的不定期检查力度和频率，堵塞管理漏洞，提高非重点税源监管的质量和效率。

第二，强化风险应对机制。其措施主要包括以下三个方面：

• 加强征管档案管理。黑龙江省各级税务机关应制定与完善纳税人征管档案管理的相关办法，为积极征管档案电子信息化的推行与应用提供制度保障；进一步优化征管流程，规范岗位责任体系建设。

• 健全风险预警机制。建立健全纳税遵从度风险指标体系及数据库，规范税收风险防范与管理流程，制定纳税遵从风险应对预案，并设立专门的风险预警机构负责对税收风险数据进行分析，以便对达到税收风险点的纳税人采取有效措施。

• 强化征管质量考核。拓宽积极征管质量考核层面，提高日常征管工作质量，以适应不同时期、不同发展战略下征管工作的实际；加强软件运行、网络维护等各项技术保障工作，发挥信息技术对强化税收征管的支撑作用。

（2）科学制订税收计划。黑龙江省各级税务机关应从税收的产业、行业、区域、税种、结构等不同角度分析宏观经济各方面的基本特征，结合经济结构调整和发展方式变化等状况，研究经济税收运行规律，把握税源变化趋势；遵循从经济到税收原则，根据经济发展预期和阶段运行特点，搞好税收收入预测，科学下达收入计划，准确把握计划执行情况。

第一，与经济增长相适应。实现税收科学、稳定、合理增长与经济相适应，其应对措施是开展税收收入预测和加强纳税能力评估。

• 开展税收收入预测。税收收入预测是制定税收收入计划的前提，为其提供准确、科学的依据。黑龙江省各级税务机关可设立专门的经济分析预测部门，引入税收征管软件、重点税源监控软件进行数据分析对比，通过综合运用一般均衡分析、应用弹性系数法和税收负担率法等，提高税收收入预测的准确性。

• 加强纳税能力评估。纳税能力直接影响着地区税源的充裕情况、税基的广阔程度，加强对其评估评价也可有效增强对税收收入的预测水平。可通过建立纳税人电子档案库、完善纳税信用等级评估等方式建立纳税能力评估制度，准确评价税源的质量情况，挖掘税收收入潜力。

第二，实现相关指标分类。由于现行税收收入计划缺少税种、行业、产业指标，可在设立总量指标的基础上对指标进行分类和细化，其措施主要包括设立经济数量指标和完善功能指标体系两个方面。

- 设立经济数量指标。根据各级税务机关负责征管税种的基数范围、纳税能力、所占比重，可设立不同的总量和增量指标；根据辖区内国有大中型企业、合伙企业、个体经营者的数量和以往纳税数额，可设立企业类型收入指标；根据地区三次产业比重、产业集群情况、纳税信用等级，可设立产业收入指标等。

- 完善功能指标体系。税收计划功能指标除包含总量、增量、产业指标等数量指标，还应包括各项功能指标，如重点项目园区税收管理情况、税务稽查反馈情况等。此外，应将税务人员队伍、信息化建设、执法监察力度等均纳入该计划，使税收收入计划更加全面、系统和规范。

（3）提高税收征管效率。近年来，黑龙江省各级税务机关牢固树立科学化、精细化的管理理念，大力推行专业化、信息化管理，旨在完善税收征管运行机制，提高税收征管的质量与效率。但目前全省税务系统运行机制依旧存在着纵向互动性不足、税控系统应用率不高和考评机制不完善等问题，因此应进一步提高税收征管效率，其措施主要包括注重征管设施应用、完善征管运行机制和发挥税务稽查作用。

第一，注重征管设施应用。其措施主要包括以下三个方面：

- 推广税控系统应用。在黑龙江省全省范围内大力推广税控收款机、有奖普通发票和税控收款机远程抄报税系统的应用，确保各企业税收数据的正确生成、可靠存储和安全传输，提高税收征收管理的效率和质量。

- 应用综合征管软件。在黑龙江省全省范围内完善税收管理员制度，开发并建立税收管理员平台，完善综合数据管理系统，形成税源与征管相互补充、相互促进、相互制约的工作机制。

- 加大发票管理力度。黑龙江省各级税务机关应认真落实发票管理办法及其实施细则，加强对普通发票特别是增值税专用发票的监督管理，完善外网发票真伪查询系统，开展互联网发票真伪查询服务，加大发票日常稽核检查力度。

第二，完善征管运行机制。其措施主要包括以下两个方面：

• 完善纵向互动机制。黑龙江省各级税务机关应认真落实征管状况分析一体化工作制度，对目标规划、监控分析、应对反馈、督察考评等环节进行专业化分工，明确市局、县区局、分局（所）和税收管理员应履行的税源管理职责，充分发挥横向互动、上下联动、内外协作的征管状况分析一体化运行机制的作用。

• 建立反馈长效机制。黑龙江省应建立并完善税收政策效应评价和反馈的长效机制，引导纳税人了解和运用相关政策，及时兑现国家各项税收优惠政策；组织专职税务人员深入企业和基层开展调研，及时收集和整理各项基础数据，统计分析政策的执行状况，及时掌握政策执行过程中暴露的新情况、新问题和新需求。

第三，发挥税务稽查作用。其措施主要包括以下三个方面：

• 实行分级分类管理。税务稽查部门可运用分级分类管理模式，合理划分企业类型并确定相应稽查方法，如对重点税源企业采取轮查，对一般税源企业采取稽查选案常规检查；对重大税收违法案件实施重点稽查，对一般税收违法案件实施分级稽查；实现稽查资源与重点税源相对应。

• 加强涉税工作协作。各级税务机关应加强与海关、工商、公安、银行等部门和机构的沟通与合作，加强部门之间纳税人涉税信息、财务信息的共享，密切配合共同打击虚开增值税发票、其他凭证扣抵、骗取出口退税等违法行为。

• 实行稽查备案制度。应落实重大税务案件执行标准和备案制度，加强案例收集和交流，针对税收征管的薄弱环节进行改进，提高税务稽查的质量和效率。

6.3.4 不断提高纳税服务水平

纳税服务水平的提高有助于营造和谐、高效的税收环境，为加快黑龙江省八大经济区发展提供动力和支持。如黑龙江省国税局已经制定了纳税服务体系建设总体方案，明确提出“八化”工作目标，即服务队伍专业化、服务平台集成化、服务场所标准化、服务内容规范化、服务流程简捷化、服务方式多元化、法律救济常态化和服务评价社会化。但目前黑龙江省纳税服务工作依旧存在平台建设落后、服务方式有限等问题，因而应进一步提高纳税服务水平。

（1）完善纳税服务平台。其措施主要包括以下三个方面：

• 出台纳税服务办法。黑龙江省税务系统应出台统一的《办税服务工作规范》，明确纳税服务的岗位职责、标准流程、责任主体、反馈期限等，实现纳税服务的规范化、合理化和公开化。

• 科学配置服务资源。应在全省范围内按照统一标准在办税服务厅配置导税服务器、排队叫号系统、视频监控系统及彩色大屏幕等服务资源，逐步把办税服务厅从侧重办税服务转型为集办税服务、税法宣传、咨询辅导、权益保护及征纳沟通等多种服务于一体的实体化综合服务场所。

• 提升12366服务质量。通过开辟专门办公场所、择优挑选税务骨干座席受理、组织有关系统讲解和上机操作的培训、增设语音录音功能等手段提高纳税服务热线的服务质量和满意程度。

（2）优化纳税服务方式。其措施主要包括以下三个方面：

• 推广横向联网系统。各级税务机关应积极与商业银行等机构合作开发税收库银接口软件，着力搭建电子缴库平台，并通过确定基金规费收缴及核算流程、设立基金规费预算外专户、协调国库与各商业银行进行联调测试等措施扩大横向联网系统的应用范围。

• 开展上门跟踪辅导。组织专业技术人员和税收征管专门人员对企业进行上门和跟踪辅导，在发票购买、纳税申报与税务咨询等方面提供更加便捷的服务。

• 优化门户网站功能。如在税务网站上设置办税指南、纳税咨询、状态查询、办理流程和网上报税等模块，完善门户网站的服务功能；同时可开通微博、微信等大众服务平台，为纳税人提供最新涉税文件和最新税务通知等即时信息。

（3）注重纳税服务考评。其措施主要包括以下三个方面：

• 健全服务评价体系。各级税务机关可采取问卷调查、对纳税人实行定期回访等形式，通过定量分析和定性考察，及时了解纳税人对纳税服务现状的真实评价，掌握纳税人对纳税服务的真实需求，充分发挥纳税人和社会各界对税务机关纳税服务工作的监督作用。

- 应用绩效考评结果。各级税务机关应建立纳税服务行政问责制度，将纳税服务评比结果作为税务人员薪资奖励、干部选拔、职位晋升的重要参考标准，对未能规范、及时、合理提供纳税服务的人员进行惩处。

- 加强合法权益保护。各级税务机关通过丰富税法宣传内容、优化税法宣传方式等手段，为纳税人提供个性化税法宣传服务；建立与纳税人的沟通渠道，及时处理纳税人的意见和建议。

6.4 “八大经济区”发展的金融支持政策

目前，黑龙江省金融政策还存在着诸如农村金融体系不健全、城市金融管理机制落后、现代金融中心尚未形成、金融发展环境欠佳等问题，应采取有针对性的措施予以完善。发展黑龙江省八大经济区的金融政策的总体要求主要包括：一是与地方经济社会相协调，其金融政策的制定和实施应服务于地方经济发展战略，以满足全省经济社会发展资金要求、提高金融对经济社会发展的支持作用为主要目标；二是借鉴国内外先进地区金融业发展的政策经验，充分发挥市场在资源配置中的基础作用，大力推进金融业改革，努力破除影响金融业发展的体制机制障碍，着力提高资产质量和经营效益，不断提升金融业市场竞争力；三是注重金融创新与风险防范，遵循金融业发展规律，结合地方经济特色，切实加大金融创新力度，满足多样化金融需求，同时注重金融运行质量和风险防控，健全监管机制，确保全省金融业持续健康发展和社会的和谐与稳定。我们认为，加快黑龙江省八大经济区发展的金融政策主要包括完善农村金融体系建设、建立健全城市金融机制、加快现代金融中心建设和改善金融发展外部环境。

6.4.1 完善农村金融体系建设

作为我国农业大省，黑龙江省在发展现代化大农业方面具有明显的比较优势，如粮食产量和商品粮量全国第一，全省农村人口比重较大。当前，黑龙江省正处在加快推进传统农业向现代农业转变、加快农村城镇化建设的关键时期，金融政策作为重要支撑，应不断丰富农村金融主体、支持现代农业发展和创新农村金融制度，这是助推全省农业现代化建设及加快“八大经济区”建设的有效举措。

（1）丰富农村金融主体。黑龙江省应建立多元化农村金融组织体系，刺激和促进更多的商业银行、专业银行、外资金融机构和非银行金融机构等进入农村市场，创造条件扶持各类民间金融组织发展，发挥民间金融的补充作用，实现农村金融组织多样化，使农村市场增加更多的金融供给主体，逐步形成政策性、商业性和合作性等金融机构合理分工、有序竞争、共同发展的农村金融体系。其重点主要包括以下三个方面：

第一，充分发挥银行作用。其内容主要包括：发展政策性支农机构，鼓励和支持国家开发银行、中国农业发展银行等政策性银行将资金注入农业和农村，重点增强网点的服务功能，进一步拓展县域地区信贷业务，解决农村个体私营经济贷款担保难的问题；发挥商业银行作用，通过财政贴息、税收优惠等手段，刺激和促进大型商业银行、股份制商业银行和城市商业银行等进入农村市场，支持商业银行开展新业务、新设网点实现农村金融组织的多样化、有序化和竞争化；积极发展邮政储蓄银行，扩大邮政储蓄银行的网点的覆盖面积，开放基层邮政储蓄资金的直接运用渠道，将邮政储蓄业务范围着重定位于面向农村的政策性金融服务机构。

第二，发展其他金融主体。其内容主要包括：深化农村信用社改革，通过县级联社改制为统一法人社等方式增加农村信用社的存贷款总量，降低不良贷款的总量和比重，增强其服务于“三农”的综合实力；培育农村中小金融机构，支持民间资本在农村发起成立村镇银行、专业化贷款公司，规范民间借贷业务，实现农村金融机构的多元化，增加农村信贷供给；支持农村保险机构发展，逐步建立起政策性和商业性农业保险体系，有效增强农业抵御和防范风险的能力，化解农村金融信贷风险；完善农村中介组织体系，培育建立规范的农村中介组织体系，大力发展政策性融资担保机构，引导设立商业化融资性担保机构，发展壮大农村互助担保组织，切实解决农民贷款担保难题，实现金融与农村的融合与互动。

（2）支持现代农业发展。总体上各农村金融机构应明确金融支持重点和主攻风险，即以全省粮食生产为重点，支持粮油收储、加工、流通等粮食全产业链发展，特别是支持地方国有粮食购销企业；大力支持农业和农村基础设施建设、农产品基地建设、农产品流通体系建设及农业产业化龙头企业做大做强，推进农业产加销一条龙、贸工农一体化；通过创新信贷品种，支持特色农业、绿色农业发展，增加现代农业信贷投放。主要包括以下两个方面：

第一，加大企业支持力度。农村金融机构及新型农村金融组织，应结合黑龙江省发展现代化农业、发展外向型农业、加快农业综合开发试验区发展等发展战略和发展思路，将农村企业、涉农产业作为金融支持的重点，突出金融支持的重点方向，加大金融对推进“农业大调整、建设大水利、发展大农机、推广大科技、推进大合作、构筑大产业”等方面的信贷投放；对划定区域内管理规范、经营稳健、经济效益好、发展潜力巨大的农村优秀农业企业给予优先信贷支持；对符合条件的优质农业企业探索发放应收账款质押贷款、仓单质押贷款；通过简化贷款手续、缩短办理时间等手段完善农户小额信用贷款和农户的联保制度，实现手续齐全时柜台一次性办结方式；商业银行应探索通过银团贷款等方式，满足农业企业融资规模较大、项目较多的信贷需求。

第二，大力支持项目发展。黑龙江省各类农村金融机构可通过开发创新信贷产品、加快贷款审批办理等方式，积极支持黑龙江省粮食产业、绿色食品产业、农机装备制造业、林下经济产业、农村特色产业、种子产业等现代农业发展的重点项目；对符合信贷条件的农业科研、种植、加工、仓储及农资储备等涵盖现代农业产业链和相关的农村服务业贷款，优先受理并缩短办理时限；积极满足已获国家有关部门支持的农业发展项目及农业产业化龙头企业、农村专业合作组织的融资需求；加大对农村基础设施建设的信贷支持力度，建立和完善农业中长期信贷投放的激励机制，加大对农业综合开发、农田水利建设、农业商品基地建设和城乡统筹发展等重点领域的信贷支持力度，并根据其不同的需求特点，通过完善信贷管理制度和创新信贷管理模式等方式，加强涉农基础设施信贷投放。

（3）创新农村金融制度。2014 年中央一号文件《关于全面深化农村改革加快推进农业现代化的若干意见》提出，要通过强化金融机构服务“三农”

职责、发展新型农村合作金融组织、加大农业保险支持力度等途径加快农村金融制度创新。黑龙江省除鼓励并引导金融机构更新和改造农村金融服务设备，包括增加计算机结算系统、自动取款机和构建城乡通用的现代化支付结算系统外，还应从加快金融产品创新、扩大抵押担保范围和改革投资融资方式等加快全省农村金融制度的创新。

第一，加快金融产品创新。黑龙江省各金融机构应根据农村金融服务对象、行业特点和需求差异，积极开发符合农村经济特点和农户消费习惯的金融产品，如扩大小额信用贷款和联保贷款覆盖面，探索以“订单+期货”模式，引导订单农业健康、有序发展；创新涉农科技金融产品，切实加大对农业技术转移和成果转化的信贷支持力度；围绕地方支柱行业、特色产业及其核心企业、产业集群开发产业链信贷产品，促进区域经济快速的发展；开发促进农业产业化经营和农民专业合作社发展的信贷产品，促进农业规模化发展和产业升级；加快结算产品创新，根据农村金融客户的融资特点创新结算产品，提高农村客户结算效率，降低资金的在途成本；创新粮食流通信贷模式，支持粮食电子交易市场建设，支持创办“粮食银行”试点工作，减少粮食流通环节，增加农民收入。

第二，扩大抵押担保范围。黑龙江省应努力扩大农村各类不动产、动产和权利抵（质）押的范围，鼓励金融机构对归属清晰的土地承包经营权、集体林权、草原使用权、知识产权、股权、货物、农用生产设备、订单和应收账款等农户和农村中小企业产权，积极发放抵（质）押贷款；针对龙头企业和农户金融服务需求的特点，开发专门的龙头企业贷款、贸易融资、贴现、保理、贷款承诺、保证、信用证、票据承兑等表内外授信和金融业务产品和服务；鼓励农业保险产品创新，与发展订单农业相结合，大力发展以农产品收购订单为依据的跟单农业保险；担保机构充分发挥其应有的功能，不断创新担保方式，加快组建农业产业链、畜牧养殖、对俄经贸和商贸物流等特色专业担保机构，提升担保融资服务的针对性和有效性。

第三，改革投资融资方式。黑龙江省应鼓励并支持农村金融机构探索金融衍生产品和新型投融资组合，不断创新投融资方式；通过私募股权基金、产业投资基金、创业风险投资与信贷资金融合，为农业科技研发、农业产业园区建设等提供必要的资金支持；加快发展大额和信托类融资产品，通过银团贷款、金融租赁等方式，支持现代农机装备项目及农田水利设施建设；探索依托“公司+合作社+农户”等模式，积极发展订单农业贷款；加强与保险机构合作，探索开展涉农贷款保证保险等业务品种；积极引导农村企业通过发行各类债券、信托基金等方式，不断拓宽融资渠道；建立与完善风险补偿制度，鼓励农村金融机构增加投入，解决农户贷款的风险补偿问题，引导农村经济中各主体形成利益共享、风险共担的利益共同体，增强整体抗御市场风险的能力。

6.4.2　建立健全城市金融机制

为加快推进黑龙江省现代金融体系建设，为全省经济区建设提供强有力的金融支持，黑龙江省政府制定的《金融业发展“十二五”规划》提出了健全地方金融协调制度、加大政策扶持力度和加强金融人才队伍建设等总体要求。针对黑龙江省城市金融市场和金融体系存在的问题应建立健全城市金融机制，主要包括明确金融支持重点、完善金融体制机制和提高综合竞争实力。

（1）明确金融支持重点。黑龙江省商业银行应以支持地方经济发展为重点，加大区域经济合作，利用与地方经济的交融性，保持与地方经济战略发展方向上的一致，寻找地方经济新的增长点，进一步扩大自身金融资源的支配范围。

第一，加大产业信贷力度。黑龙江省商业银行应通过优化信贷资金结构和加强流动性管理等方式，将信贷资金向符合国家、黑龙江省产业及信贷政策要求的“八大经济区”产业项目倾斜；合理调整信贷投放重点，大力支持“八大经济区”的重点项目，优先保证手续齐全、符合项目开工和建设条件的项目建设的资金需求；加强对新建续建项目的融资指导，减少审批环节，及时发放贷款，以提高产业项目信用等级和规范程度；采用银团贷款、长期授信和集中授信等方式，以保证信贷资金需求量较多的大型产业项目的融资需求；灵活运用贴现、再贴现等融资工具支持产业项目建设，通过票据选择支持相关企业融资需求；鼓励金融机构在完善制度、风险可控的前提下开展境内外并购贷款，支持重点企业兼并重组和引入国内外投资者；加强政银企合作，开展政银企项目对接，推动企业技术改造和淘汰落后产能，促进产业整合与产业集聚。

第二，扶持中小企业发展。全省各金融机构应积极推动符合黑龙江省“八大经济区”和“十大重点产业”项目要求的中小企业健康发展，优先满足其在新技术、新工艺、新设备、新兴业态等方面的资金需求，加大对具有自主知识产权、自主品牌和高附加值拳头产品的中小企业金融支持力度。如探索开发专利权、商标权等知识产权和股权质押贷款，拓宽战略性新兴产业和服务外包型等现代服务业的融资渠道；建立与完善同业合作制度，合理调剂信贷资源，实现贷款转让稳步发展，增加对相关中小企业的贷款支持，灵活运用组合担保贷款，提高中小企业融资效率；探索开展依托行业协会、农村专业合作组织、社会中介等适合中小企业需求特点的信贷模式创新；完善信贷管理体制，充分调动基层行的积极性，积极改进审批流程、提高审批效率，确保“八大经济区”产业项目相关中小企业获得方便、快捷的信贷服务。

（2）完善金融体制机制。健全的金融市场体系、多样的金融组织体系和完善的金融监管体系，有利于促进金融市场的有效运作和宏观经济的平稳发展。黑龙江省应积极引导各金融机构及相关企业通过债券发行、抵押担保和重组上市等方式拓宽资本融资渠道，鼓励“八大经济区”重点企业改革管理模式与机制，推广集约化经营，提高经营管理效率等。为进一步提高金融服务质量，优化金融市场体系，应从发挥资本市场功能和加快支付体系建设两个方面完善金融体制机制。

第一，发挥资本市场功能。“八大经济区”应积极引导和支持符合条件的企业通过发行短期、超短期融资券、中期票据及其他金融创新产品等形式筹措资金；鼓励和支持资信良好、实力较强的中小企业进入债券市场，运用中小企业直接债务融资工具筹集生产建设资金；引导和帮助成长性好、科技含量高的中小企业，借助中小企业板和创业板市场实现直接融资；推进多层次资本市场体系建设，以证券公司代办股份转让系统（新三板）扩大试点为契机，实现“八大经济区”企业与资本市场的对接；支持上市公司通过配股、增发、发行可转换债和公司债等多种形式再融资，实现公司治理、经营机制的转换和产业升级；探索运用资产证券化方式解决暂不具备上市条件的企业融资问题，充分发挥多种融资工具和金融创新产品的筹资功能。

第二，加快支付体系建设。黑龙江省金融机构应加强支付体系建设与管理，确保支付渠道畅通，降低资金结算成本，提高资金汇划效率，为“八大经济区”产业项目建设与企业运营发展提供快捷的资金运转通道；优化网点结构，延伸支付系统网络，构建快捷、安全的支付清算平台；强化风险管理并建立健全内控机制，确保支付系统安全稳定运行和企业安全、及时、快捷地办理资金汇划；增强服务意识，提供特色金融支持，积极为企业提供包括账户管理、资金结算等在内的日常快捷结算服务，并根据自身情况为企业提供账户信息、资金运转和金融政策等金融信息服务；积极加大现代化支付系统的宣传力度，引导企业使用先进的资金汇划方式，最大程度地缩短资金在途时间，提高资金周转效率，实现经济效益最大化。

（3）提高综合竞争实力。提高黑龙江省金融企业的综合竞争力主要是进一步优化金融产品结构，加快金融产品创新，突出金融产品的地域性、针对性和政策性，进而提高金融企业的适应能力和综合竞争力。主要包括：加快金融产品的创新特别是符合产业项目建设的需求和目标，为相关企业提供多样化、针对性强的金融服务，如探索开展核定货值质押融资、买方付息票据贴现等业务支持装备制造业发展；开发仓单质押、动产质押、林权质押、货权质押、应收账款质押、股权质押等业务品种，加快黑龙江省绿色食品等传统优势产业发展；提供知识产权质押、经营权质押、景区门票收费权质押等融资服务，支持新材料、生物等高科技产业及现代服务业的发展等；办理企业出口买方信贷、保函、出口信用保险项下贷款、出口退税融资等业务，为出口企业提供贸易融资。

6.4.3 加快现代金融中心建设

《黑龙江省金融业发展“十二五”规划》明确提出了将“加快哈尔滨区域金融中心建设，不断增强其金融辐射力和集聚力”作为未来金融业发展的重点，并提出通过优化城市总体规划、整合金融资源、创新金融产品和优化结算方式等方式，培育和打造哈尔滨区域金融中心，完善金融区域功能布局并积极引进境内外各类金融机构。结合黑龙江省金融产业发展状况及经济社会发展的需求，可从改革开放金融市场、提高外汇管理质量和注重金融人才培养三个方面加快现代金融中心建设。

（1）改革开放金融市场。黑龙江省金融机构应积极深化金融改革，强化市场机制在推进黑龙江省区域性金融中心建设中的作用，积极争取国家金融改革试点政策，进一步创新金融机制、市场监管、机构设置、金融产品和业务种类等；树立绿色金融理念，支持节能、环保产业和循环经济，推动资源节约型、环境友好型社会建设和实现可持续发展。不断扩大金融开放，加大金融招商力度，以重点功能区为载体，以日韩、中国港台、新加坡、欧美为重点，积极引进金融总部、区域总部和功能总部，广泛吸引内外资各类金融机构、投资机构、基金公司、后台服务机构及中介机构进驻；积极推进与境外金融机构战略合作，注重引入国际先进的管理经验、市场开发手段、业务运作模式及国际金融人才，不断提高国际竞争力。

（2）提高外汇管理质量。黑龙江省各级外汇管理部门要积极发挥政策导向作用，建立信息共享机制，引导企业运用各项优惠政策；建立和完善多层次的外汇金融服务体系，推动农村合作金融机构、外资银行、外币代兑机构和个人本外币兑换特许机构等外汇业务发展，满足城市及农村地区的对外经济发展需要；引导外汇指定银行开展金融产品和服务创新，为涉外产业相关企业提供海外代付和融资性保函等对外融资产品，以及远期利率和汇率协议等金融衍生产品和避险工具，满足企业的生产经营、支付结算、投资和避险需求；拓展边贸本币结算业务范围，积极推进卢布现钞市场的发展，扩大中俄代理行的数量和业务范围，推动对俄贸易发展；坚决严厉打击外汇违法犯罪活动，净化全省外汇市场环境，倡导“诚信兴商”，为全省对外经贸发展提供良好的外汇管理环境。

（3）注重金融人才培养。其措施主要包括加强金融人才引进和加强人才教育培训两个方面：

第一，加强金融人才引进。黑龙江省政府及有关部门应制定金融人才规划，坚持培养、引进和使用并举的方针，创造吸引人才、用好人才和培养人才的体制机制和良好环境；根据金融产业的人才及市场需求的特点，研究制定金融人才队伍建设规划和配套措施，为优秀金融人才脱颖而出创造良好条件；引进高端金融人才，建立激励机制并完善配套措施，加大对金融业紧缺人才特别是高层次人才的引进力度；积极为各类金融高级人才在工作、生活方面提供落户、居住、子女教育、医疗、出入境等便利服务，对符合条件的金融总部、区域性管理总部的高级管理人员、高端专业人才给予专项补贴。

第二，加强人才教育培训。黑龙江省应充分利用财经、金融类院校和培训机构的优势，鼓励高校和培训机构有针对性地加强金融人才的培训，通过学历教育、专业讲座、业务培训、国内外金融专家专题授课等多种形式，为金融从业人员提供继续深造的机会，提高金融人才队伍的专业素质；加强金融机构与海内外高校、科研院所的合作及境外培训，大力培养复合型、实用型、创新型、国际型、实战型等高级金融人才；建设金融人才培育基地，支持黑龙江省金融院系的发展，鼓励金融机构设立培训中心、实习基地，加大金融培训力度，对全省金融系统和各级政府相关工作人员开展金融培训教育活动，开拓视野，更新知识，着力提高金融管理干部指导或支持金融业发展的能力。

6.4.4 改善金融发展外部环境

构建和谐金融环境是我国新形势下加强金融宏观调控能力、维护金融与社会稳定，促进国民经济持续、健康、有序发展的重要举措。金融业发展的外部环境主要是社会企业信用状况、政府政策支持情况、金融监管部门监督效果和司法机关执法力度等多个方面。针对其现阶段存在的问题，改善金融发展外部环境的措施主要包括以下三个方面：

（1）建立企业诚信体系。黑龙江省政府应积极引导各金融机构深入推进“诚信龙江”建设，完善企业和个人信用信息基础数据库，强化系统管理，提升系统数据质量，继续扩大非银行信息采集范围；健全社会信用体系，完善社会信用信息共享机制，推进全省公共信用信息平台建设；积极加快培育信用服务市场，发展信用服务机构，拓展征信服务应用领域，加快征信产品创新，促进信用信息共享；积极支持中小企业信用体系、农村信用体系建设，切实加强信用管理，形成信用约束机制，培育和规范多元化信用主体；加大失信惩戒力度，综合运用法律、经济及舆论监督等手段，严厉打击各种金融犯罪和逃废银行债务行为，依法保护金融企业权益；增强企业和个人信用观念，建设诚信政府、诚信社区、诚信企业和诚信业户，创造诚实守信、公平有序的金融市场环境。

（2）强化金融市场监管。黑龙江省银监会、证监会和保监会等金融监管机构应完善监管手段、加强金融监管，建立政府部门和金融监管机构协调机制，形成良性互动、贴近市场、信息共享、风险可控的综合监管体系；加快处置历史遗留问题，消除风险隐患，完善金融风险预警和金融稳定监测指标体系，健全应急机制和防控预案，形成有效的风险监控和信息报送网络，增强金融风险防控和突发事件处置的能力；加大金融案件查处力度，依法打击各类金融违法犯罪行为，维护金融稳定；加强金融法律法规宣传和风险教育活动，提高全社会金融意识和风险防范能力；充分发挥金融发展促进会、银行业、保险业、证券期货业、上市公司、担保公司等行业协会的作用，加强行业自律，依法维权，防控市场风险。

（3）改善外部综合环境。借鉴上海市、天津市等地促进金融发展的先进经验，建立激励、引导、保障机制，吸引各类金融机构进入黑龙江省，推动金融资源的聚集和促进金融的发展；完善支持金融机构落户、金融创新、股权投资等政策机制，加大对金融中心建设的支持力度；支持金融监管部门依法履行职责，加强地方金融工作部门、执法部门与金融监管部门之间的密切合作，支持司法机关完善金融诉讼案件审理机制，探索设立金融法庭，加大金融案件的立案、审理和执行力度，规范企业破产行为，依法维护金融债权；继续深化金融行政体制改革，实施依法行政，推进电子政务，提高办事效率，营造透明高效的行政环境；建立和完善金融机构与政府部门的信息联络、工作交流机制，及时了解掌握金融业发展动向。

6.5 本章小结

本章针对黑龙江省八大经济区发展的产业政策、财政政策、税收政策与金融政策存在的问题，在借鉴国内外相关经验的基础上，提出加快“八大经济区”发展的经济激励政策建议。主要包括：在产业政策上，应调整三次产业比重关系、充分发挥主导产业优势、优化产业布局及结构和改善产业发展外部环境；在财政政策上，应加大财政资金投入力度、建立健全财政补贴制度、规范财政转移支付制度和强化专项发展资金管理；在税收政策上，应加大税收优惠政策力度、实施税务依法行政管理、强化税收征收管理工作和不断提高纳税服务水平；在金融政策上，应完善农村金融体系建设、建立健全城市金融机制、加快现代金融中心建设和改善金融发展外部环境等。

7 黑龙江省八大经济区发展的社保就业政策建议

社会保障和就业（以下简称社保就业）政策的贯彻实施，能有效保障城乡居民基本生活和就业，提高居民收入水平。黑龙江省近几年采取平稳有效的社会保障就业政策，农村居民人均纯收入由2006年的3552元增长至2013年的9634元，增长了171.23%；城镇人均可支配收入由2006年的9182元增长至2013年的19597元，增长了113.43%（见图7-1）。

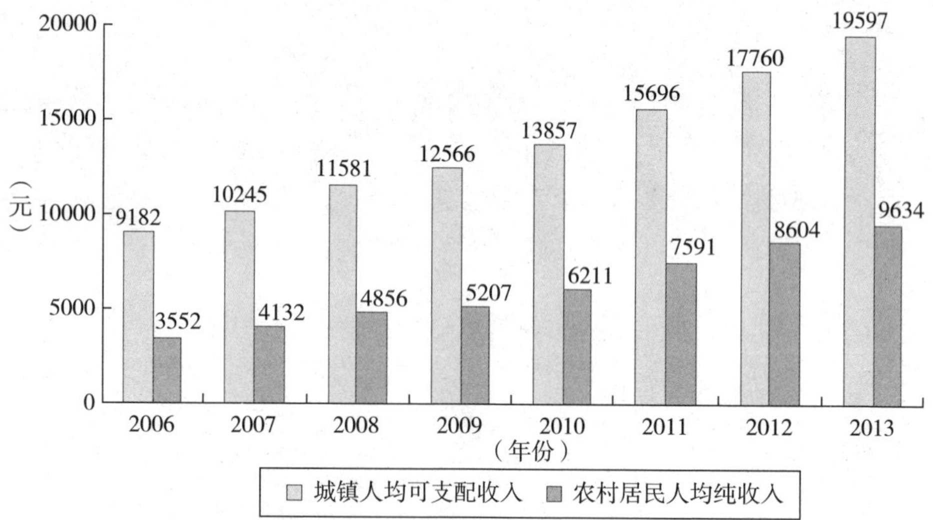

图7-1　黑龙江城乡居民收入比较图

资料来源：《黑龙江省统计年鉴（2014年）》。

上述数据表明了黑龙江省社保就业政策取得了显著成效，为黑龙江省发展“八大经济区”和“十大工程”提供了民生保障；同时黑龙江省应进一步完善社保就业政策，以发挥其在“八大经济区”发展中的应有保障作用。

7.1 “八大经济区”发展的社会保障政策

科学制定和实施黑龙江省社会保障政策，对构建黑龙江省和谐社会和促进“八大经济区”发展具有重要的现实意义。2009—2013 年黑龙江省社会保障事业呈现良好的发展势头，城镇社会保险各险种参保人数平稳提升；农村社会养老保险取得巨大进步，社会保险基金的累计结余由 2009 年的 650 亿元增长至 2013 年的 829 亿元，增幅为 27.54%；基金各年度收入大于支出，略有结余，为扎实、有效地开展社会保障工作奠定了坚实的基础（见表 7－1）。

表 7－1　　黑龙江省社会保险基金基本情况

项目			2009 年	2010 年	2011 年	2012 年	2013 年
社会保险基金（亿元）	城镇基本养老保险	收入	614.4	729.9	653.2	870.7	845.6
		支出	527.5	705.9	677.5	867.8	886.0
		累计结余	419.9	479.0	416.4	469.9	429.5
	城镇职工基本医疗保险	收入	129.2	113.3	107.2	163.5	187.4
		支出	81.4	95.4	82.4	145.2	170.0
		累计结余	157.0	174.9	155.7	221.8	239.2
	失业保险	收入	14.7	13.8	22.4	32.3	28.3
		支出	8.2	16.3	5.7	7.4	5.9
		累计结余	57.0	54.5	71.2	96.1	118.9
	工伤保险	收入	9.4	11.6	15.6	18.7	21.1
		支出	6.9	9.2	6.2	16.6	18.8
		累计结余	10.7	13.1	17.9	27.7	30.1
	生育保险	收入	2.6	3.0	2.5	5.1	5.7
		支出	1.6	1.9	1.4	3.5	4.0
		累计结余	5.4	6.4	4.9	9.6	11.3

资料来源：《黑龙江省统计年鉴（2014 年）》。

党的十八大报告明确提出了“要坚持全覆盖、保基本、多层次、可持续方针，以增强公平性、适应流动性、保证可持续性为重点，全面建成覆盖城乡居民的社会保障体系”的要求，从企事业单位社会保障制度、社会保障基金、社会救助体系、住房制度、人口结构、残疾人社保服务体系等方面，为我国社会保障事业的发展指明了方向，也为完善促进黑龙江省八大经济区发展的社会保障政策奠定了基础。黑龙江省完善社会保障政策的重点，主要包括扩大社会保险覆盖范围、加快社会救助体系建设、推进社会保障制度衔接和强化社会保障基金管理。

7.1.1 扩大社会保险覆盖范围

社会保险是社会保障的核心，随着经济发展和社会进步，社会保险在稳定社会生活、实现社会资源再分配和促进经济发展中起到重要作用，是实现“老有养、病有医、伤有保、失业有救济、残障有安置、贫困有支援”目标的切实保障。社会保险覆盖面的大小，反映了一个国家或地区社会保障的范围及程度，也从一个侧面反映出一个国家或地区的经济发展水平和社会文明程度。积极扩大社会保险覆盖范围有利于社会保险政策的贯彻实施，切实缩小贫富差距、维护社会稳定，能有效促进经济社会健康、和谐、可持续发展及实现和谐社会的目标。根据黑龙江省省情，扩大社会保险覆盖范围应从提高公众思想认同、完善法律制度体系、强化经济基础建设和构建技术保障体系四个方面着手。

（1）提高公众思想认同。目前，黑龙江省农村社会保障在水平、项目和制度化方面与城镇有较大差距，公众对社会保障的需求和认可度较低，甚至产生对制度推行的抗拒和排斥心理，其中以农民、新城镇化的农村人口及农民工居多。究其原因是该群体收入低、流动多的特点与社会保障体系的长期投入、稳定统筹的特征相矛盾。此外，由于该群体缺乏对抵御风险重要性的认识及对各项社会保险的了解，参与社会保障的积极性不高，为此可从以下三个方面入手：

第一，提升领导干部水平。提高黑龙江省领导干部对社会保险事业、社会保险工作有效开展和稳定发展的思想认识，发挥领导干部在政府政策与人民群众间的纽带作用。通过自上而下的方式，加强对所属地区社会保险工作的领导与协调。

第二，提升社会公众认识。加强社会公众对社会保险事业的了解，充分发挥新闻媒体的宣传导向作用，提高公众对参保重要性的认识，促进企业遵章守法、自觉参保；同时对恶意瞒报、漏报缴费基数的单位进行曝光，为社会保险工作营造良好的舆论环境。

第三，提升特殊群体意愿。目前黑龙江省个体私营企业主及从业人员、农民工等参保意愿不强、积极性不高，各级政府及其有关部门应加大对其宣传力度，认真、细致做好政策法规的宣传工作，为该群体解惑答疑、解决困难，调动其参保的积极性。

（2）完善法律制度体系。2011 年 7 月起《中华人民共和国社会保险法》及《实施〈中华人民共和国社会保险法〉若干规定》正式实行，标志着我国社会保险事业向法制化迈出了重要一步。黑龙江省在普法宣传与贯彻执行方面做了诸多的工作，但以该法为基础、与相关行政法规、部门规章、地方性法规、政府规章相配套的社会保险法律法规体系还不健全，导致保险资金及时足额缴纳较为困难，影响了社会保险制度的运行效率；同时制度体系内部缺乏总体协调，养老保险、医疗保险、失业保险等制度改革各自为战，不能齐头并进，缺乏总体规划与协调。因此，建立和完善社会保险制度体系是推进黑龙江省社会保险事业及“八大经济区”发展的第一要务，主要包括以下四个方面：

第一，统一规范社保管理。整合社会保险管理机构职能，打破以往多头管理、条块分割的混乱局面，尽快建立权威、统一的社会保险管理机构，管理社会保险政策的相互衔接、配套及社会保险资金的调配与使用。

第二，促进社保制度创新。继续落实各项社会保险政策、加快社会保险管理制度创新，以政府为主体引导社会公众参与社保政策的制定、实施、评估与终结的整个过程，充分体现社会公众的需求。

第三，完善社保监督体系。依法监督各项社会保险政策的执行情况及社保各项基金的收支管理情况，依法对社会保险管理工作中违法乱纪现象进行监管，并定期向公众公布工作情况和监管结果。

第四，强化队伍制度建设。通过建立健全社会保险机构队伍制度，运用内部培训和外部引进相结合的手段，建设一支社会保险专业知识深厚、实务操作熟练、具备较高责任感和职业素养的现代化专业队伍。

（3）强化经济基础建设。高福利国家的经验证明，如果国家保持较低发展水平，特别是保持某种自然经济状态，不仅经济活动缺乏效率，政府也不可能集中一定资源用于公共服务，社会保障和社会公平更无从谈起①。基于此，黑龙江省要提高居民的社会保障水平、扩大社会保险范围，经济基础是必不可少的，“拆东墙补西墙”式的做法不仅不能解决保险资金来源问题，还可能激化社会矛盾。因此，必须坚持强化经济基础建设的目标，通过经济发展来提高黑龙江省经济总量，为黑龙江省扩展社会保险范围及加快“八大经济区”发展提供保证，其措施主要包括以下三个方面：

第一，增强政府社保财力。提升黑龙江省经济可持续发展能力，提高城乡人均收入和税收水平，降低社会保险缴费对参保人员的经济负担，提高参保率，稳定增加政府财政收入，使政府在扩大社会保险覆盖范围、提高水平等方面得到财政资金保证。

第二，拓宽资金筹集渠道。多渠道增加黑龙江省社会保险收入，一方面，规范现有收入渠道，发挥政府在转移支付和再分配中的功能，完善钱物捐赠制度，规范公益性基金会的运行；另一方面，拓展新的筹资渠道，如效仿福彩和体彩模式发行社会保障彩票。

第三，强化社保经费监管。提高社会保险经办机构工作效率，做好对重点行业和缴费单位的稽核工作，加大对用人单位参保缴费情况的监管，降低办公机构行政成本，确保社会保险经费的足额收缴、使用落实到位。

（4）构建技术保障体系。如果说思想认同是前提，制度体系是关键，经济建设是根本，那么技术保障就是社会保险事业发展的助力，在现有技术上革新、从相关技术中吸收、在崭新技术中探索，可为社会保险事业发展注入活力，有利于规范社会保障工作、提高工作效率、调动社会资源。社会保险体系是一个庞大的系统工程，包括参保统计、基金管理、项目数据统计、收支统计等多个方面，如果将各部分拆散分开管理，不仅管理成本巨大，而且

---

① 黄艳娥，石晶．从社会公正看扩大社会保障的覆盖面［J］．社会主义研究，2007（6）：138－140.

不利于信息共享和发挥整体效益。从促进“八大经济区”发展出发，构建技术保障体系主要包括以下四个方面：

第一，拓展社保资金险种。将商业险种作为社会保险的必要补充，利用短期商业险种来弥补社会保险资金的不足，以确保农民工等灵活就业人员在工作中享有安全保障和心理依托。

第二，提升社保信息功效。建立与社会保险信息化发展相适应的社会保险管理机构，提高软件配置、统一硬件配置，提高社会保险信息系统性能。

第三，完善社保信息系统。建立与完善社会保险信息系统，统一业务流程、整合社保数据，努力建立“一人一户头，户头随人走”的社会保险网络服务系统，减少退保、断保的现象。

第四，加强社区信息管理。优化与延伸社会保险信息管理系统，逐步推行网上申报、网上缴费、网上稽核，将信息系统的节点延伸至社区，实现收缴层面的社区化。

7.1.2 加快社会救助体系建设

党的十八大报告提出了“完善社会救助体系，健全社会福利制度，支持发展慈善事业，做好有福安置工作”的要求。加快社会救助体系的建设，有利于保护社会成员基本生活，促进社会经济繁荣发展，有效弥补社会保险制度不足。城乡居民最低生活保障制度是整个社会救助体系中的重要组成部分，以城市居民最低生活保障制度为基础，构建一个包括最低生活保障、保障性住房、医疗救助和其他相关救助措施组成的综合社会救助体系，是保障黑龙江省社会安定团结和“八大经济区”发展的重要因素之一。

（1）推进最低生活保障。其措施主要包括以下五个方面：

第一，改善低保工作环境。黑龙江省各级民政机关应全方位重视城乡低保工作，特别是乡（镇）领导的高度重视。通过改善民政工作环境和条件等方式，使民政工作队伍编制更具活力，同时提高民政工作经费，确保城乡低保工作顺利开展。

第二，强化低保对象监管。黑龙江省应加强城乡低保对象的公开透明性及对低保户收入的监查，掌握低保对象的生活水平。完善低保家庭收入计算方式，健全低保对象的动态管理机制，使民心工程、德政工程在阳光操作下得民心、顺民意、解民困。

第三，加强低保队伍建设。黑龙江省应加强城乡低保工作人才队伍的建设力度，选拔任用卓越的、有经验的人才研究制定与经济社会发展同步的科学政策，加强对管理人员的信息化培训，使工作队伍适应信息化、自动化和网络化办公的要求。

第四，低保与就业相结合。黑龙江省应避免实施最低生活保障政策过程中低保过高、“贫困陷阱”及阻碍再就业的负效应，对有劳动能力的低保户实行以岗代保政策，确保低保与就业的有机结合，形成“授人以鱼”的同时更要“授人以渔”。

第五，完善资金筹措机制。黑龙江省应进一步完善城乡低保资金筹措机制，确保资金定时足额发放；建立与完善突发困难户的最低保障政策，解决因突发疾病、事故和自然灾害引起的突然致贫户，而无法在第一时间申请到低保引起的生活困难。

（2）完善保障住房政策。其措施主要包括以下四个方面：

第一，完善保障性住房的财税政策。黑龙江省应抓住国家加大保障性安居工程资金支持的有利时机，积极争取国家更大财政支持的同时，继续加大资金投入，坚持支持政策不动摇、配套标准不降低、补助力度不减少的政策取向；同时建立保障性住房专项基金，实行差别化购房税收优惠，吸引外资和民资参与投资。

第二，完善保障性住房的金融政策。组建黑龙江省统一的保障性安居工程融资平台公司，专门负责全省保障性住房项目的投融资业务，引导各类社会资金投入保障性住房建设领域；同时从提供政策性金融支持和尝试多渠道筹措资金方面，给予金融政策的扶持。

第三，完善保障性住房的土地政策。只有充足的土地及其资源的合理配置，才能解决更多中低收入家庭的居住问题。通过增加用地储备总量、合理规划土地供给入手，对保障性住房建设用地予先保障；出台商品房开发和保障性住房建设“双挂钩”政策，将保障性住房与社会有机融合。

第四，完善保障性住房的监管政策。一方面应促进信息公开透明，即要严格实施黑龙江省要求的“三审两公示”和网上公开制度，切实施行“阳光操作”，提高政府组织机构的办事效率，有效避免“寻租”等问题，确保政策实施的公平合理；另一方面，监督建筑工程质量，对保障性住房建设的工程质量必须“零容忍”，明确责任主体、延伸监管范围、组建专业小组和严格处罚办法。①

（3）发展医疗救助体系。其措施主要包括以下四个方面：

第一，保障公民救助权利。完善立法，保障公民社会救助权，实现医疗救助法制化管理，改变相关法制建设层次不高、立法结构欠缺的问题。黑龙江省应加快公民社会救助权立法步伐，依法保障公民社会救助的权利，促进社会的公平公正。

第二，加强部门统一管理。黑龙江省应将医疗救助收归统一管理，避免政出多门引起的工作混乱和效能低下。通过整合全省医疗资源，实现医疗资源的优化配置，促进农村医疗保障与公共卫生紧密结合，确保医疗救助体系的长效运行。

第三，建立医院垫付制度。通过建立定点医院垫付制度，实现城乡医疗救助与基本医疗保险、新型农村合作医疗等制度的有机结合，充分发挥医疗救助对困难群体的保障作用，避免因救助不到位引起的无钱就诊者错过最佳治疗期等问题。

第四，降低救助起付标准。目前，黑龙江省医疗救助起付标准和自付率较高，且实施医疗救济与低保资格挂钩办法，一旦收入超过低保线也随即失去其参与医疗救助的资格，因而可降低救助起付标准，以增强医疗救助的社会保障功能。

（4）健全其他救助制度。其措施主要包括以下四个方面：

第一，依法推进社会救济。黑龙江省应加快社会救济相关法律与规章制度的制定，用法律框架规范非政府组织行为，明确其社会地位、功能作用和享有的权利义务。完善非政府组织运行流程，引导公众通过非政府组织积极

① 王曙光，刘爽．黑龙江省保障性住房建设的政策问题及其建议［J］．哈尔滨商业大学学报（社会科学版），2014（3）：64－69.

参与社会救助。

第二，强化弱势群体救助。黑龙江省应对无工作能力、无收入来源的社会弱势群体，如残障人士、孤寡老人等群体，应制定有针对性的社会救助方案，为其解决实际困难、减少生活压力，更为救助对象寻找生活出路，使其彻底摆脱困难处境。

第三，建立司法救助基金。黑龙江省应对需要司法救助但无力承担诉讼费用的救助对象予以基金救济，即提供诉讼费用、鉴定费用等资金支持；通过联合司法、民政、公安等机构和社会组织为弱势群体案件构建绿色通道，从源头解决该群体“诉讼难、诉讼慢”的问题。

第四，提高供养管理水平。黑龙江省应加强对农村五保供养和敬老院管理工作，提高服务质量和工作效率；在提高财政投入的同时，探索其一定程度的创收途径，以提高困难人群收入、补贴生活开支，减轻财政负担，以使有限资金能惠及更多的群体。

7.1.3 推进社会保障制度衔接

社会保障制度衔接是当居民在城乡之间流动时，其社会保障待遇能够自由、合理、有序转续的调整与变革的制度。旨在使社会保障待遇在城乡之间能够实现有效对接，居民不会因城乡流动而导致社会保障待遇的损失①。人力资源与社会保障部于 2012 年 11 月底发布了《城乡养老保险制度衔接暂行办法》，开启我国社会保障制度衔接的步伐。黑龙江省作为农业大省，农村人口众多，还存在着农村社会保障待遇普遍低于城市，失地农民、进城务工人员和城镇化农村人口等特殊群体社会保障不到位，地域分离导致城乡社会保障关系跨区域转续困难，社会保障制度上不衔接等问题，为此应尽快出台衔接办法、加快户籍制度改革、促进城乡统筹发展和完善信息系统建设。

（1）尽快出台衔接办法。我国制定的《城乡养老保险制度衔接暂行办法》中规定了职工养老保险、新农保及城镇居民养老保险 3 种保险的衔接转换，体现社会保障将“碎片化”的整合要求；党的十八大报告中也提出了

① 邢伟．城镇化进程中的社会保障制度衔接与整合［J］．中国经贸导刊，2013（1）：30－33.

“改革和完善企业和机关事业单位社会保障制度，整合城乡居民基本养老保险和基本医疗保险制度，逐步做实养老保险个人账户，实现基础养老金全国统筹，建立兼顾各类人员的社会保障待遇确定机制和正常调整机制”的目标要求。根据黑龙江省参与建设“八大经济区”特别是松嫩平原、三江平原和农业综合开发试验区劳动者的构成情况，社会保障制度衔接应适当向农民工和广大农民倾斜，主要包括以下两个方面：

第一，推广衔接试点政策。失地农民和农民工作为农业人口与城镇人口间的过渡阶层，能有效检验衔接政策的可行性和实施效果。通过政策试点逐步完善和推广社会保障衔接办法，实现社会保障制度的良性运作。

第二，整合现有政策制度。探寻现有政策间接轨的可能性，如推进机关事业单位社会保险制度向城镇职工社会保险制度靠拢，实现城镇职工社会保险制度的统一，为城乡制度的结合奠定基础。

（2）加快户籍制度改革。随着我国人口流动性的增强，严格的城乡“二元”户籍制度导致制度性歧视，在社会保障、教育和就业等方面存在不平等的问题。因此，改革传统户籍制度不仅有利于实现人口合理有序流动，也有利于黑龙江省社会保障制度的完善和“八大经济区”的发展，保证公民社会保障权利的平等。其改革内容主要包括以下三个方面：

第一，废除制度上的身份差异。黑龙江省尽快建立城乡统一的居民户口登记管理办法，从制度上消除身份差异，改变以往依据户口类型而确定社会保障标准的制度，即根据保障对象的居住地点和居住时间等为标准，保障其逐渐享有与当地居民同等的社会保障权益。

第二，改变人口单项流动趋势。随着黑龙江省城镇化进程的加快，人口从农村向城镇、从小城市向大城市、从欠发达地区向发达地区流动的现象愈加明显，对社会保障制度提出了考验，因而在调整满足人口迁移需要政策的同时，也要制定引导性政策鼓励市民向乡村迁移，形成双向自由流动。

第三，推进城镇市民化的进程。黑龙江省应加快城镇化建设、提高城镇人口比重和转移农村劳动力，在吸纳农民进入城镇的同时，利用政策手段从身份、收入和就业等多方面切实实现市民化，提高农民收入，完善社会保障体系建设。

(3) 促进城乡统筹发展。我国社会保障政策最初制定时缺少城乡综合考虑与设计，这是引发现今城乡社会保障制度衔接问题的原因之一，所以黑龙江省在建立和完善社会保障制度中应坚持“城乡并重、相互协调”的发展思路。其内容主要包括以下两个方面：

第一，统筹城乡制度建设。黑龙江省应避免城乡社会保障制度差距的进一步扩大，必要时可考虑农村社会保障制度先行，向制度相对先进、运行相对成熟的城镇社会保障制度靠拢，逐步使城乡社会保障的数据格式、缴费依据和待遇计发等方面标准趋于一致，为之后实现两者相互转续和整合对接预留接口。

第二，加大财政资金投入。城乡社会保障待遇水平的差距是城乡两种制度对接的障碍，但由于农村人口收入水平所限，政府必要的财力支持就成为缩小城乡差距的重要措施。黑龙江省应建立农村贫困人口社会保障制度，把真正困难的群体保护起来，在条件允许时适当提高低保标准；同时建立多方承担、机动灵活的缴费机制，适时建立覆盖全体农村人口、体现公平原则、城乡衔接的社会保障制度。

(4) 完善信息系统建设。以往“档案袋加档案柜”式的信息管理已经无法适应人口流动带来的信息交互需求，特别是黑龙江省地广人稀、地区间交流少的情况，因而城乡社会保障制度衔接应加强信息化建设，搭建网络服务平台。其措施主要包括以下三个方面：

第一，统一各地方信息系统标准。黑龙江省应统一规划、整体设计，充分利用2004年“金保工程”的建设成果，实现各地社会保险信息服务设施的软硬件平台建设，提高工作的效率和准确性。

第二，建立横向贯通的信息系统。结合黑龙江省参保人数众多、地域分散的特点，将银行、卫生、财政等多部门与各级劳动保障部门相连，实现信息资源的交流与共享，构建信息网络，以应对人口流动带来的考验。

第三，建设一支高素质工作队伍。硬件提升只是物质上的便捷，更需要提升工作人员的职业素养和服务意识。通过培训使工作人员更加熟悉业务知识，适应岗位需求，发挥其在信息系统运行中的“润滑剂”作用，实现经办高效、快捷便民。

7.1.4 强化社会保障基金管理

黑龙江省未来几年的养老保险体系将面临老龄人口数量增大，养老金额负担迅猛增长，老龄人口赡养比例和人口比例逐年加大的问题。这与我国经济发达的地区相比，黑龙江经济基础薄弱、发展较慢，尚处在发展中的黑龙江省不得不面临“未富先老”的挑战，所遇到的困难将会更多；同时黑龙江省养老保险制度尚不够健全、历史包袱严重、人口老龄化压力使养老金收支缺口不断加大，如不及早做好准备，当人口老龄化高峰来袭时将会面临更大冲击。因此，黑龙江省应进一步完善社会保障基金管理制度，实现社会保障资金的保值增值目标。

（1）完善基金管理法规。在黑龙江省社会保障基金监管过程中，根据实际需要制定专门的监管法律，使基金管理规范化、法制化，赋予社会保障基金管理机构执法地位和行政效力，在法律的框架下促使资金运营者将更加谨慎权衡风险收益关系，使运营行为更理性和合理，为社会保障基金的保值增值保驾护航。其措施主要包括以下两个方面：

第一，建立健全基金问责制度。社会保障基金管理环节众多、牵扯范围广，受到市场和政策等多种因素影响，可能出现由多方原因共同引起的管理错误，因而应建立与完善社会保障基金问责制度，明确其责任认定标准、追究程序和责任量化评估办法，以实现解决问题、避免损失和改正错误。

第二，确定责任认定处罚标准。对社会保障基金管理中的违法违纪和寻租腐败问题确定责任认定处罚标准，可确保社会保障基金的廉洁透明。根据不同违法行为设立不同处罚条款，明确违法行为的量刑标准及其他责任认定，将基金资金的每一笔流动、每一个环节都纳入法律法规的规范内。

（2）建立基金监督机构。社会保障体系的复杂性使社保基金的使用和收缴上形成多部参与、多方管理、政出多门的混乱局面，而现有社会保障基金监督部门又往往是集政策制定、基金管理、投资运营、监督检查于一身，很容易出现“自己监督自己”的情况，不仅增加了基金运行的风险，也为寻租现象提供了空间。解决该问题的措施可从以下两个方面入手：

第一，建立专门的基金监管机构。在社会保障基金理事会外建立具有较强独立性、专业化的监管机构，明确划分监管机构与其他行政部门的职责范围，规范基金管理工作，依法做到“不越权、不抢权”。

第二，不断提高基金的监管水平。在统筹全省现有资源、提高监管层次和加强法治建设的基础上，监管人员应根据有关法律制度对社保基金的运转进行管理、对违法违规操作如实上报，切实提高其监管能力与水平。

（3）强化筹资机制建设。其措施主要包括以下四个方面：

第一，拓展投资渠道。黑龙江省可结合国际经验将实业投资和信托投资作为社保基金投资的重要领域，以有效分散风险；加速个人账户资金市场化，将社保基金部分比例资金投入股市；探索全省社会保险基金运营管理新模式，委托金融证券机构或保险集团进行投资运营，降低贬值风险。

第二，做大做强基金。划拨国有企业土地和资产，做大社保基金；通过原企业经营资产、社保基金享受收益的方式，扩充社保基金储备；将国有企业不良资产处置收入的一部分，划拨到全国社会保障基金中。

第三，规范制度设计。完善与规范缴费型与非缴费型模式的设计，根据黑龙江省经济发展水平和“八大经济区”的实际逐步提高给付标准，充分发挥非缴费型模式对制度扩展覆盖面的促进作用。

第四，实施分账管理。黑龙江省应逐步做实个人账户，实行完全积累模式。通过将现行的现收现付模式转换为部分积累模式，以实行社会统筹基金与个人账户基金分账管理的目标。

（4）完善信息公示制度。推进社会保障基金信息公示制度，不仅是民主管理和科学管理的需要，也是黑龙江省社会保障基金实现民主化的必由之路。其措施主要包括以下两个方面：

第一，实施基金监管公示制度。黑龙江省应强制要求社保基金经办机构及监管部门，在对数据进行筛选甄别的基础上，将基金的运行情况、盈亏状况和风险评估等审查报告向社会公开，这既是向具有专业知识的机构和个人征求意见、接受监督，也是向参保人员公开基金运作情况的主要举措，使参保人心中有数、心中有底。

第二，发挥现代传播媒介作用。社会保障基金公开信息是大势所趋，黑龙江省应充分借助网络平台和电子信息技术，拓展信息发布渠道。如可通过电子邮件向参保人定期寄发个人账户对账单、开设论坛和网上交流平台等手段，公布社会保障基金数据等有关信息。

（5）提高监管人员素质。人才是社会保障基金管理改革的新鲜血液和不竭动力，黑龙江省无论从监管人员的绝对数还是基金的总体规模来说，都存在严重不足的问题。解决该问题的措施主要包括以下两个方面：

第一，选拔高素质监管人才。采取有效措施，通过诸如公开考试等方式选拔高素质人才，充实到社会保障监管队伍中来，全面提升其综合素质和专业水平。如从社会中选拔既懂经济、法律、金融、财会和社会保障，又在计算机、精算、保险等方面有较高水准和经验的专门人才。

第二，加大人才培训的力度。在引进和选拔人才的同时，更要发挥组织内人力资源特长，借助社会力量对现有监管人员进行培训，使工作人员不仅能胜任工作需要，更能根据资金运行和监管情况提出可行性的建议。如通过聘请专家学者进行讲座，加快监管人员的知识更新。

7.2 “八大经济区”发展的促进就业政策

就业是民生之本、安国之策，能有利于充分配置劳动力资源、提高社会生产效率、提升劳动者素质、缓解贫富差距、减轻社会保障系统压力、维护社会稳定、促进社会和谐发展。2009—2013 年黑龙江省人口及就业发展势头良好，如就业人员总量增加，私营单位及个体城镇就业人员显著增多，城镇登记失业率及登记失业人数较为稳定，城镇非私营单位就业人员平均工资显著提升（见表 7－2）。

表 7－2　黑龙江省 2009—2013 年人口和就业基本情况

指标	2009 年	2010 年	2011 年	2012 年	2013 年
总人口（万人）	3826.0	3833.4	3834.0	3834.0	3835.0
城镇人口（万人）	2123.4	2133.7	2166.2	2181.5	2201.3
乡村人口（万人）	1702.6	1699.7	1667.8	1652.5	1633.7

续 表

指标	2009 年	2010 年	2011 年	2012 年	2013 年
就业人员合计（万人）	1877.0	1932.0	1977.8	2027.8	2060.4
城镇就业人员（万人）	898.8	942.6	988.6	1039.3	1067.6
国有单位	334.4	332.4	333.6	335.4	291.9
集体单位	29.1	22.0	16.1	15.3	15.8
其他单位	105.6	105.6	116.5	120.2	159.7
私营单位	112.0	147.7	145.1	158.7	159.2
个体	128.1	146.2	175.4	214.7	232.6
灵活就业	189.6	188.7	201.9	195.0	208.4
乡村就业人员（万人）	978.2	989.4	989.2	988.5	992.8
城镇登记失业人数（万人）	31.4	36.2	35.0	41.3	41.4
城镇登记失业率（%）	4.27	4.27	4.38	4.15	4.43
城镇非私营单位就业人员平均工资（元）	24805	27735	31302	36406	40794
国有单位	25635	28374	31693	36814	39072
集体单位	16190	19594	24712	28762	35819
私营单位	15367	16924	19429	21753	24750
其他单位	24631	27469	31200	36378	44381

资料来源：《黑龙江省统计年鉴（2014 年）》。

黑龙江省在就业工作取得成效的同时，也暴露出城镇登记失业人数总量增加等问题，这也说明黑龙江省在促进就业方面仍需进一步加强。党的十八大报告中明确提出“推动实现更高质量的就业”，以及“要贯彻劳动者自主就业、市场调节就业、政府促进就业和鼓励创业的方针，实施就业优先战略和更加积极的就业政策”等目标要求，为黑龙江省制定与完善就业促进政策指明了方向，主要包括优化产业结构增加就业、构建自主创业服务平台、加大对劳动力技能培训和建立健全就业保障机制。

7.2.1 优化产业结构增加就业

有关黑龙江省产业结构的研究表明，黑龙江省产业结构发展总体上是符合世界产业发展一般规律的，即第一产业产值比重不断降低，第二、第三产业产值不断上升，但黑龙江省优化产业结构进程较慢，这既与省情限制和历史因素有关，也与黑龙江省产业结构调整和发展模式有关，三次产业就业结构优化应与产业结构调整相结合，两者密不可分、紧密相连，因此这里从调整产业、引导外资和灵活就业等方面提出建议。

（1）积极发展第一产业。黑龙江省八大经济区特别是松嫩平原、三江平原和农业综合开发试验区中的第一产业就业人员比重较大。这里所言的“积极发展”并非扩大规模、增加劳动力等传统发展模式，而是努力探索新的发展与就业路径。其措施主要包括以下五个方面：

第一，实施优惠的财税政策。黑龙江省应通过积极加快取消农业税费进程、实施财政补贴和税收减免政策，减轻第一产业发展的经济负担，促使企业投入更多资金扩大农业生产规模，促进在农业企业及相关企业发展中增加工作就业岗位。

第二，推进第一产业现代化。积极推进黑龙江省第一产业自动化、机械化等现代化进程，采用高科技和新技术，改变以往“面朝土地、背靠太阳”的低效率农业生产模式，从第一产业中解放大量劳动力，为其他产业发展提供充足动力。

第三，发展第一产业整体化。通过政策引导，鼓励黑龙江省第一产业内部实现产业优化，通过种养结合、粮食作物与经济作物结合、养殖业结合等方式，实现第一产业整体化发展，促进传统弱势项目就业数量的增长。

第四，构建第一产业品牌化。通过实施黑龙江省农作物、农产品等第一产业的品牌化战略，发挥品牌集群效应，提高农业生产力和产业实力，配合激励政策，以吸引高校毕业生等青年就业者投身到第一产业中去。

第五，加快第一产业市场化。大力发展乡镇企业，以市场为导向，以企业为依托，拓展第一产业产品销售渠道，重点发展劳动密集型企业，为农村剩余劳动力提供大量工作岗位，解决生产力提高引发劳动力过剩的问题。

（2）调整第二产业结构。目前，黑龙江省老工业基地和资源城市的影子始终挥之不去，重工业产业和资源型产业相对集中、地区发展不平衡，引起劳动力向几个大城市和中心城市集中的问题。因此，调整第二产业内部结构从而带动就业增长是较好的政策选择。

第一，以支柱产业为重点。结合黑龙江省现实应重点发展石油化工、机械和建筑等现有支柱产业，并扶持电子、光伏产品等新型支柱产业，利用支柱产业规模化、产业化、高产值的特点，为社会提供工作岗位。

第二，发展劳动密集产业。采取政策引导和市场调节，实行产业内部整合，组建企业集团，发挥规模优势；加快技术改造，将高新技术应用与黑龙江省劳动力成本低的优势结合，提高劳动生产率。

第三，建设产业工业园区。遵循客观规律和生态规律，实现黑龙江省产业生态化和副产品的再资源化。通过不同产业间的内在联系与有机结合，让优势产业带动弱势产业，扩大弱势产业产能需求和就业需求。

第四，加快资源产业转型。通过加快全省资源产业转型，寻找发展新方向。如延长黑龙江省产业链、开展深加工等方式，提高产品附加值，减小资源依赖性，避免资源耗尽后引起的产能下降和就业岗位的减少。

（3）大力发展第三产业。第三产业是黑龙江省现阶段增长最快、吸纳劳动力最多的产业，也将成为未来就业的主要增长点，所以大力发展第三产业对促进黑龙江省就业有着至关重要的作用。其措施主要包括以下五个方面：

第一，给予政策性激励。对黑龙江省劳动密集型企业和社会急需但又发展缓慢的第三产业，给予适当的政策倾斜。如通过提供贷款、财政补贴和减免税收等手段，产生对劳动力的吸纳效应和就业的扩张效用。

第二，支撑新兴服务业。随着黑龙江省“八大经济区”“十大工程”和“十大重点产业”战略的深入实施发展，对金融保险、信息咨询、中介服务等新兴服务业需求激增，而新兴服务业具有巨大的发展潜力和就业空间。

第三，加快发展信息业。通过发展黑龙江省计算机和通信设备行业为主体的信息技术产业，实现产业结构的优化升级和先进科学技术的商品化，使产业中的制造行业充分发挥对剩余劳动力的吸纳作用。

第四，促进低碳业发展。如发展旅游业，可体现黑龙江省独特的风土人情和自然资源。积极开展生态旅游、观光旅游和冰雪旅游等特色项目，通过较低投入实现较高产出，且为社会提供大量劳动力需求和就业岗位。

第五，推进城镇化进程。拓展黑龙江省第三产业发展空间，逐步缩小城乡差距、消除城乡壁垒，加快发展大城市、科学规划小城镇，促进人口向城镇聚集，为第三产业发展提供动力和就业岗位。

（4）科学引导投资流向。随着黑龙江省社会经济发展，各类投资活动逐渐增多，对政府在投资活动中的作用也有了新要求，在制定促进“八大经济区”发展就业政策时，各级政府应注意科学引导投资流向，确保资金向存在资金缺口的领域注入。其措施主要包括以下三个方面：

第一，积极鼓励理性投资。黑龙江省应避免投资集中在当前热门、投资回报率较高的行业，忽视行业的长远前景，造成热门行业资本集中、过度拥挤，冷门行业急需资金、资源不足的问题；统筹投资在产业和行业之间的分布，鼓励资金向发展潜力巨大且吸纳就业能力突出的企业投入。

第二，注重产业转移问题。黑龙江省在国际化产业分工的浪潮中应保持客观和理性，避免自身沦为发达国家和地区的生产基地，在积极承接国内外产业转移的同时，应通过制定相应的优惠和鼓励政策，引导向第一、第三产业投资，改善黑龙江省农业生产状况，加快第三产业发展。

第三，统筹地区发展平衡。黑龙江省应通过财政投资、转移支付和减免税费等政策手段，适当收紧对其经济发达地区的投资准入，并降低经济欠发达地区的投资门槛，以引导和鼓励更多的投资向偏远地区和亟待发展地区的流动，为该类地区提供更快的发展机会和更多的就业机会。

（5）规范劳动力的流动。经济的发展不仅创造了就业机会，也形成了就业岗位间的收入差别。为追求更好的生活水平，理性人会追求更高薪酬的工作机会，这便形成了劳动力的流动。适度的、规范的劳动力流动是经济活跃的表现，但过度的、无序的劳动力流动将会引发摩擦性失业和结构性失业等问题，出现劳动力流入地就业压力增大、劳动力流出地用工荒的问题。为避免这一问题的发生，黑龙江省应在劳动力流动中发挥统筹规划的职责，主要包括以下三个方面：

第一，制定灵活就业政策。激发黑龙江省城镇灵活就业潜力，提高部门灵活就业比例，规范灵活就业部门用工行为，积极创造小企业和社区的灵活就业岗位；通过培训、辅导等手段提高全省灵活就业人员整体素质，从而增加就业机会。

第二，制定对外输出政策。完善黑龙江省劳务输出保障法律制度，加强种学规划，实现劳动力输出和开辟省外、境外工作就业岗位，最终实现劳动型输出向知识型和技术型的转变，单纯劳动力输出向劳务合作、对外投资与劳务合作结合的转变。

第三，强化市场规范管理。通过建立黑龙江省统一的劳动力市场，实现劳动力市场化管理，消除制度性壁垒，改变以往按地域、户籍、身份等因素分割劳动力市场的状况，基于岗位职业需求建立保障劳动力自由流动的新型劳动力市场。

7.2.2 构建自主创业服务平台

推进创业具有带动就业的作用，有利于创造就业岗位、提高就业质量和缓解就业压力。黑龙江省积极构建自主创业服务平台，有利于社会资源的有效整合和优化配置，加快促进“八大经济区”发展和提高区域竞争力。黑龙江省具有高校毕业生充裕、政策落实到位等优势，初步建立了黑龙江省科技创新创业共享服务平台，但与全国及其他一些省份相比，黑龙江省目前创业成功率持续走低，高比例的创业意愿与低比例的创业实践的矛盾凸显，因而应有效利用好现有的资源和优势，从构建国内外就业网络、提供创业投融资服务、健全社会中介型服务和促进大学生创业建设等方面构建自主创业服务平台。其措施主要包括以下四个方面：

（1）构建国内外服务网络。构建黑龙江省国内外创业服务网络是连接创业者与其他相关主体的桥梁和媒介，有利于加强黑龙江省及“八大经济区”的创业者与市场信息交互，促进其与其他主体沟通交流，是创业者不可或缺的资源。因此，积极构建创业服务网络具有重要意义，其措施主要包括以下两个方面：

第一，加强全省范围内的创业服务网络建设。积极构建黑龙江省产业联盟、行业协会和创业者沟通交流机制，为创业者提供经验，促进行业快速发展；加强企业、创业者与政府官员、银行和其他行政机构联系，通过实地考察、定期座谈等形式，增进行政人员、创业者对企业的了解，为政策的制定提供依据；建立科技机构与创业者的联系，促使科技机构了解创业者需求和帮助创业者获得技术支持。

第二，加强与国内外创业服务网络对接建设。通过黑龙江省创业服务网络与省外、国外创业服务网络的对接，帮助黑龙江省创业者获取国内外创业的第一手资讯，保证其进行创业活动时能走在时代前列；促进国内外成功人才交流，通过频繁交流为创业者总结经验教训、提供创业灵感；构建和维系国内外客户关系，为成功创业者扩大业务范围和开拓省外市场提供条件。

（2）提供创业投融资服务。创业者要创业首要面临的是资金问题，如何吸引创业项目投资、如何筹措资金将创业项目付诸实践，直接关系到创业活动能否顺利进行，而且是对该创业项目商业价值的最好评定。因此，黑龙江省应积极探索与提供创业投融资服务的有效措施，主要包括以下五个方面：

第一，鼓励创业风险投资。黑龙江省各级地方政府应通过政策引导，为风险投资机构的进行创业创造条件，从而保证参与投资的风险投资机构数量和投资项目的质量。

第二，提升融资信息平台。将黑龙江省现有的创业服务网络资源与中国风险投资网等风险投资行业权威网站相连，为创业项目与投资商之间搭建融资信息的网络桥梁。

第三，增加创业风险补偿。黑龙江省应加大对有关担保机构和企业的扶持力度，从而降低担保风险，实现刺激风险投资公司积极投入优秀创业投融资项目发展的目的。

第四，加强创业贷款担保。建立一套完整的、有效的信用评价机制，改变黑龙江省各级地方政府以往直接拨款的投资方式，根据创业者不同的信用评级，提供不同的信用担保。

第五，改进创业补贴方式。黑龙江省各级地方政府应将现行创业补贴一次性发放方式改为分阶段、分层次的发放，降低政府资金风险，并督促创业项目合理利用补贴资金。

（3）健全社会中介型服务。通过中介机构提供创业服务，在我国相关省市取得了积极的良好效果。如辽宁省鞍山市推行的“一站式、一条龙、零距离、零收费”的创业服务方式和“创业孵化、创业培训、创业扶持、创业指导”的“四位一体”创业服务模式，值得黑龙江省学习和借鉴。结合黑龙江省实际，健全社会中介型服务的措施主要包括以下三个方面：

第一，完善信息管理系统。通过建立与完善黑龙江省创业服务信息管理系统，使创业项目“有档可查、有迹可循”，实现创业项目的跟踪服务；同时利用信息管理系统的专业化特点，整理归类创业相关信息咨询和政策、法律制度，方便创业者查询。

第二，加强创业队伍建设。建设一支熟悉业务流程、懂得创业需求、理解政策导向、掌握专业知识的高质量服务队伍，吸收人社、财政、工商、银行等多机构的人才，为创业者开辟多部门通力协作的创业通道，也为创业打开方便之门。

第三，完善创业培训机制。在高校开设专门的创业课程，传授创业所需知识技能，转变青少年就业观念，提高自主创业意识；在社会建立创业导师团队，由创业成功者、高校学者、政府工作人员等组成导师，为创业者免费提供针对创业项目的专业建议和智力支援，使创业项目更具有可行性。

（4）促进大学生创业建设。黑龙江省每年高校毕业生约有 20 多万人，成为一个巨大的就业群体，其中有一些毕业生具有较高的技术水平，有较好的创业条件和创业意愿，但因其缺少实践经验面临创业无从下手的困境。有鉴于此，应结合该群体社会经验少、知识水平高的特点，制定专门促进创业的政策措施，其内容主要包括以下四个方面：

第一，将创业教育纳入教学方案。将大学生创业教育纳入高等院校的教学培养方案，并使其成为高等院校教学中的必修课程；完善该课程的教学大纲和教学资料，充实讲授该课程的师资力量。

第二，提高大学生创业实践理念。改变大学生现实“躲在校内实习”的传统方式，通过校办产业、校企合作、校政合作等手段，使大学生有更多走入社会、了解社会的机会，并通过亲身经历检验创业的可行性。

第三，加强创业项目的综合评估。扩大黑龙江省现有大学生创业赛事的规模和影响力，积极吸收大学生优秀创业设计，综合评估后对有价值、有市场、有前景、有效益的创业项目进行推广和资助。

第四，完善大学生创业服务体系。依托黑龙江省大学生创业联合会，进一步完善有针对性的大学生创业指导、资金筹措、信息咨询、项目建议为“四位一体”的创业服务体系，为大学生创业与就业提供机会。

7.2.3 加大对劳动力技能培训

劳动力素质对推动产业结构优化升级的作用是毋庸置疑的，而现代经济的发展主要得益于掌握先进科学技术知识和技能本领并有创造能力的专门人才。如黑龙江省 2012 年中等专业学校和职业中学毕业生数虽然较上一年有所上升，但两者之和仍不足当年普通高等学校毕业生的一半。其主要原因：传统的文化教育升学路线使人们更倾向于升入大学，对专业技能学校地位缺少认同，造成了黑龙江省人才格局失衡；上一辈专业人才退休在即，新一代难以为继，形成专业技能人才的缺口；失业者再就业的需要和农村剩余劳动力的激增，使黑龙江省加大劳动力技能培训势在必行。针对其问题应从改变传统培训观念、改革现有培训机制、调整技能培训内容和改进落后培训方式加大对劳动力技能培训的力度。

（1）改变传统培训观念。其措施主要包括以下四个方面：

第一，强化有关部门领导的思想理念。加强黑龙江省地方各级政府对开展劳动力技能培训的组织领导力度，提高认识、摆正态度、加大投入，尽快出台相关管理政策，并通过媒体宣传使广大群众了解政策的实施，提高群众参与度的同时接受群众对政策推行的监督。

第二，转变劳动力学习与培训的意识。结合黑龙江省劳动力特别是农村劳动力整体素质不高、择业观念陈旧、学习意识淡薄、经济发展落后的现实状况，制定针对性的宣传方案，以免“政府瞎忙活、群众看热闹”；拓宽培训对象获取信息渠道，通过深入基层宣传保证其知晓最新的培训动态。

第三，给予用人单位培训的激励政策。黑龙江省很多用人单位倾向于招收有工作经验和相关技能的员工，而不愿对现有劳动力开展技能培训，这既与成本因素影响有关，也与用人单位积极性不高有关，所以需要政府通过财政补贴、税收优惠等政策激励企业开展技能培训。

第四，提高农民工对培训重要性的认识。黑龙江省农民工理论知识水平不高，对技能培训重视不够，从事的工作以体力劳动居多，无法胜任较高层次的工作，所以收入提升空间有限，这就需要政府及有关部门深入群众、走入基层，面对面、心贴心地向农民工群体宣传培训的重要性。

（2）改革现行培训机制。其措施主要包括以下五个方面：

第一，整合技能培训资源。设立黑龙江省劳动力技能培训管理中心，统筹协调培训资源、设计总体规划，充分发挥职业技术学校、技工学校、职业中学、社会培训机构在劳动力技能培训中的积极效应，为培训对象与培训机构之间牵线搭桥。

第二，组建技能培训基地。黑龙江省应鼓励企业、就业服务中心和培训机构共同组建技能培训基地，联合各方资源、集中各方优势、加大投入力度，逐步建设一批设备齐全、师资精良、交通便利的实践基地，为培训对象提供便捷、有利的条件。

第三，建立经费保障机制。黑龙江省应积极拓展资金投入渠道、增加财政投入，通过财政专项资金落实培训经费；鼓励社会各界对劳动力进行技能培训，提供资金支持和物质捐助；加强资金使用监管，确保培训资金和补贴真正用到培训对象身上。

第四，进行技能培训考核。黑龙江省政府应将劳动力技能培训纳入各级政府任期目标中，与政府官员政绩相关联，定期进行考核评估，确保该项工作成为地方各级政府的一项基本任务，改变以往对技能培训走形式、走过场或敷衍了事的官僚作风。

第五，实施激励政策保障。黑龙江省地方政府应建立健全劳动力技能培训的相关保障政策，确保各类培训对象在参与技能培训期间不被辞退、不停工资，保障其合法权益；同时适当给予培训对象培训奖励、上岗优先和创业优惠等激励政策。

（3）调整技能培训内容。失业再就业和农民工等人员是参与劳动力技能培训的主要群体，其共同特点是基础教育水平薄弱。如果只注重技术培训而忽视了基础知识教育，不仅影响技能知识的学习与吸收，也不利于他们融入现代化城市生活中。此外，由于该群体时间和精力有限的特殊性，在培训内容上不能照搬传统技能培训模式，应选择对他们生存和发展有实际意义的内容，因此要对现有技能培训内容进行调整，其措施主要包括以下两个方面：

第一，加大基础教育力度。黑龙江省各级政府可通过行政手段引导和推进技能培训内容的优化，鼓励培训机构增强基础知识教育，使其对技能培训的作用和内容有着质的飞跃；同时将基础知识培训与技能培训有机结合，在实现推广基础教育目的的基础上真正做到“学以致用”。

第二，优化技能培训资源。黑龙江省应针对当前社会急需的技术工种开展中期和短期技能培训，采取“财政拿经费、免费搞培训”的方式吸引社会劳动力参与进来，改革以往技能培训的科目设置，结合经济社会变革的需要适时增删、调整新专业与新科目，实现有限培训资源的最优化。

（4）改进落后培训方式。其措施主要包括以下三个方面：

第一，实施分类定向培训。黑龙江省应根据农民、农村转移劳动力、企业在岗职工等不同对象实施定向培训，如对农民可设立农产品种植养殖、农产品经销管理、农业科技和农村教育等技能培训项目，以减少培训对象自主选择时的盲目和烦恼。

第二，创新技能培训方式。黑龙江省有关部门应明确创新技能培训的就业目的，促进培训机构主动与社会和市场对接，按就业需要增强培训的针对性和实效性，发展承接企业需要的订单式培训、自主选择的模块式培训和结合市场需求的定向培训。

第三，实行培训招标机制。黑龙江省地方政府制定培训政策、行政权力监督、市场机制调控的职业培训与教育管理体制，建立健全相关市场，对技能培训与教育项目实行招标机制，使各种职业培训与教育机构公开竞争、公平竞争、优胜劣汰①。

7.2.4 建立健全就业保障机制

建立健全就业保障机制，有利于经济社会稳定、保障居民基本生活、创造良好和谐的就业环境、缓解结构性失业和促进社会保障事业的健康快速发展。2009 年，黑龙江省五大连池市建立了“促进就业和援助机制、城乡居民就业保障机制、维护维稳综合管理机制和服务效率提升长效机制”的四项保

① 贺利军．政府促进就业的政策分析［D］．大连：大连理工大学，2005.

障就业机制①，并取得了一定的经验与成效。在建立健全黑龙江省就业保障机制促进“八大经济区”发展中，可以此作为参考。

（1）明确机构部门职责。建立就业保障体系涉及社会诸多部门，必须明确政府在其中总责任人的角色及职责。其措施主要包括以下四个方面：

第一，优化良性就业环境。黑龙江省各级政府应规范就业秩序、打击不法行为，可通过各项就业政策的制定，保障各阶层就业权益和权利，在此基础上推进就业体制改革，以确保形成良性的就业环境。

第二，落实目标责任制度。将再就业目标纳入各级政府部门任期工作目标，并与政府领导干部绩效考核挂钩，建立再就业领导责任机制，通过自上而下的实施方式和社会各界的齐抓共管，监管就业政策的贯彻落实。

第三，明确就业工作目标。将就业工作指标细化分解，从制度上和任务上对政府工作人员严格要求，将促进就业政策贯穿于日常管理工作中。建立就业岗位创造考评制度，严格执行国家就业政策，提高工作效率和责任感。

第四，实施主动促进就业。将现行被动失业补救转为主动促进就业，主动收集信息、分析就业环境，为现有失业人口寻找就业渠道，为可能的失业情况做好预案准备，促进就业保障机制从消极被动向积极主动方向转变。

（2）完善健全政策机制。黑龙江省出台的一系列就业促进政策基本得到贯彻实施，但有些政策由于现实困难和客观原因所限，导致难以落实或效果不佳，影响和阻碍了促进就业工作的开展。其措施主要包括以下三个方面：

第一，着力重点和难点问题。根据黑龙江省实际适当调整相关政策，如针对财政补贴难的问题，可简化再就业补贴、创业担保、免费介绍等财政补贴的申报程序，缩短审核周期，提高财政补贴工作的效率。

第二，甄别失业对象的状况。区分失业保障对象和失业救助对象，明确自愿失业者、非自愿失业者和隐性失业者群体，区别对待，避免“自愿失业者”享受失业保险、占用有限社保资源、阻碍再就业工作。

第三，扩大失业保险覆盖面。加快推进黑龙江省灵活就业人员参保办法

---

① 辽宁省就业网：五大连池市建立“四机制”保障就业［EB/OL］．［2009－7－21］．http：//www.jyw.gov.cn/web/assembly/action/browsePage.do？channelID＝1211269590038&contentID＝1248160761737，2009.07.21.

实施，借鉴我国个人所得税的经验制定阶梯式、累进制的失业保险费率，多存多取、少存少取，减少失业带来的生活水平大幅度起伏。

(3) 建立失业预警系统。建立黑龙江省失业预警系统，通过预测未来失业率进行失业预警，对可能的失业风险提前发布信息，有利于政府和用人单位提前采取应对措施，综合运用法律、经济、行政等手段对可能的失业因素进行调控，有效缓解甚至消除失业洪峰对社会经济的冲击。其措施主要包括以下三个方面：

第一，加强失业统计调查分析。通过调查黑龙江省与失业相关、影响失业率的经济数据，根据已知数据对失业人数和失业率进行预测，在此基础上确定黑龙江省失业警戒线。

第二，完善失业预警应对预案。从国家法律、经济、行政等层面制定应对措施，如当失业率超过警戒线时，可通过增发地方公债、兴建基础设施等措施刺激消费和拉动就业，防止突如其来的高失业引发的社会矛盾。

第三，建立失业预警公示制度。将国家及黑龙江省的经济社会统计分析及预测数据对社会及时公布，使社会公众了解当前社会经济发展及其变化情况，为劳动力择业和就业提供参考。

(4) 保障弱势群体权益。扶持和帮助弱势群体实现就业和再就业是维护社会稳定、实现社会公平的重要组成部分。目前，黑龙江省劳动力市场竞争激烈、劳动力供给不平衡等加剧了弱势群体就业困难，为此政府应出台有利于弱势群体就业、保障其就业权益的促进政策，给予弱势群体持久稳定的帮助。其措施主要包括以下四个方面：

第一，打击非法就业中介及宣传行为。加强对职业劳动力中介的跟踪调查，对存在欺诈行为的单位和个人依法予以严惩，并开通监督举报渠道，发动社会力量参与其中，营造扶贫济困的道德舆论氛围。

第二，建立弱势群体就业的绿色通道。加强人事部门、人才市场、用人单位等的沟通协作和简化入职手续，以及建设人性化就业服务、组建专业化服务队伍，为弱势群体提供针对性、建设性的就业指导意见。

第三，给予弱势群体创业的扶持政策。通过各级政府财政扶持、税收减免等优惠政策，鼓励和帮助弱势群体敢于探索、自主创业，并通过提供制度引导和法律援助，为弱势群体创业保驾护航。

第四，为弱势群体创造更多就业岗位。发挥各级政府的职能功效，支持在街道办事处、居民委员会等公共服务部门和公益性组织中设立公益性就业岗位，为弱势群体提供就业机会。

（5）提高自我保障意识。在建设政府就业保障体系的同时，还需要增强公众自我保障意识。由于黑龙江省的财力限制和就业需求的地区差异，决定了就业保障制度无法覆盖所有需要人群，所以提高自我保障意识、重视自我保障重要性并提升自身抵御失业风险的能力是必不可少的。其措施主要包括以下三个方面：

第一，提倡自食其力。政府及社会各届应支持失业人员的再就业，避免其失业打击及再就业自卑心理，积极鼓励其再就业或重新创业的积极性，防止“抱着福利不撒手”的问题发生。

第二，提倡适当储蓄。随着经济的发展，超前消费行为普遍，这就为抵御失业风险增加了难度。在不影响经济活力的前提下，政府应提倡适度的个人储蓄，减轻可能的失业和其他因素导致的生活水平落差。

第三，转变就业观念。政府及有关部门应加强就业政策的宣传，摒弃以往陈旧的“一步登天找好工作”和“唯脑力劳动至上”的错误观念，通过教育使其树立健康的择业观、正确的就业观和积极的创业观。

7.3 本章小结

本章阐述和研究黑龙江省“八大经济区”发展的社保就业政策，主要包括社会保障政策和促进就业政策。社会保障政策主要包括扩大社会保险覆盖范围、加快社会救助体系建设、推进社会保障制度衔接和强化社会保障基金管理，其中扩大社会保险覆盖范围包括提高公众思想认同、完善法律制度体系、强化经济基础建设和构建技术保障体系等；促进就业政策主要包括优化产业结构增加就业、构建自主创业服务平台、加大对劳动力技能培训和建立健全就业保障机制，其中优化产业结构增加就业包括积极发展第一产业、调整第二产业结构、大力发展第三产业、科学引导投资流向和规范劳动力的流动等。

8 黑龙江省八大经济区发展的科教文卫政策建议

黑龙江省近年来坚定不移地推进“八大经济区”和“十大工程”建设，黑龙江省科教文卫事业的发展呈现缓中趋稳、稳中有进的良好态势。以2013年为例，黑龙江省科教文卫事业取得了显著的成效，主要体现在以下四个方面：

第一，教育事业稳步发展。到2013年年末，黑龙江省研究生招生数量为20824人（同比增长2.65%），在校研究生62249人（同比增长2.35%），毕业研究生18439人（同比增长9.60%）；普通高校80所，招生20.3万人，在校生71.79万人，毕业生18.4万人；中等职业教育学校218所，招生6.7万人，在校生21.3万人，毕业生7.7万人；普通初中1586所，招生27.9万人，在校生93.2万人，毕业生37.3万人；普通小学3261所，招生27.4万人，在校生154.0万人，毕业生33.0万人；全年扫除文盲205人。

第二，文化事业全面发展。到2013年年末，黑龙江省共有群众业余演出团（队）5890个，群众艺术馆、文化馆（站）1640个，公共图书馆107个（馆藏图书18435千册），博物馆156个；广播综合人口覆盖率98.6%，电视综合人口覆盖率98.8%，全年共制作广播节目293119小时（同比增长26.01%），制作电视节目共107224小时，有线电视用户703.9万户（同比增长14.79%），数字电视用户620.7万户（同比增长66.77%）；全年出版图书5247种（同比增长24.40%），图书印刷数量6636万册（同比增长4.45%）。

第三，卫生服务得以加强。到2013年年末，黑龙江省共有卫生机构9582个，其中医院、卫生院1993个；卫生机构床位数18.9万张，其中医院、卫生院为17.24万张；卫生技术人员20.37万人，其中执业医师和执业助理医师7.68万人，注册护士7.4万人；疾病预防控制中心（防疫站）174个，卫生技术人员4713人；卫生监督检验机构136个，卫生技术人员3039万人；乡镇卫生院1000个，卫生技术人员2.3万人，床位2.0万张；医疗单位诊疗人次达11944.2万（同比长1.16%），入院人数为472.5万人（同比11.94%）。

第四，科学技术成果显著。到2013年年末，黑龙江省共有科研活动单位957个，其中有科学研究与试验发展（R&D）活动单位253个，全年R&D经费内部支出115.4亿元（占地区生产总值的0.8%）；R&D人员全时当量53305人年，全年取得各类科技成果登记数1472项，国家技术发明奖4项，国家技术进步奖12项，发表科技论文42028篇，出版科技著作1471部；受理专利申请32264件，增长5.4%，授权专利19819件；全省规模以上工业企业新产品项目2925项，新产品销售收入535.7亿元，增长3.2%。

总而言之，黑龙江省近年来科教文卫事业发展势头良好、成绩显著，为贯彻黑龙江省“八大经济区”和“十大工程”发展战略提供了良好的基础条件。但也暴露出科技创新政策改革成效差、教育文化政策落实不到位和医疗卫生政策体系不完善等诸多问题，这也说明黑龙江省科教文卫事业发展仍然任重而道远。

8.1 “八大经济区”发展的科技创新政策

科技创新是经济发展的动力和源泉，科技对经济发展的贡献度逐渐成为衡量一个国家和地区综合竞争力的重要指标。日本第二次大战后仅用30年便重回世界大国行列，实现了技术从学习模仿到创新出口，其科技创新功不可没。2009—2013年黑龙江省科技活动基本情况可以看出，黑龙江省科技活动在科研经费投入力度、科研人员工作效率及项目申报、著述发表等方面都有较大的提高，见表8-1。

表8-1　2009—2013年黑龙江省科技活动的基本情况

项目		2009年	2010年	2011年	2012年	2013年
单位基本情况	单位数（个）	843	893	945	997	957
	有R&D活动单位数（个）	311	347	372	373	253

续 表

项目		2009 年	2010 年	2011 年	2012 年	2013 年
研究与试验发展（R&D）投入情况	R&D 人员全时当量（人·年）	45927	54430	56410	57206	53305
	R&D 经费内部支出（万元）	880938	1079458	1164377	1296006	1154167
	R&D 经费内部支出相当于地区生产总值比例（%）	1.03	1.05	0.93	0.95	0.80
R&D 项目（课题）情况	R&D 项目（课题）数（项）	18167	20785	20546	22672	23582
	R&D 项目（课题）人员全时当量（人·年）	35533	45938	49691	51313	49414
	R&D 项目（课题）经费内部支出（万元）	662547	803224	828370	979215	923712
科技产出及成果情况	发表科技论文（篇）	36239	40212	45933	41954	42028
	出版科技著作（种）	860	903	1595	1511	1471
	科技成果登记数（项）	1289	1453	1376	1461	1472
	国家技术发明奖（项）	4	2	4	5	4
	国家科学技术进步奖（项）	13	20	8	12	12

资料来源：《黑龙江省统计年鉴（2014 年）》。

但就全国来看，黑龙江省仍处于要素驱动向投资驱动过渡的经济发展较低阶段，与最高的创新驱动发展阶段还有较大差距。党的十八大报告所提出的“要坚持走中国特色自主创新道路，以全球视野谋划和推动创新，提高原始创新、集成创新和引进消化吸收再创新能力，更加注重协同创新”的创新驱动发展战略，也为黑龙江省发展八大经济区的科技创新政策的制定提供了理论依据。

8.1.1 深化科技创新体制改革

黑龙江省科技创新体制改革取得一定进步，但仍存在一些问题，如科技资源集中在国有科研机构和大专院校中，“以官为本”的资源配置体系拉大了科技与经济间的距离；科技创新政策覆盖面有限，不适应科技创新主体多元化的发展；科技体制改革与经济体制改革不同步，导致两者出现不协调，拉大了科技创新与市场的距离等。科技创新体制改革是一项系统工程，涉及面广、牵涉部门众多，其改革成效将直接关系到“八大经济区”的生产力发展水平和发展动力。深化科技创新体制改革主要包括以下四个方面：

（1）积极推进科技体制的改革。其内容主要包括立足实际改革科技体制和加快科技产权制度改革。

• 立足实际改革科技体制。黑龙江省各级政府及科技管理部门改革科技体制既要立足本地区实际，又要与全省、全国的整体科技体制改革保持一致性，使改革工作具有整体性；推进动态管理，根据实际需要使改革方案具有应变能力和活动空间，以适应瞬息万变的经济形势。此外，科技体制改革并非是一蹴而就，而是要循序渐进，确定改革中各层级部门的权利和义务，制定具有前瞻性的中长期科技改革规划，逐步建立适应市场经济的科技创新体制。

• 加快科技产权制度改革。整合黑龙江省科技资源，可将一些或部分国有科研机构和院校资源出售给企业，从以往单纯的政府拨款搞科研转变为企业投资参与科研，在保持原有机构独立性的基础上采用订单式方法鼓励和实现私营资本、民间资金和省外资本注入科研机构，积极推动科研机构市场化进程，消除企业、民营科研部门与国有科研部门间的地位差别，改变“以官为本”的资源配置体系，缩小两者竞争差距，有效促进民营科研部门的发展和科学技术市场的活跃。

（2）改进财税支持科技的政策。其内容主要包括增加科技财政经费投入和完善科技税收优惠政策。

• 增加科技财政经费投入。加大黑龙江省科研财政经费投入的力度，提高科研经费支出在财政预算中的比重，保持科研经费投入的增长速度；平衡地区科研经费投入，着力缩小各地区科技发展水平的差距；拓宽创新财政资金范围，在原有省级创新资金基础上增加资金来源，建立一个专户监管模式的专项发展基金，并降低申报门槛，使专项资金能扩展到处于起步期的中小型科技企业。

• 完善科技税收优惠政策。提高黑龙江省营业税起征点水平，结合科技研发高风险、高投入的特点，发挥营业税优惠政策对民营科研机构和高新技术企业的促进作用；拓宽增值税的优惠范围，允许抵扣企业外购的专利权及非专利技术增值税税额；实施企业所得税研发优惠政策，可前置目前的税收优惠环节，将优惠重点转向风险最高、资金需求最大的研发环节，对中间试验阶段给予政策优惠，增强税收优惠政策的一体化效应①。

（3）推进科技机构改革的进程。其内容主要包括改革科技机构的运作机制和强化科技资源整合与统筹。

● 改革科技机构的运作机制。进一步落实科技机构领导负责制，保障科技机构的高效运作；推行以公开竞争为前提的工作人员聘用合同制，建立科学的员工考评制度，明确科技机构有权拒收和辞退不符合考评要求的人员，保证科技从业人员的素质和科研能力；改革现有职称评聘制度，建立学术委员会制，由各机构中的专业人士依据更为量化细致的评价标准，进行职称评定和聘任决定，减少主观因素和人情因素在其中的作用。

● 强化科技资源整合与统筹。应减少资源浪费和低效使用等现象，如重复建设、重复研发等，实现资源优化配置和高效管理；鼓励企业建立研发中心，发挥企业在科技创新中的主体作用，促进黑龙江省科技力量由政府、院校向经济社会转移；积极推动黑龙江省区域合作，在加强省内各地区间交流与合作，共同提高科技创新水平的同时发挥地缘优势，充分利用省外和国外经济市场与技术市场，实现互通有无、取长补短。

（4）发挥政府科技职能的效应。其内容主要包括明确政府科技职能范围、确立政府科技开发地位、发挥政府宏观决策功能和加强科技创新专业研究。

● 明确政府科技职能范围。在遵循市场经济规律的基础上，结合黑龙江省经济发展的实际情况，制定和完善黑龙江省科技创新规划与计划，达到“长期规划有预见、中期规划有目标、短期计划有效果”的管理目标。

● 确立政府科技开发地位。确立黑龙江省各级政府在公共科技开发领域的领导地位，减少在公共卫生、农业、能源和环保等领域中，由于投资回报率低引发企业和研发机构不愿投入，造成公共事业发展滞后甚至相对倒退的问题。

---

① 王曙光，宋佳．促进黑龙江省高新技术产业发展的财税政策研究［J］．哈尔滨商业大学学报（社会科学版），2013（1）：103－109.

• 发挥政府宏观决策功能。加强各级政府宏观管理和决策功能，将科技创新与产业发展相结合，使科技进步与经济发展相适应，综合利用财税、金融和行政等手段，引导和调节科技创新力量在各产业、各行业的分布。

• 加强科技创新专业研究。政府组织邀请省内外优秀科技人员和专家学者进行科技专业研讨，共同交流经验、解决重大问题。通过邀请专业的企业代表和院校代表，使企业及院校熟悉该行业的前沿技术和发展方向，消除信息的不对称。

8.1.2 规范科研资金使用管理

近年来，随着黑龙江省科研活动的迅速开展，科研资金的使用也逐渐增多，科学、有效、合理地使用科研资金是科技创新及科研成果转化的有力保障，但目前黑龙江省科研资金存在着预算标准不合理、资产流失严重、浪费现象频发、监管制度不健全、验收工作走形式等问题，导致宝贵的科研资金得不到充分利用，资金短缺在部分具有发展潜力的部门中较为普遍存在。因此，必须规范科研资金经费的使用与管理，主要包括以下四个方面：

（1）完善相关法规制度。其内容主要包括完善科研项目审批、责任、验收和审计制度。

• 完善科研项目审批制度。根据科研项目的不同领域、类别采用不同的申报流程、手续和评价标准，缩短项目审批时间，加快科研资金运转；通过同类项目横向比较和项目价值的确定，进一步检验和改进审批评价制度。

• 完善科研项目责任制度。明确项目单位、负责人、成员在科研资金使用中的权责；制定具有可操作性的奖惩办法，对合理使用科研资金并达到预期目标、取得效益的给予奖励，对违法违规使用科研资金的追究责任。

• 完善科研项目验收制度。建立与完善科研项目验收标准，加强对科研项目绩效考评和验收工作的重视，改变以往“重申报、轻验收”的情况，以及验收工作“流于形式、走马观花”的情况。

• 完善经费专项审计制度。严格按照科研项目用途和标准使用经费，加强对科研项目经费过程中支出和结项后结算的专项审计工作，明确科研活动结项后剩余资金余额，防止结余资金被贪占和挪用的情况。

（2）建立独立监查机构。建立科研资金使用管理的独立监查机构的职责主要包括强化法规制度建设、统筹科技项目研发和加强项目监管工作。

• 强化法规制度建设。监查机构负责科研资金使用管理有关法规制度建设工作，能够有效保证法规制度的公平公正。监查机构行政权力的相对集中也有利于充分发挥部门职能，在制定和实施科研资金使用管理法规制度中能及时发现并解决问题，减少其推行中的阻力与矛盾。

• 统筹科技项目研发。发挥科技资源的最大效用，有效组织学科内、学科间、院校中和社会上的专家学者共同攻关重点及难点课题；对全省各级和各地区课题项目统一备案，建立信息化的、开放的数据库，防止课题重复立项，实现设备仪器等物质资源的共享，避免科研设施上的重复建设。

• 加强项目监管工作。独立机构与科研项目一般没有利害关系和利益冲突，将科研资金使用监管从现有科研管理部门剥离交由独立机构，可有效保证监管工作的客观公正，实现从注重审查次数向重视每次监管结果的转变，既能防止监管的形式主义，又可保证科研活动的顺利进行。

（3）改进资金使用方式。针对目前黑龙江省科研项目开支增大、科研资金浪费和资产流失严重等问题，可通过改进资金使用方式解决问题，主要包括完善阶段拨款制度、实施用途上报方式和探索共同筹资办法。

• 完善阶段拨款制度。废除项目经费一次性发放到位的制度，对研究经费采取“分段验收、分步拨款”的方式，将科研资金分为若干部分，采用平均发放或根据项目需要按不同比例发放，实现资金使用的合理规划和对项目的监督管理。

• 实施用途上报方式。对科学研究周期较长的项目，可实行“变资金下发为用途上报”的方式，有关部门对上报申请项目审定后，根据经费用途代为采购，科研独立监管机构实施项目采购的全程监管，降低经费流失风险，有效提升消费使用效益。

• 探索共同筹资办法。探索尝试科研机构与研究人员共同出资的筹资新模式，科研经费由拨款和个人出资两部分组成，使科研人员的工作成为一种投资，减少风险、提高质量的追求，对结项达标项目按个人出资进行收益分配，或通过奖金、津贴等形式对其出资部分给予抵消和奖励。

（4）加强资金使用管理。黑龙江省科研资金管理的不规范主要集中于资金使用阶段，所以加强资金使用管理至关重要，其措施主要包括拓展科研项目资金来源、加强科技经费投入力度、完善科技投入协调机制和提高科研项目资金效益。

• 拓展科研项目资金来源。整合资源建立大型科研项目基金，并实现科研基金的保值增值；政府通过政策引导和鼓励银行、企业、民间资本的科技注入，为科研项目进行担保，吸引风险投资公司参与科研活动。

• 加强科技经费投入力度。构建多元化的科技投入体系，进一步加大科技投入的强度，充分发挥政府在科技投入中的引导作用。通过税收优惠、宏观调控政策等影响科技投入的方向，利用政策杠杆支持重点领域的发展。

• 完善科技投入协调机制。根据科技项目投入的多层次和分散化，以及科技活动的复杂性特点，对科技财政预算实行宏观调控和协调管理，使科技财政投入与国家的科技发展总体目标相适应。

• 提高科研项目资金效益。加强科研资金的有效管理，特别是加强对科研资金使用的全程监控，提高资金使用效益，切实保障有限的投入花在刀刃上，防止科研资金的滥用和低效，以实现科技投入效益最大化①。

8.1.3 完善科技人才激励机制

随着经济全球化和世界多元化的发展，科学技术的日新月异，这不仅打破了以往科技人才发展的地域限制，而且扩大了科技人才需求数量。黑龙江省人才总量充足，高校毕业生数逐年增加，但黑龙江省科技人才的总体水平与国内诸多省份相比还有一定的差距，如人才结构不尽合理，高层次人才不足，人才发展和流动体制不健全等问题，与经济结构优化、经济社会跨越式发展不相适应。结合黑龙江省的实际情况，学习和借鉴国内外先进理论和经验，制定和完善高层次科技人才发展政策，对激励科技人才成长、加快人才队伍整体发展、提升其竞争力，以及进一步促进“八大经济区”全面、和谐、

① 韩霞．完善我国科技投入管理机制的对策选择［J］．国家行政学院学报，2007（5）：74－76.

跨越发展起着举足轻重的作用。完善黑龙江省科技人才激励机制主要包括以下四个方面：

（1）转变人才引进思路。科技人才（以下简称人才）引进是人才发展战略的重要组成部分，其思路主要包括转变传统的人才引进观念、正确处理各类人才的关系、探索人才引进的工作思路和采取灵活的人才引进方式。

- 转变传统的人才引进观念。黑龙江省各级政府、部门及其用人单位应端正态度、转变观念，将人才引进摆在事业发展的战略地位，转变传统狭隘的人才引进观念，给予高薪酬、高福利，重视人才、珍惜人才，摒弃“人才入职便万事大吉”的陈旧思想。

- 正确处理各类人才的关系。正确处理好黑龙江省本地与外来人才、后备与现有人才的关系，挖掘现有人力资源潜力，加大人才培养力度，为吸引省外人才提供方便条件，提升黑龙江省人才资源的整体水平，将其打造成人才的“吸铁石”。

- 探索人才引进的工作思路。结合黑龙江省地缘优势与邻近省份、相邻国家举行人才引进、交流与合作通道，通过制定宽松的进出国境、财税优惠和人性化的服务等开放性政策，实现互派学者、项目合作、课题联合和人才互通等人才沟通目标。

- 采取灵活的人才引进方式。以竞争性、更加优惠的政策引进高层次人才落户黑龙江，鼓励“不迁户口、不调档案”等方式的柔性引进，以及以讲座、合作、租赁、互借、知识产业结盟等方式为主的人才智力引进，以形成高层次人才相对宽松的进出机制。

（2）完善人才引进政策。要实现引进人才、留住人才的目的，需要完善人才引进政策，创造良好的政策环境，其思路主要包括完善人才支持政策体系、保证人才引进经费投入、积极引进产业专门人才和建立健全人才评价机制。

- 完善人才支持政策体系。研究制定与实施黑龙江省特别是“八大经济区”需要的高层次科技人才中长期发展规划和政策措施，在此基础上制定配套的人才政策实施细则，完善高层次科技人才支持的政策体系。

- 保证人才引进经费投入。坚持人才投入优先保证，确保科技投入增长幅度高于财政收入增长幅度，保证政府对“八大经济区”人才需求、发展项目和培养工程，以及对重点企业、高等院校人才开发的财政投入。

• 积极引进产业专门人才。明确重点扶持地区、产业和项目，实施产业人才引进机制，加大对其支柱产业、高新技术产业、战略性新兴产业人才需求的扶持力度，对引进带有科研项目的人才给予政策和资金扶持，实现研发项目的软着陆。

• 建立健全人才评价机制。坚持“德才兼备、不拘一格”的原则，破除论资排辈观念，形成以科研能力为基础、以竞争力为标准的人才评价选拔机制，保证各专业人才获得与其贡献相符的奖励和待遇，充分激发人才研究与创新的热情。

（3）提供财政政策保障。与发达地区相比，黑龙江省经济基础及基础设施相对薄弱，用人单位在出资引进人才上捉襟见肘，人才引进后也可能无法马上获得较高回报，这就需要政府提供财政政策保障，主要包括实施人才引进的财税优惠、保障引进人才的财政资金和改善引进人才的工作环境。

• 实施人才引进的财税优惠。制定“八大经济区”引进专项人才的财政补贴及税收优惠政策，鼓励企业、高等院校及科研机构设立人才专项资金用于引进、培养、激励高层次科技人才，为实施高层次科技人才队伍建设及配套政策实施提供有力保障。

• 保障引进人才的财政资金。统筹兼顾、合理配置，一方面，通过财税优惠政策为人才缺口大、专业性强的项目工程提供资金保障；另一方面，发挥政府财政转移支付功能，为农村、社区、基层单位、偏远地区的人才引进提供资金保障。

• 改善引进人才的工作环境。提高对“八大经济区”引进人才的生活待遇和工作条件，在住房、办公条件、社会保险和个人所得税等方面给予扶持和优惠，调动引进人才的工作积极性与创造性，营造引进人才融入的新环境与新氛围。

（4）创造良好外部环境。外部环境影响政策的执行效果，黑龙江省应积极创造良好的人才外部环境，主要包括构建和谐的人才社会环境、发挥政府和企业主体作用、建立开放的人才市场体制和加强人才就业的环境建设。

• 构建和谐的人才社会环境。充分发挥黑龙江省各级政府的导向与社会舆论的应有作用，形成“尊重人才、重视人才”的社会氛围，提高全社会对人才的接纳和认同，构建和谐的社会环境和融洽的工作关系。

• 发挥政府和企业主体作用。通过制定人力资源规划，了解社会和企业所需人才的数量、类型与人才供需间的差距，为进一步制定人才招募、选拔和培训等工作计划提供信息数据，建立人才供求信息发布平台，并发布人才需求预测。

• 建立开放的人才市场体制。打破行业间和区域间人才市场壁垒，冲破现有框架实现人才自由流动和人力资源共享，实现人才信息网上备案、人才需求网上发布，并将其人才信息系统与全国人才信息网络对接，构建畅通的人才信息通道。

• 加强人才就业的环境建设。综合利用黑龙江省政府及其各级政府、企业和高等院校的资源环境与条件，加强人才市场环境建设与管理，认真贯彻落实国家及地方各级政府的相关就业政策，不断探索人才就业工作的新举措，为实现引进人才的软着陆创造就业机会。

8.1.4 加强科研成果转化应用

科技成果转化是将科技成果转化为现实生产力并产生倍增放大效益的过程，是一种带有科技性质的经济行为，是科技与经济的融合①。在科技成果转化和普及方面，政府肩负着宏观调控和引导发展的职责，应积极提供政策支持和制度保障。加强黑龙江省科研成果转化有利于科研活动实现价值、推动企业技术进步、促进高等教育发展、提升黑龙江省综合竞争力。目前，黑龙江省在科研成果转化方面存在着成熟度不高、转化率较低、应用范围有限等问题，所以需要加强黑龙江省科研成果转化应用工作，其措施主要包括以下四个方面：

（1）拓展政府调控职能。黑龙江省在科技成果转化应用上，应拓展的政府调控职能主要包括增强宏观管理、提高经济保障和完善政策建设。

① 傅家骥．技术创新学［M］．北京：清华大学出版社，1998.

• 增强宏观管理。根据国家和黑龙江省经济社会发展的目标，通过对社会和市场的分析了解、对科技创新总体布局进行合理统筹协调，使科技发展更贴近市场经济和社会公众需要；平衡地区间和行业间科技项目建设，避免同类项目拥挤、过于集中引起的重复建设和恶性竞争，实现社会资源和成果转化空间的高效利用；提高科技人员素质和业务水平，建立科技成果转化相关法律的实施细则和法律实施监督体系，实现有法可依、有法必依。

• 提高经济保障。建立一个稳定的、健康的、可持续发展的科技资金保障体系，满足科技成果转化过程中的大量资金需求并确保其稳定投入，避免资金短缺和资金链断裂造成科技成果转化和普及失败；采用优惠政策引导非政府资金进入科技成果转化与产业化领域，通过设立高校科技企业发展专项基金等方式支持高校科技企业的发展。

• 完善政策建设。各级政府及其有关部门进一步落实有利于促进科技成果转化的财政、税收和金融等优惠政策；在结合当前经济形势的基础上，适时调整与修订政策，探索和推广“以奖代补、风险共担”等新的政策支持方式；加强知识产权保护政策的贯彻落实，切实保障科技成果转化为专利后的合法权益特别是社会经济效益。

（2）提升高等院校功能。随着高校社会地位的不断上升，政府和社会对高校科研活动促进社会发展方面寄予很高期望，所以在加大科技成果转化工作中，应提升高等院校功能，其措施主要包括完善科技成果转化机制、增强高校科研创新能力和加强科技专业人才管理。

• 完善科技成果转化机制。通过改革科技成果转化与产业化内部管理体制与措施，提高科技成果转化应用能力；通过改善科研考评方式，鼓励科研人员以市场需求为导向开展研究；加强创业型人才的培养，理顺高校与科技企业的关系；建立高校科技成果推广中心，加强科技企业的经营管理。

• 增强高校科研创新能力。提高高校自身科技成果转化的培育能力，使产出成果成熟度更高、高校与企业间供需差距更小；结合市场需求优化科研立项，为科研成果从高校到企业、再到社会创造条件。

• 加强科技专业人才管理。加强科技成果转化方面专业人才的培养与选拔，各高校应结合自身特点加强对从事科技成果转化工作的队伍建设，通过收集与整理市场及企业需求信息，为科技成果转化开拓市场未雨绸缪。

（3）发挥企业主体作用。科技与经济结合的重点和关键是企业，只有企业发挥主体与核心作用，才能加速科技成果转化。因此，黑龙江省应充分发挥企业在强化科研成果转化中的主体作用，其措施主要包括强化企业科研活动的地位和增加企业自身研发的投入。

● 强化企业科研活动的地位。政府可将科研资金直接拨给企业，使拥有科研项目的高校和科研机构在寻找资金资助时，谋求与企业的合作，增强企业在科研机构成果转化中的参与度，促进科技与市场的紧密结合。

● 增加企业自身研发的投入。通过财政补贴和税收优惠等政策，引导企业注重自身研发投入，提高企业对高校、科研机构科技成果的吸收能力，改变当前产学研合作中企业“拿不出课题，只能提方向”的情况。

（4）加强中介服务管理。其措施主要包括完善中介服务管理制度、发挥中介机构纽带作用、推进中介服务市场化运作和加快中介服务信息化建设。

● 完善中介服务管理制度。通过完善中介服务管理制度，明确中介服务机构的权利与义务，理顺与政府、企业、高校和科研机构的关系，规范科技中介机构服务质量和公平竞争环境，提高市场准入门槛，强化对中介服务的监督管理。

● 发挥中介机构纽带作用。强化对科技中介机构的激励和扶持，在严把其准入标准的同时，综合利用财政资金、税收优惠、人才政策和场地设施等手段，促进科技中介机构发展，充分发挥其在科技成果的转化与普及中的桥梁和纽带作用。

● 推进中介服务市场化运作。强化科技中介机构市场化、规范化和制度化管理，引入竞争机制，加强从业人员素质建设；在加强与政府、企业等机构密切联系的基础上，明确运营模式和收费标准，保证科技中介机构的独立性和自主性，并提高其社会经济效益。

● 加快中介服务信息化建设。由于科技中介服务机构的主要业务是信息资源的交换，所以应加快科技中介机构信息化建设、提高工作效率、拓宽服务范围，通过连接省内外和国内外信息资源，为科技成果交流提供高水平的中介服务。

8.2 “八大经济区”发展的文化教育政策

黑龙江省2009—2013年文化教育的基本情况，见表8-2。

表8-2　　黑龙江省2009—2013年教育事业的基本情况

项目		2009年	2010年	2011年	2012年	2013年
学校数（所）	普通高等学校	78	79	78	79	80
	普通中学	2248	2174	2092	2043	1965
	小学	7202	6490	5620	4834	3261
专任教师数（万人）	普通高等学校	4.3	4.4	4.5	4.5	4.6
	普通中学	14.3	14.2	15.5	15.8	15.5
	小学	15.5	15.1	13.4	12.9	12.0
招生数（万人）	普通高等学校	21.0	19.5	19.9	20.3	20.3
	普通中学	59.8	57.1	54.3	54.7	47.3
	小学	31.2	34.1	33.4	32.9	27.4
在校学生数（万人）	普通高等学校	70.9	71.9	71.1	70.5	71.8
	普通中学	194.7	190.8	184.5	181.7	152.2
	小学	190.4	188.0	187.5	186.8	154.0
毕业生数（万人）	普通高等学校	17.4	18.1	19.6	20.4	18.4
	普通中学	64.3	60.1	60.2	60.0	57.9
	小学	39.0	36.4	33.6	34.7	33.0
每一教师负担学生数（人）	普通高等学校	16.5	16.3	15.9	15.5	15.5
	中等学校	14.2	13.9	12.4	12.0	10.3
	小学	12.3	12.4	13.9	14.5	12.8

资料来源：《黑龙江省统计年鉴（2014年）》。

通过表8-2可以看出，黑龙江省学校、专任教师、招生、在校生、毕业生数量总体呈稳定或上升趋势，如普通高校专任教师数量从2009年4.3万人增至2013年的4.6万人，但普通高校和普通中学教育每个教师负担的学生数呈下降趋势，说明黑龙江省教育事业发展取得一定的成效，教学质量和人才培养质量不断提高。但也暴露出小学学校数量急剧减少、小学招生数和专任教师数量明显下降、小学每个教师负担学生数逐年上升等问题。教育是民族振兴和社会进步的基石，全面提高黑龙江省的办学质量和教育水平、培养合格人才，可有效充实其人才队伍、提高全民素质，对经济发展中人才结构的优化有重要意义。党的十八大报告也从各阶段、各类型和各地区教育、师资队伍、素质教育等方面提出了改革的目标要求，这为黑龙江省教育事业发展提供了明确的政策方向。

8.2.1 提高农村义务教育质量

目前，黑龙江省中小学数量减少、义务教育招生数量总体下降，与高精尖人才教育的不断扩招形成了鲜明对比，这既与黑龙江省义务教育适龄儿童数量减少的人口结构变化有关，也与农村义务教育规模持续萎缩有关。城乡义务教育质量差距不断拉大，不仅不利于提高全民素质、缩小城乡差距，而且阻碍了农村人口融入城镇和推进城镇化的进程，因而提高黑龙江省农村义务教育质量意义重大，其措施主要包括以下四个方面：

（1）发挥政府调控教育功能。提升农村义务教育质量是实现城乡义务教育均衡发展的重要手段。教育精英化趋势使得黑龙江省有限的教育资源不断向高等教育集中，加之城乡生活水平和收入水平的差距，导致农村教师资源的严重流失，因而需要政府发挥调控功能，其措施主要包括认真贯彻教育法律、统筹义务教育资源和加大公共财政投入。

• 认真贯彻教育法律。明确黑龙江省各级政府在开展农村义务教育的职责和义务，认真贯彻《义务教育法》。通过内部的深入学习和外部的普法宣传，提高政府工作人员和农民对农村义务教育的重视程度，保障义务教育工作的顺利开展。

• 统筹义务教育资源。充分利用好行政与法律等手段促进黑龙江省农村义务教育的公平发展、城乡义务教育的统筹发展，力求将福利教育政策落实到每一所学校、每一个适龄儿童，避免福利教育资源在弱势群体中的分配不均、不公等问题。

• 加大公共财政投入。建立黑龙江省农村义务教育财政机制，完善财政投入分配模式，将财政投入重心由城镇向农村转移，改善农村校舍、教材和教学工具等硬件设施，不断提高农村教师待遇、扩大农村教师规模。

（2）完善教育经费管理制度。完善黑龙江省农村义务教育经费分配与管理制度，防范农村义务教育经费截留、挪用和挤占的情况发生，以实现有限资源的落实到位和最优使用。其措施主要包括建立与完善农村义务教育国库集中支付、部门预算管理、经费分配管理和经费监督管理制度。

• 建立农村义务教育国库集中支付制度。将黑龙江省农村义务教育经费全面纳入财政国库集中支付系统，从制度上保障教育经费的合理使用、定点到位；将农村教师工资、寄宿学生生活补助等纳入国库支付系统，保证资金统一发放到位。①

• 推进农村义务教育部门预算管理制度。对黑龙江省农村中小学财务工作统一管理，各项收支汇总纳入财政预算；对教材、教学设备等大宗类项目实行政府招标采购，其他支出则及时拨付并按预算项目监督使用，保证农村义务教育经费专款专用。

• 改进农村义务教育经费分配管理制度。根据黑龙江省农村学校的学生数量、学校区位、办学规模等条件制定评价机制和分配办法，依据综合评定经费分配比例，并对评定较低的学校增拨专项经费补助，保证较差条件学校的正常办学需要。

• 健全农村义务教育经费监督管理制度。通过建立健全黑龙江省农村义务教育经费监督管理制度，加强专项审计工作，推进账目信息公开、接受群众监督；认真贯彻执行国家及地方政府制定的农村义务教育相关法律制度，对违法违纪者依法予以严惩。

（3）加大教师队伍建设力度。目前，黑龙江省农村义务教育教师队伍逐年萎缩，不但影响了农村教育事业的发展，而且进一步拉大了城乡差距，因而必须采取切实可行的措施，以加大农村义务教育师资队伍建设的力度。其措施主要包括加强农村教工编制管理、提高农村教师福利待遇、实施城乡对

---

① 范先佐，付卫东．农业义务教育新机制：成效、问题及对策［J］．华中师范大学学报（人文社会科学版），2009（7）：116.

口帮扶政策和推行志愿支农教育计划。

• 加强农村教工编制管理。各级政府应综合农村实际情况适当调整、增加农村教师编制，将长期从事农村教育的人员纳入教师编制中；优化编制结构，如剥离后勤人员，推行教师资格进出制和聘任制等，解决学校编制过于紧张的问题。

• 提高农村教师福利待遇。建立省级统筹农村教师工资保障机制，缩小全省义务教育教师工资福利差距，健全农村医疗养老等社会保障制度，同时推行农村教师参保优惠政策，解决农村教师后顾之忧。

• 实施城乡对口帮扶政策。在黑龙江省城乡中小学中全面推行教师定期交流轮岗制，为农村教师进入城镇进行深造和提高创造条件，积极促进城镇优秀教师深入农村，提高农村教育教学水平。

• 推行志愿支农教育计划。通过建立支农教育激励制度，制定面向农村和偏远地区的优惠待遇和特殊津贴政策，特别是在高校中推行青年志愿者支农教育计划，鼓励大学生志愿者前往农村支农教育，稳定和提高现有农村师资力量与水平。

（4）改变教育积贫积弱现象。由于黑龙江省农村基础设施薄弱、经济条件较差，因而农村教育积贫积弱问题明显，为此应采取加大贫困学生资助力度、建立清偿债务监管机制、建立健全以法治教机制和提高农村义务教育质量等措施加以解决，积极提高农村义务教育质量。

• 加大贫困学生资助力度。黑龙江省地方政府部门和学校应在严格执行贫困生认定标准的基础上，提高资助标准、扩大资助项目。不仅要免除贫困学生学杂费和书本费，而且也要提供伙食和交通等补助，以减小教育支出对贫困家庭的经济压力。

• 建立清偿债务监管机制。黑龙江省农村学校资金有限、欠债普遍，但教育管理部门和学校挪用、截留偿债拨款经费的情况时有发生，为此应建立清偿债务监管机制，同时鼓励社会出资和捐赠帮助学校清偿债务，调动教职工的积极性和创造性。

• 建立健全以法治教机制。黑龙江省贯彻落实农村义务教育制度，应将“义务教育达标”作为考核各级政府、教育管理部门和学校领导政绩的重要内容之一。同时在农村义务教育普及的达标验收中必须做到客观公正，杜绝虚假行为等问题的发生。

- 提高农村义务教育质量。黑龙江省各级教育管理部门和学校，应将提高农村义务教育质量和学生素质作为工作的重心；进一步减轻学生的课业负担，杜绝教育乱收费现象，整治农村义务教育中的不正之风等问题。

8.2.2 扩大中职教育覆盖范围

中职教育由高中教育阶段进行的职业教育和一部分高中后职业培训所组成，是专门培养社会各行各业所需技能性人才的教育领域，既承担着国家义务教育的职责，又肩负着培养高素质技能型人才的重任。但目前黑龙江省中职教育暴露出职业意识淡薄、师资力量匮乏、专业建设滞后、招生水平下滑等问题，导致中职学校招生不足、毕业生就业困难和用人单位技能型人才稀缺的矛盾。为改变黑龙江省中等职业教育现状，应积极扩大中职教育覆盖范围，其措施主要包括以下四个方面：

（1）发挥政府部门作用。黑龙江省各级政府及其教育管理部门应充分发挥其应有的作用，采取有效措施扩大中职教育覆盖范围，主要包括明确工作目标、纠正以往错误、采取政策扶持和整合教育资源等。

- 明确工作目标。全省各级政府应认清中职教育注重技能培养和快速融入社会的优势，重视发展中职教育，将推进中职教育任务纳入政府任期的工作目标，提高高中阶段教育的人口素质，以缓解黑龙江省社会技能型人才稀缺的状况。

- 纠正以往错误。黑龙江省部分地方政府因职业学校办学困难、生源不足等因素，将职业学校撤销、合并或改招普通高中生，制约了职业教育事业的发展，为此应予以纠正，这是扩大中职教育覆盖范围的重要工作任务。

- 采取政策扶持。改善办学条件，黑龙江省各级地方政府应努力在农村扩大免费中职教育，建立健全贫困生中职教育资助政策体系；积极拓宽投入渠道，采取财政扶持和税收优惠等手段鼓励社会资金注入中职教育，促进中职办学机构与企业、高校的合作。

- 整合教育资源。由省教育厅牵头、各市（县）政府及其教育管理部门具体组织对现有中职教育资源进行整合，解决资源分散、管理低效、资金利用率低等问题，统筹规划、合理安排，实现有限资金的充分利用。

（2）加强学校层面建设。其建设措施主要包括坚持中职办学特色、按照就业设置专业、加强师资队伍建设、扩大学校办学规模和强化教育监管工作。

• 坚持中职办学特色。黑龙江省各中职学校应坚持学校的办学特色、树立学校品牌，通过塑造学校良好的社会形象，增强中等职业学校的吸引力和凝聚力，提升学生归属感，从而提升其办学质量。

• 按照就业设置专业。以就业为导向合理设置中职专业，加强对培养适应现代装备制造业和现代服务业的要求、适应产业升级和高新技术的技能型人才等方面的研究，避免有限教育资源的浪费，为地方经济发展服务。①

• 加强师资队伍建设。通过专任职教教师与聘用兼职教师相结合、建立中职教师考核晋升制度、在高校开办中职师范类专业等手段，巩固现有中职教师、培养优秀中职教师、扩大中职教师数量，以提高中职师资队伍水平。

• 扩大学校办学规模。改革中职教育培养模式和教学方法，提高中职教育教学质量，通过校企合作、顶岗实习等方式扩大学校的办学空间，适当扩大黑龙江省中等职业教育的办学规模，适应其经济社会发展的需要。

• 强化教育监管工作。各级政府及其教育管理部门应积极研究中职教育教学规律，强化对中等职业学校的监管工作，使其严格遵守教育教学规范，规范质量管理标准，加强学生纪律教育，提高中职教育教学水平。

（3）强化社会因素功能。其建设措施主要包括发挥政府导向作用、改革高校招考制度、丰富职业教育体系和发展民办中职教育。

• 发挥政府导向作用。各级政府及其教育管理部门应积极引导社会公众改变落后的职业观和就业观，提倡职业平等，消除公众对中职教育的偏见和歧视；扩大农村免费中职教育政策宣传，鼓励农村劳动力参与中职教育。

• 改革高校招考制度。对参加高考的中职毕业生，建议参照艺术特长生招考方式和艺术类联考的运行模式，使其文化考试与中职技能考试有机结合

---

① 陈鸣. 西部地区扩大中职教育规模的策略初探——以贵州省中等职业教育为例分析［J］. 中国职业技术教育，2009（4）：52.

起来；或者设置专门的中职学生高考制度，为中职生参加统招高考、进入大学深造创造有利条件。

- 丰富职业教育体系。黑龙江省应建立一套层次鲜明、专业丰富的技能型学历体系，将中职教育作为其重要的组成部分，实现中职教育“横向有延展、纵向有深度”；加强在职培训、继续教育等非学历教育，满足中职生进一步学习深造的需要。

- 发展民办中职教育。黑龙江省应通过制定民办公助的优惠政策，鼓励更多社会资金和人才力量投入中职教育的兴办；教育管理部门应加强对其办学的规范和指导，防止无序招生、恶性竞争等情况发生，促进民办中职教育健康有序的发展。

（4）发挥企业促进作用。其措施主要包括利用企业物质条件优势、构建中职三方联动模式和建立人力资源预测机制。

- 利用企业物质条件优势。各中职学校为企业培养预备人力资源，企业可为学校提供实习条件，使学生的学习与实践相结合，提高其操作能力，满足企业工作需要；依托品牌企业提高学校知名度，扩大黑龙江省中职教育覆盖范围和生源数量。

- 构建中职三方联动模式。黑龙江省应发挥政府导向作用，明确企业与中职教育学校双方合作的职责和权利，为有效合作运行提供制度保障，构建政府、企业、学校的三方联动模式，促进黑龙江省中职教育合作的健康、深入、可持续发展。

- 建立人力资源预测机制。黑龙江省应改变企业人才更新以招聘为主的被动局面，通过企业与政府协作，对未来市场和企业所需技术工种、劳动力数量等科学预测，由政府统一组织，让企业主动与中职教育学校协商定制人才，实现订单化培养。

8.2.3 密切校企教育合作关系

密切企业与高等院校教育合作，实现知识共享和技术互补，使科技成果能迅速产业化和商业化，其最有效、最直接的措施便是实现产学研结合，通过企业、高校及科研院所技术创新主体，按照“利益共享、风险共担、优势互补、共同发展”原则共同开展技术创新活动，形成“科研—产品—市场—科研”的良性循环①。目前，黑龙江省的症结在于教育资源的产出无法有效转化为社会生产力，科研成果积压与企业技术水平低下的矛盾凸显。为此，黑龙江省应通过加强高校与社会的联系来积极深化校企教育合作体系，其措施主要包括以下五个方面：

（1）政府积极履行职责。构建产学合作模式形式上只有高校和企业的参与，但其中隐含着对政府职责的要求。由于高校与企业存在信息不对称、交流渠道不通畅的问题，仅靠两者去实现产学合作是不现实的，企业寻找合作院校如水中望月，院校寻找合作企业像大海捞针。因此，黑龙江省各级政府对校企合作应积极履行其职权与责任，包括明确政府职责、加强政府引导和政府干预适度等措施。

• 明确校企合作的政府职责。黑龙江省各级政府必须明确其在校企合作中的职责，整合社会分散的高等院校资源和庞大的企业信息，将两组数据进行对接，实现捋顺校企教育合作沟通渠道的目的。

• 加强政府校企合作的引导。发挥各级政府的作用，加强对校企教育合作工作的引导，把校企教育合作纳入各级政府的重要议事日程，制定促进校企结合的量化目标并予以监督与考评，从上到下逐级提高对校企合作工作的重视程度。

• 政府应适度干预校企合作。各级政府在构建校企教育合作，应更多地起到牵线搭桥和规划引导的作用，不可过渡干预，但又不能撒手不管，做到管制与放活，积极构建企业、高校和政府在教育合作中的和谐关系。

（2）构建校企双赢机制。随着 1985 年教育体制改革，高等院校获得了前所未有的自主权，并已发展成为与企业相似的独立利益主体。企业以利益最大化为目的，高校以培养高精尖人才为目的，双方虽目的不同但在需求上互补，使双方互惠互利、平等合作存在可能。黑龙江省校企教育合作、可持续发展，其措施主要包括明确合作双方的职权和发挥双方的各自优势。

---

① 李志强，李凌己．国内产学研结合发展的新趋势［J］．清华大学教育研究，2005（8）：97－103.

• 明确合作双方的职权。通过制定校企合作的政策，发挥政府的调控和监管职能，使校企合作在法治化的轨道内健康、有序地开展；明确在合作中双方的职责和权利，寻找双方利益的平衡点，构建利益共享、共同发展的双赢机制。

• 发挥双方的各自优势。企业为高校提供实践场地和实习机会，高校为企业提供培训教育资源，甚至实现企业将车间建在学校、学校将实验室建在企业的深层次合作，有利于高校培养学生实践能力，企业在合作中发掘人才。

（3）调动企业的积极性。2007—2009 年世界范围的金融危机过后，世界经济开始复苏回暖，全国及黑龙江省的企业利益回报也逐渐提高，但较高的回报也使黑龙江省部分企业忽视了技术引进和更新的重要性。当前，黑龙江省高校毕业生逐年增多，出现人才市场供大于求的状况，如 2014 年全省共有普通高校毕业生 20.41 万人，同比增加 2966 人，导致部分企业认为所需技术和人才可从社会招募，不必投入人力和物力与高校进行合作。因此，校企合作中企业往往显得被动，当技术落后和用人紧张的问题暴露后才转为寻求合作。

目前，黑龙江省高校数量（全省普通高校 80 所）远远小于企业数量，高等院校主动找企业进行合作也不现实。因此，省教育厅应积极制定与实施促进校企教育合作的中长期发展规划，适应市场需求；加大宣传力度，改变企业的错误观念，提高企业对产学研结合是提高企业竞争力、赢得市场、获取利润的有效途径的认识，提升企业在校企合作中的主体地位，调动企业积极性；通过设立省级、市级重点校企合作计划与项目，吸引企业、高校的加入，为双方接洽提供平台。

（4）促进合作持续发展。虽然黑龙江省目前的校企合作项目较多，但多是短期合作，且长期合作、实质性合作项目较少，仅有少数省部级院校与国有企业的项目是长期合作。为深化校企教育合作，应积极采取设立校企合作管理部门、建立健全相关管理制度和加强知识产权体系建设等措施，促进校企合作项目的持续发展。

• 设立校企合作管理部门。在省教育厅设立校企合作服务管理中心，负责对高校的科研能力、学科优势和企业的经营规模、技术需求进行考查，为合作双方提供咨询服务和数据参考；建立校企合作评价机制，全面指导、监管校企合作。

- 建立健全相关管理制度。通过建立健全校企合作的相关管理制度，保障合作双方合法权益，对合作双方违约违法行为（如临时撤资、项目不能按时交付等情形）应明确责任，保障弱势方合法权益，减少利益分配产生的冲突和摩擦。

- 加强知识产权体系建设。完善保护知识产权的相关法律制度，建立监督举报渠道，加速知识专利的信息化、网络化升级改造；建立知识产权咨询服务机构，培养知识产权领域的专业人才以适应经济发展需要。

（5）发展民办高等教育。黑龙江省民办高等教育尚处在起步阶段，大力发展民办高校，特别是提高民办高校教育质量，对黑龙江省突破高等教育发展瓶颈，促进企业与科研机构合作有重要的现实意义。其措施主要包括制定民办教育发展规划、加大财政资金投入力度和提高民办高等教育质量。

- 制定民办教育发展规划。科学制定黑龙江省民办教育发展规划，将民办高等教育纳入全省高等教育的发展规划与政策调控中，消除企业、社会公众对民办高等教育的偏见，特别是用人单位对其毕业生的歧视。

- 加大财政资金投入力度。结合政府宣传和优惠的财税政策，鼓励和引导企业、社会力量、民间资本兴办民办高等教育，在民办高教的初始阶段增强其与企业和社会的联系，为校企教育合作积极创造条件。

- 提高民办高等教育质量。探索民办高等教育发展模式，如何推广先挂靠在名企名校、待条件成熟再独立发展的方式，规范民办高等教育的发展过程，在质量上求生存，在特色上求发展，同时增强民办高校与企业、普通高校的密切合作。

8.2.4 加强特色龙江文化建设

特色龙江文化既包括黑龙江省经济发展重要组成部分的文化产业，也包含惠及人民精神文化生活的文化事业。目前，黑龙江省表现出文化产业快速发展、文化事业相对平稳的良好态势，但也暴露出诸如文化产业重视经济价值而忽视文化内涵、文化事业发展相对缓慢、文化市场意识不强等问题。党的十八大报告明确提出“丰富人民精神文化生活”“增强文化整体实力和竞争力”的要求。因此，应积极加强黑龙江省文化建设，其建议主要包括以下四个方面：

（1）扶持文化产业发展。黑龙江省扶持文化产业发展，其措施主要包括正确认识文化产业内涵、改革文化产业管理体制、完善文化产业扶持政策和加强文化产业建设管理。

• 正确认识文化产业内涵。文化事业与文化产业相辅相成，但又有本质的区别。如果以文化事业的非营利性去引导和扶持文化产业的发展，不仅有违文化产业追求经济效益的目标，也会严重阻碍文化产业的健康发展，因而应将文化产业作为经济建设的重要组成部分予以重视和研究。

• 改革文化产业管理体制。改革原有政企不分、政事不分的文化产业事业管理体制，加快推进国有企事业单位的公司制改革，加速文化生产单位的市场化进程。抓住黑龙江省文化单位改革晚于文化产业发展的后发优势，使改革更明确、更顺应经济和产业发展势头，避免盲目改革产生的额外成本。

• 完善文化产业扶持政策。文化产业作为黑龙江省的新兴产业，应在推动市场化进程的同时，加大对文化产业内的新建企业和新兴行业财政投入的力度，并通过制定财税优惠政策和设立专项的文化产业发展基金，鼓励和吸引社会力量参与和兴办具有龙江特色的文化产业。

• 加强文化产业建设管理。积极引导黑龙江省文化产业的合法经营、保障合法经营者权益，在法规制定中注重文化产业价值观传输的社会功能，对文化企业的经济行为进行更细致、明确的规定，防止文化企业为谋求利益而向社会注入错误的价值观，败坏文化环境、阻碍文化产业发展。

（2）提升文化产业实力。充分发挥政府在文化产业发展中的宏观调控职能作用，综合利用行政、财税等手段提升黑龙江省文化产业竞争力。其措施主要包括强化文化与科技相结合、实施人才推动产业机制、提升文化产业集群发展、树立龙江文化产业品牌。

• 强化文化与科技相结合。遵循世界文化产业的发展方向并将其作为提升黑龙江文化产业的动力，抓住现代电影、电子游戏和动漫等新兴文化产业蓬勃发展的机遇，推进文化产业与高新技术的融合，提高新兴文化的制作水平和表现张力，充分利用龙江文化资源底蕴对传统文化进行包装宣传。

● 实施人才推动产业机制。将人才开发与使用作为提升文化产业发展的支撑力量，重视培养专业人才、发掘特色人才，努力建设一支有文化、懂创新、会经营的高素质人才队伍；制定相关政策优惠吸引省外国外的人才力量，实行公平竞争机制促进人才的优胜劣汰，充分发挥人才在文化产业发展中的推动作用。

● 提升文化产业集群发展。将黑龙江省产业集群发展作为加快文化产业发展进程的必由之路，既要建设诸如文化产业园区等地理上的产业集群，又要建设诸如动漫与游戏、电影与广告等内容上的产业集群，实现文化产业规模化、集约化和相关文化产品发展的多赢局面。

● 树立龙江文化产业品牌。黑龙江省具有区位独特、地大物博、资源丰富的优势，应将发展龙江文化品牌作为产业发展的重要途径；以自身优势为卖点，充分利用冰雪旅游、避暑旅游和俄罗斯风情旅游等独具地域特色的文化资源，逐步树立龙江文化产业品牌，以吸引国内外游客，提升文化产业对龙江经济的拉动力。

（3）改善文化产业市场。黑龙江省改善文化产业市场的措施主要包括提升政府文化产业认识、完善文化市场法制建设、推动文化市场公平竞争和制定文化消费需求政策。

● 提升政府文化产业认识。促进政府角色从“公共事业管理者”向“经济市场调控者”转变，各级政府应放活文化企业发展，使其经营管理具有自主权和市场活性；发挥政府的监督与管理功能，通过法制手段维护文化市场秩序，实现文化产业经济效益的同时，防止政府对市场机制的过渡干预。

● 完善文化市场法制建设。结合文化市场与其他市场的特殊性，明确文化市场社会主义精神文明建设的责任，以及文化产品、文化活动、文化服务具有的价值观传输功能；加强对文化产品、文化服务的内容和文化企业经济行为的监管，避免文化企业因追求利润最大化而偏离文化本质和危害到文化环境的问题。

● 推动文化市场公平竞争。对文化市场准入在严把标准和质量关的基础上适当降低门槛，鼓励各类经济成分、各种投资渠道参与龙江文化市场建设与发展；积极发挥各级政府进行宏观调控文化市场的功能，根据文化市场运行情况制定长期发展规划，打破文化行业垄断、促进市场公平竞争。

• 制定文化消费需求政策。文化市场离不开文化消费需求，随着人们生活水平的提高和经济的持续发展，人们对文化消费积蓄了充足的潜力，因而各级政府应制定适宜本地区发展的扩大文化消费需求的政策，实施刺激和释放文化消费潜能，为文化市场和文化产业的发展注入活力。

（4）推动文化事业繁荣。黑龙江省政府应积极采取加强文化基础设施建设、完善文化事业财税政策、深化文化人事制度改革和促进文化事业产业结合等措施，以推动文化事业繁荣。

• 加强文化基础设施建设。各级政府应将公共文化设施建设纳入城镇建设总体规划中，进行科学安排、合理布局和统筹协调，使其与城镇化进程相适应，以保证城乡的均衡发展；对原有文化设施推进数字化和网络化升级改造，提升文化事业层次，适应未来信息化社会发展要求。

• 完善文化事业财税政策。各级政府财政部门应加大对文化事业发展的投入力度，发挥财政资金在拓展文化事业投融资新渠道中的杠杆作用；根据文化事业不同社会效益目标确定不同的财税政策支持重点，实施以文化事业公益性强弱为标准的差别税率政策，发挥财税优惠政策的最大功效。

• 深化文化人事制度改革。各级政府应不断深化文化事业单位的人事制度改革，积极推行聘任制，提高基层文化人才工资及福利待遇；完善文化事业单位的人才培养机制，建立可操作性强的人才选拔办法，开发人力资源、夯实人才基础，在推动文化事业发展的同时也为文化产业发展储备后备人才。

• 促进文化事业产业结合。各级政府应强化龙江文化事业与文化产业的有机结合，在特色龙江文化建设中，坚持“社会效益放在首位、社会效益与经济效益相统一”的原则，实现文化产业带动文化事业、文化事业促进文化产业的互动发展，从而推动文化事业全面繁荣、文化产业快速发展。①

---

① 胡锦涛．坚定不移沿着中国特色社会主义道路前进 为全面建成小康社会而奋斗——在中国共产党第十八次全国代表大会上的报告［N］．人民日报，2012－11－18（1）．

8.3　“八大经济区”发展的医疗卫生政策

医疗卫生政策集社会效益、医疗效益和医院经济效益于一体，是全社会长期关注的焦点，医疗卫生事业质量的提高和体制的完善，对社会经济发展有重要的战略意义。自2009年以来，黑龙江省医疗卫生事业发展较快，万人拥有卫生机构床位数和技术人员数不断提升，医疗卫生基础设施建设有了明显的改善（见表8－3）。

表8－3　　黑龙江省2013年各地区卫生事业基本情况

地　区	卫生机构数量（个）	卫生机构床位数（张）	卫生机构人员数（人）	卫生技术人员数（人）		
				合计	执业（助理）医师	注册护士
全　省	9582	189290	250191	203741	76773	73682
哈尔滨	1769	60182	74352	60377	21573	22974
齐齐哈尔	986	23706	29384	23664	9021	8966
鸡　西	571	11033	12281	10212	3652	4146
鹤　岗	536	7830	9276	7237	2682	2837
双鸭山	627	8682	10694	8855	3263	3426
大　庆	883	14745	23832	19345	8821	6649
伊　春	695	6332	8886	7240	2845	2432
佳木斯	784	13252	17942	14183	5192	5260
七台河	267	3892	4957	4065	1536	1583
牡丹江	871	15195	22919	19864	6502	6844
黑　河	507	7514	10844	9153	3560	3120
绥　化	813	14097	20544	16105	6834	4152
大兴安岭	273	2830	4280	3441	1292	1293

资料来源：《黑龙江省统计年鉴（2014年）》。

黑龙江省医疗卫生事业发展在取得一定成绩的同时，也暴露出基层医疗服务不足、卫生预警机制欠缺、农村医疗队伍薄弱、医疗保险投入不均等问题，同时“八大经济区”的发展加剧了省内外人口的流动和迁移，对黑龙江省医疗卫生事业的发展提出了新挑战、新要求。因此，黑龙江省在发展八大经济区的过程中，需要进一步完善并实施医疗卫生政策。

8.3.1 强化基层医疗卫生建设

2011 年 2 月黑龙江省卫生部门以基本药物制度的实施为契机，在省内多个地区推进基层医疗卫生机构综合改革试点，并制定了各地区针对性的改革方案。总体而言，各试点地区改革初见成效，如基本药品价格降低、综合制度改革初步完成和财政投入保障得以落实等，这也为在全省推广改革措施提供了参考。结合十八大报告提出“为群众提供安全有效方便价廉的公共卫生和基本医疗服务”的要求，黑龙江省及其“八大经济区”发展应首先加强城乡基层医疗卫生服务建设，其措施主要 包括以下四个方面：

（1）夯实基层医疗卫生基础。黑龙江省城乡差距、地区差距和市场经济的趋利性和自发性，卫生资源出现向大型医院医疗单位集中的问题，基层医疗卫生服务机构设施薄弱、医疗水平不足，特别是乡村基层卫生单位条件简陋、设备落后，甚至无法达到基层医疗的全覆盖。基层医疗单位与医院医疗系统相比存在巨大的差距，使公众不信任基层医疗卫生服务。其解决问题的措施主要包括抓住新医改的有利时机、合理调配基层医疗资源和提升基层医疗卫生质量。

- 抓住新医改的有利时机。各级政府应抓住新医改的有利时机，发挥政府的宏观调控职能，对卫生资源的分配进行重组，通过财政投入保障，全额落实新农合、公共卫生服务经费和基本建设项目配套资金等资金投入，改善基层医疗卫生单位的医疗设备，并提高医疗卫生服务与管理水平。

- 合理调配基层医疗资源。黑龙江省医疗管理部门应结合各地实际情况合理调配医疗资源，减少基层医疗单位为扩充门面宁可设备闲置也不愿参与的问题。如通过闲置设备折现、财政补贴等方式调用设备，解决其医疗设备短缺与闲置并存的矛盾；通过将设备采购及设备利用率纳入基层医疗单位的考核，从源头减少过度采购。

- 提升基层医疗卫生质量。各级政府及其医疗卫生管理部门在解决扩大基层医疗卫生单位数量的同时，应注重提升基层医疗卫生单位的质量，制定一套完整的基层医疗卫生质量标准体系，包括场所建设、人员配备、设备购置、药品供应、服务质量和管理水平等各方面，保证财政投入落实到位、发挥其应有的功效。

（2）建立医疗卫生协作机制。2012 年黑龙江省开始全面推行医疗双向转诊机制，但进展缓慢，群众对常见病、多发病乃至术后和病后康复等多是首选医院，其原因是新医改后医院看病价格有所降低、群众更信赖医院就医条件和服务质量、基层医疗单位与医院在收入分配上难以协调一致，这造成了医院的拥堵和基层医疗资源的浪费。为此，应加快建设黑龙江省基层医疗卫生服务机构与医院医疗系统分工协作的运营机制，实现“小病到社区、大病去医院、康复回社区”。其措施主要包括深入推广双向转诊制度、利用媒体加大宣传力度和提高基层医疗报销比例。

- 深入推广双向转诊制度。各级政府及其有关部门应明确转诊标准、转诊程序和职责权利，统一病人转诊条件、转诊方式和利益分配，通过制定具有可操作性的转诊管理制度，促进双向转诊制度的普及范围。

- 利用媒体加大宣传力度。各级政府、医疗卫生管理部门和基层医疗卫生单位应利用媒体加大双向转诊制度的宣传力度，鼓励群众去基层医疗单位就医，或采用制度等强制手段，让常见病、多发病和康复性护理到基层医疗单位就医。

- 提高基层医疗报销比例。突出基层医疗卫生服务单位的公益性，将基层医疗卫生服务单位纳入基本医疗和医疗保险定点单位，提高转诊和就诊病人在基层医疗单位的报销比例，以缓解基层医疗单位门可罗雀、大医院人满为患的问题。

（3）提高医疗卫生服务质量。仅保障黑龙江省基层医疗卫生单位的物质基础和病人来源是不够的，应着力提升基层医疗卫生服务单位的服务质量，以能从根本上改变群众对各基层医疗卫生单位的不信任问题。其措施主要包括给予基层医疗服务补偿、强化六位一体服务管理和推进个人健康档案建设。

- 给予基层医疗服务补偿。由于基层医疗单位承担着无偿提供公共卫生服务的责任，为此各级政府应加大财政支持和补偿的力度。如根据医疗单位的服务项目和覆盖人数给予合理的财政补偿，以保证基层医疗卫生事业的健康、稳定发展。

• 强化六位一体服务管理。各级地方政府应积极发挥基层医疗卫生单位贴近群众、深入家庭的特点，丰富其服务的形式和内容。如推广上门问诊的便民服务，强化“预防、医疗、保健、康复、健康教育和计划生育技术服务”六位一体的服务管理。

• 推进个人健康档案建设。医疗卫生管理部门应以各基层医疗卫生单位为主体，对辖区居民就诊情况和个人健康情况进行计算机登记管理，并使基层医疗卫生单位信息联网，构成居民健康电子档案，在方便病人就诊的同时提高医疗卫生资源使用效率。

（4）加强医疗卫生队伍建设。随着黑龙江省基层医疗卫生机构的增多和基层卫生事业的发展，进一步增加了对医生的需求，但基层医疗卫生单位与大型医院的本质区别导致医疗人才的不同要求。基层医疗卫生单位的主要任务是疾病预防、常规检验、常见病诊断和恢复性护理，这就要求从业医师具备更加全面的医科知识，从建立健全全科医生培养制度、加强医疗卫生护理人才培养和提高基层医疗卫生人员待遇等方面，加强“八大经济区”基层医疗的医生队伍建设。

• 建立健全全科医生培养制度。通过建立规范统一的全科医生培养制度，不断增加全科医师的培养数量，从而充实到基层医疗卫生单位医生的队伍中，提高医疗卫生服务水平，逐步提升居民和患者对基层医疗卫生单位的信任度。

• 加强医疗卫生护理人才培养。随着恢复性康复转回各辖区基层医疗医疗卫生单位对护理医生需求的增大，各级地方政府及其有关部门应制定人才培养规划，统筹用人单位与院系的供需关系，将用人单位作为院系的实训基地培养和选拔人才。

• 提高基层医疗卫生人员待遇。黑龙江省地方政府应积极做好城乡基层医疗卫生单位队伍的协调建设工作，提高基层医疗卫生人员待遇，使同等资质的医生在基层工作待遇不低于甚至高于同期在大型医院工作的待遇，达到吸引人才、稳固人才的目的。

8.3.2　鼓励医疗卫生下乡服务

目前，黑龙江省农业人口众多、农村布局分散和城乡医疗卫生水平差距较大，仅依靠农村自身条件实现医疗卫生水平快速提高是不现实的，因而需要依靠城镇的医疗卫生支撑，以满足现阶段农村人口对高质量医疗服务的需求。早在1997年我国就开展了文化、科技、卫生“三下乡”活动，拉开了支援农村医疗卫生的序幕；2005年国家卫生部印发了《关于实施“万名医师支援农村卫生工程”的通知》；2006年卫生部、国家发改委等7部门联合印发的《关于加快推进新型农村合作医疗试点工作的通知》中，对加强农村基层医疗卫生队伍建设做出了详细要求。黑龙江省为此应抓住机遇，从明确医疗卫生下乡制度、加快城乡医疗统筹发展、加大医疗卫生财政投入、推进医疗卫生对口支援和建立医疗卫生绩效评价制度，加快推进城市支援基层医疗卫生，促进“八大经济区”的快速发展。

（1）明确城市医疗下乡制度。各级政府及其医疗卫生管理部门应通过法律制度明确城市医疗下乡的合法性、支受双方医疗资质条件和纠纷责任。

• 明确城市医疗下乡的合法性。从法律制度角度明确城市医疗卫生下乡的合法性，实施医疗下乡项目申报审批办法；通过加强城市医疗卫生制度建设，规范与约束支援医务者的下乡行为，杜绝“捞钱”等问题的发生。

• 明确支受双方医疗资质条件。城乡医疗卫生机构双方选择支援合作项目时，确保受援医院具备相应科目的医疗资格和基本条件，防止违法情况的发生和支援资源的浪费，保障支受双方合作项目的健康、持续发展。

• 明确支受双方医疗纠纷责任。因受援地条件所限，偶尔的误诊和救助本身的不确定性，导致患者病情加重甚至死亡，加之农民医疗卫生知识的局限性，有可能引发医疗纠纷问题，因而需要明确双方医疗纠纷的法律责任。

（2）加快城乡医疗统筹发展。黑龙江省情和城市医疗卫生支援农村工作的性质决定了该项工程的复杂性、艰巨性和长久性，因而应严格按照现行政策、结合省情统筹规划，积极做好统筹规划城乡医疗统筹发展工作。

• 严格遵守城市医疗支援农村政策。如严格贯彻执行城市医院选派医务人员轮流定期到县级医院和乡镇卫生院帮助其开展医疗服务和技术培训，城市医生晋升主治或副主任医师之前，须在县或乡医疗单位累计服务满 1 年”等政策①。

• 结合省情统筹城市医疗下乡规划。目前，黑龙江省城市医疗卫生队伍下乡工作呈现多部门参与、多项目并存的现状，有必要将项目整合，统一安排行程、路线、周期，确保充分发挥医疗卫生项目效果，使医疗卫生下乡工作覆盖面更广、周期更合理，最大限度促进农村医疗卫生事业的发展。

（3）加大医疗卫生财政投入。发展农村医疗卫生事业、提高农村基本医疗卫生服务、缩小城乡医疗卫生水平差距，这是黑龙江省各级政府的重要职责之一，因而在推进医疗卫生下乡服务中，应加大财政对支援医院、受援医院、受援农民的投入。

• 加大财政对支援医院的投入。对城市支援医院的派驻医务人员在下乡工作期间给予一定的经费补助，在下乡服务结束后对支援医院携带医疗设施的开销和折旧给予一定的财政补贴，将支援医院的消耗降到最低。

• 加大财政对受援医院的投入。受援医院在接受支援的过程中，也会产生接待和后勤保障支出，这对本是贫困的农村基层医疗卫生单位和地方政府来说无疑也是一种负担，所以应将这部分支出纳入财政补助的范畴。

• 加大财政对受援农民的投入。医疗队伍下乡多是通过向周边县、乡镇进行告知的形式，而在患者汇聚的过程中会产生交通费、就诊费和医药费等费用，财政应对其进行补贴，减少农民患者开销，提高其就医的积极性。

（4）推进医疗卫生对口支援。黑龙江省城市医疗卫生队伍下乡，仅靠定期和不定期的下乡活动是远远不够的，需要推进医学院系、城市医院与农村医疗卫生单位城乡的对口支援，建立城市医疗卫生下乡服务的长效机制。

• 开展医学院系与农村对口支援。鼓励高等医学院系应加强面向农村需要的卫生专业人才培养，扩大定向招生试点，并对农村学生采取优惠和鼓励措施；鼓励和引导医学院系在校生和毕业生到农村基层医疗卫生单位从事志愿服务工作。

---

① 卫生部，国家发展改革委，民政部，财政部，农业部，国家食品药品监管局，国家中医药局．关于加快推进新型农村合作医疗试点工作的通知［J］．中华人民共和国卫生部公报，2006（2）：31.

• 开展城市医院与农村医院对口支援。鼓励城市医院定期派遣医院医生和护士到农村医疗卫生单位工作或进行培训与指导，以及通过农村医师到城市医院进行实习或培训，提高农村医疗卫生服务人员业务水平。

（5）完善医疗下乡监管制度。目前，黑龙江省医疗卫生下乡项目受到了农民的普遍欢迎，但有些项目却因错误做法降低了其信誉和服务质量，产生了“三少三高”的现象，即“看病少卖药多、低价药少高价药多、回访少不回访多”，因而必须采取积极措施予以解决，包括医疗卫生下乡实施项目审批办法、完善绩效评价机制、建立患者举报渠道、严格责任追究制度。

• 实施医疗卫生下乡项目审批办法。各级医疗卫生管理部门和城市医院应贯彻实行医疗卫生下乡项目审批办法，对审批通过后的下乡项目由医疗卫生主管部门派员跟踪调查，收集农民反馈信息，监督医疗卫生服务行为与质量。

• 完善医疗卫生下乡绩效评价机制。省级医疗卫生管理部门应完善医疗卫生下乡绩效评价指标体系，特别是对下乡项目的成效设置量化指标，将其“农民满意度”作为评价的重要指标，以强化对医疗卫生下乡的绩效评价。

• 建立医疗卫生下乡患者举报渠道。各级医疗卫生管理部门应设立医疗卫生下乡农民举报箱和网站，加强患者维权与监督意识，防止下乡医生、护士的“捞钱”和跟踪调查人员的“寻租”行为，提高患者的满意度。

• 严格医疗卫生下乡责任追究制度。医疗卫生管理部门可根据医疗卫生下乡绩效评价的结果和患者举报情况，对医疗卫生下乡活动查实与考评，对其主管领导和有关人员进行责任追究，并对违法行为追究其法律责任。

8.3.3 建立卫生危机预警机制

卫生危机预警机制是对可能引起卫生危机的各种要素及其所呈现出来的危机信号和征兆进行严密监测，对其发展趋势、可能发生的危机类型及其危害程度做出合理科学的估计，并向有关部门发出卫生危机警报的一套运行体系①。建立科学、完善的卫生危机预警机制，对促进公共卫生事业发展、维护

① 王肖蓉，王聪，杨柳，等．廊坊市公共卫生预警机制研究［J］．合作经济与科技，2011（4）：104.

社会安定和谐、促进经济平稳发展，特别对敞开大门谋发展的黑龙江省及其“八大经济区”，建立健全卫生危机预警机制显得尤为重要。

（1）构建卫生危机预警制度。构建黑龙江省八大经济区发展的卫生综合预警制度，主要包括构建卫生危机预警指挥平台、坚持卫生危机常态预警机制、健全卫生危机网络监测模式和建立卫生危机评价指标体系。

• 构建卫生危机预警指挥平台。通过加强黑龙江省卫生预警指挥平台建设，集中处理公共卫生信息、突发事件接报、事件应急处理和信息动态发布等活动，以提高公共卫生危机事件的处置能力与效率。

• 坚持卫生危机常态预警机制。按照“坚持防控结合，以防为主、以控为辅”的原则，针对慢性病、地方病和公共卫生危机事件的共性问题建立常态预警机制，保证防范公共卫生危机事件的工作不松懈、力量不减弱。

• 健全卫生危机网络监测模式。基层医疗卫生单位往往是卫生危机（如疫情等）第一发现者，可通过疾控中心、指挥平台和公共网络的信息化，建立可疑情况直接上报的自下而上监测模式，力争将卫生危机消灭在萌芽状态。

• 建立卫生危机评价指标体系。通过建立科学、规范的黑龙江省公共卫生危机事件评价指标体系，对卫生危机事件处置措施和效果进行客观、细致地分析与考评，为卫生危机管理工作总结经验和追究责任提供可靠的依据。

（2）保障卫生危机应急供应。强化黑龙江省及其“八大经济区”卫生危机应急供应管理工作，其措施主要包括保障卫生危机应急物资供应储备、实施跨部门的卫生危机物资保障和加强卫生人力资源供应储备。

• 保障卫生危机应急物资供应储备。各级政府应自上而下通过财政经费和社会筹集资金建立多级卫生危机应急物资储备，以确保公共卫生危机发生时第一时间内对疫苗、药品、救援器材等应急物资供给，并防止其贪腐等问题的发生。

• 实施跨部门的卫生危机物资保障。实施跨部门、跨行业的应急卫生物资供应保障，如食品、药品、消防、公安等各部门积极协作，当公共卫生危机事件发生时可紧急无偿支援其食品和车辆等物资，待善后阶段再作进一步的处理。

• 加强卫生危机人力资源供应储备。建立黑龙江省各级卫生危机人力资源储备供应管理制度，如设立具备卫生防疫和应急处置等综合知识技能的人才库和公共卫生志愿者协会，以备公共卫生危机事件发生时对专家及众多人力的需求。

(3) 加强卫生人才队伍建设。公共卫生危机事件多为突发性事件，具有时间和地点上的随机性，因此卫生危机管理队伍也具有特殊性，除部分卫生危机行政管理人员外，其余人员多是紧急事态下集结、召集和借调，非紧急事态下回归各自工作岗位。但这种队伍状态关系到卫生危机预警机制的有效运转和事件的应对处理，所以黑龙江省卫生危机人才队伍建设不容忽视，其措施主要包括构建各领域专家学者组成的卫生危机数据库、定期演练和培训危机专业技术型人才。

• 构建各领域专家学者组成的卫生危机数据库。当公共卫生危机发生时能够在第一时间召集各领域顶尖人才组成紧急应对机构，在其解决卫生危机过程中提供专业性意见，在善后中参与评价及清算，为政府提供专业角度的经验和对策建议。

• 定期演练和培训卫生危机专业技术型人才。卫生危机专业技术型人才包括卫生危机管理系统指挥、管理和急救等人员，这是对卫生危机事件及时高效处理的重要保证，因而应加快具有长期性和稳定性的人才队伍建设。

(4) 健全卫生应急管理系统。建立黑龙江省及其“八大经济区”卫生应急管理系统，其措施主要包括建立卫生危机事件决策机构、完善卫生危机事件应急预案、提高基层单位疾病防控能力和强化卫生危机信息管理机制。

• 建立卫生危机事件决策机构。由政府、卫生主管部门和有关专家学者组成卫生危机事件决策机构，并积极发挥其在事件处置中的核心作用，根据情况对各相关部门进行统一指挥、领导、决策和部署，以促进各单位之间的协调配合。

• 完善卫生危机事件应急预案。根据黑龙江省情及其“八大经济区”的实际情况，及时预测与分析卫生危机事件，丰富和完善现有卫生危机应急预案，使其适应不断变化的社会与卫生环境。

• 提高基层单位疾病防控能力。各城乡基层卫生服务单位应提高疾病防控能力，重视乡镇（村）卫生服务人员疾病防控技能培训，增强基层卫生服务人员疾病防控意识，防止疾病或疫情延误和忽视而造成事态问题的蔓延。

- 强化卫生危机信息管理机制。各级卫生管理部门应强化卫生危机信息管理机制，积极向社会公众普及公共卫生知识和发布卫生危机信息，消除公众危机恐惧心理、提高公众预警意识，同时促进公众监督卫生预警情况。

（5）完善卫生相关责任机制。各级政府卫生危机预警机制有效运行，需要完善规范的相关责任机制做保障。通过建立明确的责任体系，使政府能有序地实施卫生突发事件的预警和控制，在发现突发卫生事件苗头时，能够督促各部门、各单位积极采取措施进行预警①，提高卫生危机预警的工作效率和工作精度。其措施主要包括明确各部门卫生危机预警职权、严格实施卫生危机行政问责制和提高公民卫生危机的参与意识。

- 明确各部门卫生危机预警职权。黑龙江省政府应明确卫生管理、公安和医疗卫生单位等部门卫生危机预警工作的职责和权限，以便在工作中把握好其职权范围和重点，以分清责任归属、减少工作摩擦、提高工作效率。
- 严格实施卫生危机行政问责制。黑龙江省各级政府及其卫生管理部门应严格实施卫生危机行政问责制，坚持“依法问责、权责一致、惩罚与教育相结合”的原则，对没有履行职责的单位和个人依法问责、依法追责。
- 提高公民卫生危机的参与意识。在突发公共卫生事件期间，公民有配合参与事件控制和处置的义务，如接受隔离治疗、配合流行病检查等，对拒不配合工作的单位和个人，有权依法追究其法律责任，确保公共卫生事件得到有效处置。

8.3.4 探索农村医疗保险管理

农村医疗保险是社会保障体系的组成部分，它的实施关系到我国农民医疗保障的权利，有利于促进农村的经济发展和提高农民健康水平，解决农民看病问题和满足缩小城乡差距的需要。针对黑龙江省农村医保存在的保险制度不完善、资金来源不足、地区间发展不平衡、缺乏立法保障等问题，应积

① 聂绍发，舒彬，廖巧红．我国突发公共卫生事件预警机制建设现状［J］．疾病控制杂志，2005（12）：626.

极探索有效的农村医疗保险管理，其措施主要采取以下五个方面：

（1）推进农村医保制度建设。2011 年 7 月起实施的《中华人民共和国社会保险法》是社会保障法制建设中的一个里程碑，对促进和谐社会建设具有十分重要的现实意义，但目前仍缺少符合地方实际情况的农村医保制度，因而黑龙江省应加快推进农村医保制度建设，尽快完善具有针对性、适宜性和可操作性的农村医疗保险制度。其措施主要包括完善农村医保实施办法和重视农村医保制度配合。

• 完善农村医保实施办法。完善黑龙江省农村医疗保险的实施细则和监管办法，明确被保险人权利和义务，规范医疗保险农民参保和理赔程序，以及医疗保险机构的职责和具体运作等内容。

• 重视农村医保制度配合。重视农村医保管理制度与其他法律制度的协调配合，如将农村医保基金的贪污、挪用等违法行为纳入刑法范围；通过司法和仲裁部门解决农村医保纠纷，维护参保农民权益，从而提高农民参保的认知度。

（2）加大农村医保支持力度。农村医保具有公共物品的性质，在使用上的非竞争性和收益上的非排他性，决定了政府必须充分发挥其在支持农村医保事业中的作用。其措施主要包括实施合理农村医保筹资方式、加大农村医保财政投入力度和合理调整各地区间财政投入。

• 实施合理农村医保筹资方式。采取以个人缴纳为主、集体补助为辅和政府支持的农村医保资金筹集方式，并适当允许私人资本的进入，以缓解农村医疗卫生公共资金不足的问题。

• 加大农村医保财政投入力度。在增加农村医保财政投入的基础上，合理安排财政资金使用，避免财政资金贪污、挪用等问题的发生，防止资金被投入到购置大型医疗器材等形象工程，以提高农民参与农村医保的积极性。

• 合理调整各地区间财政投入。在统筹城乡医疗卫生资源的同时，注重依据各地区农村实际情况调整财政投入比例，对相对富裕地区降低投入、对贫困地区增加投入，保障城乡医保健康、协调发展。

（3）提高农村医保服务水平。农民不看好农村医疗保险，很大程度上与农村基层医疗服务水平较低有着直接关系，因而调动农村人口参加医保积极性的最有效途径就是提高农村医疗服务水平。其措施主要包括提升农村医保财政投入效益和提高农村医疗服务人员素质。

- 提升农村医保财政投入效益。在缓解县乡财政压力的同时，通过增加农村医保财政投入，确保有限资金投入到惠及农民的医疗服务项目上，提高农村基层医疗水平和服务质量，进一步缩小城乡医疗水平差距，增加农民参保的信任度。

- 提高农村医疗服务人员素质。高素质的医疗人员有利于提升医疗技能，改善服务态度，因而农村医疗服务人员应熟悉业务知识、医疗技能，为农民就医参保问题答疑解惑，消除农民参保顾虑或错误认识，提高农民就医参保的主动性和积极性。

（4）实施商业医疗保险管理。商业医疗保险是农村医疗保险制度的必要补充，可有效拓展农村医保覆盖范围、增加保障对象、提高保障水平。随着黑龙江省农村经济水平的提高，农民有条件、也有意识参与商业保险。为此政府可适当引入商业医疗保险制度，制定税收减免和亏损财政补贴等政策，降低商业保险公司承办农村医保所承担的风险，鼓励商业保险公司积极参与农村医疗保险活动。

此外，黑龙江省农民工等进城务工的流动性较大，增加了农民工参加农村医保的困难，而户籍限制又使其无法参加城镇居民医疗保险。由于建立黑龙江省城乡一体化的医疗保障体系尚需时日，为此引入商业保险来填补城乡医疗保险的空隙是保障城市农民工流动人口医疗保障权益的有效途径，目前可在“八大经济区”范围内积极探索试点，待时机成熟后推广至全省。

（5）增强农民参加医保意识。由于黑龙江省农村卫生环境相对较差，农民素质相对较低，普遍对健康问题重视不足，所以对于患病就诊的意识并不强，再加上农民收入较低，高昂的医药费成为严重的经济负担，以致“小病养、大病扛、重病等着见阎王”的思想较为普遍。为此各级卫生管理部门应通过开展宣传教育和改善农村卫生环境等方式，帮助农民树立健康意识和正确就医观念。

此外，由于黑龙江省农民可支配收入水平较低，对如何“花钱”更注重它的实用性，对于医疗保险制度来说，他们往往存有“保不保都行、保了也不一定能用得上”的错误认识，这也是导致“因病致贫”“因病返贫”问题大量存在的重要原因。因此，各级政府及其卫生管理等部门应加大农村科普和医保的宣传力度，让农民真正了解农村医保的流程和重要性，以提高其参保意识与活动。

8.4　本章小结

本章从科技创新、文化教育和医疗卫生角度对黑龙江省八大经济区发展的科教文卫政策建议进行了深入阐述和分析，包括涵盖深化科技创新体制改革、规范科研资金使用管理、完善科技人才激励机制和加强科研成果转化应用等措施的科技创新政策；涵盖提高农村义务教育质量、扩大中职教育覆盖范围、密切校企教育合作关系和加强特色龙江文化建设和扩大中职教育覆盖范围等措施的文化教育政策；涵盖强化基层医疗卫生建设、鼓励医疗卫生下乡服务、建立卫生危机预警机制和探索农村医疗保险管理等措施的医疗卫生政策。

9 结论

我国“十二五”规划纲要、《东北振兴“十二五”规划》，以及党的十八大和十八届三中全会报告中都明确提出：要以科学发展为主题，以加快转变经济发展方式为主线，统筹区域经济协调发展。黑龙江省委省政府根据具体省情和以往的发展思路及经验，立足于充分发挥资源优势并开辟新的经济增长区域，开创性地提出建设黑龙江省“八大经济区”发展战略规划。激励政策作为政府进行市场资源配置、宏观调控经济的重要工具和手段，能够有效缓解和消除影响“八大经济区”发展的制约因素，使黑龙江省经济实现更长时期、更高水平、更好质量的发展。主要结论包括以下几个方面：

第一，研究和运用激励政策理论是促进经济区发展的关键。由于经济发展和产业分工等因素影响，黑龙江省八大经济区的形成和划分方式有其历史特殊性，而激励政策理论作为研究行政学和政策科学的基础则具有明显的宏观特征，理论体系较为庞杂。只有科学运用激励政策模型、分析方法和建构范式对经济区进行客观分析，有效利用激励政策理论对经济区的发展提出合理化建议，才能将“八大经济区”建设的短期目标和黑龙江省发展的长远目标结合起来，最大限度地发挥“八大经济区”战略对黑龙江省经济社会发展的促进作用。

第二，现行的政策缺陷制约了“八大经济区”的健康发展。虽然“八大经济区”发展的态势和效果良好，但通过区位商、SWOT及评价分析，说明需要加强第三产业的整体发展，“八大经济区”发展的优势、劣势、机遇与挑战并存，其建设任务还较为艰巨。特别是现行政策存在的产业调节政策不合理、财政政策功能被弱化、税收政策作用力不强、金融政策支持度不足、科技创新政策成效差、就业政策体系不健全、社会保障政策不规范、文化教育政策不到位和医疗卫生政策不完善等问题，这是制约“八大经济区”发展的重要因素。

第三，国内外经验可为“八大经济区”的发展提供政策启示。通过对美国商品粮基地、法国马恩河地区、德国鲁尔工业区、日本科技开发区等发达国家经济区和我国京津唐、长三角、珠三角、北部湾经济区发展的政策经验总结，提出完善低碳经济发展政策体系、促进农林业政策生态现代化、构建发展商贸旅游政策平台和加强技术引进创新政策支持等对“八大经济区”发展的政策启示。

第四，经济刺激政策是加快“八大经济区”的发展核心政策。针对黑龙江省八大经济区发展的产业政策、财政政策、税收政策与金融政策存在的问题，提出加快其发展的经济政策建议，即在产业政策上调整三次产业比重关系、充分发挥主导产业优势、优化产业布局及结构，以及改善产业发展外部环境，在财政政策上加大财政资金投入力度、建立健全财政补贴制度、规范政府转移支付制度和强化专项发展资金管理，在税收政策上加大税收优惠政策力度、实施税务依法行政管理、强化税收征收管理工作和不断提高纳税服务水平，在金融政策上完善农村金融体系建设、建立健全城市金融机制、加快现代金融中心建设和改善金融发展外部环境等建议。

第五，社保就业政策是加快“八大经济区”发展的重要内容。其社保就业政策包括社会保障政策和促进就业政策。社会保障政策主要包括扩大社会保险覆盖范围、加快社会救助体系建设、推进社会保障制度衔接和强化社会保障基金管理，其中扩大社会保险覆盖范围包括提高公众思想认同、完善法律制度体系、强化经济基础建设和构建技术保障体系等；促进就业政策主要包括优化产业结构增加就业、构建自主创业服务平台、加大对劳动力技能培训和建立健全就业保障机制，其中优化产业结构增加就业包括积极发展第一产业、调整第二产业结构、大力发展第三产业、科学引导投资流向和规范劳动力的流动等。

第六，科教文卫政策是加快“八大经济区”发展的重要补充。主要包括涵盖深化科技创新体制改革、规范科研资金使用管理、完善科技人才激励机制和加强科研成果转化应用等科技创新政策，提高农村义务教育质量、扩大中职教育覆盖范围、密切校企教育合作关系和加强特色龙江文化建设和扩大中职教育覆盖范围等措施的文化教育政策，以及强化基层医疗卫生建设、鼓励医疗卫生下乡服务、建立卫生危机预警机制和探索农村医疗保险管理等医疗卫生政策。

总之，本书的研究是建立在黑龙江省经济社会发展的现实基础上，选择黑龙江省当前最为热门的发展战略进行研究，提出的政策建议是借鉴已在其他地区充分实践并取得良好效果的政策经验，在黑龙江省也是可行的，突出了政策建议的科学性、现实性和可操作性，具有一定的理论价值和应用前景。但本研究还存在着一些不足之处，如基础数据的选取过于宏观，不能够翔实反映基层的发展建设情况，影响了分析的广度与深度；缺乏实地调研和工作经验，所提政策建议的有效性和适用性有待于进一步的探讨，政策理论中存在的偏差有待于进一步修正；针对“八大经济区”的分类及对各经济区发展规划解读的科学性和系统性有待于进一步加强等。这些不足都需要在今后的学习、工作和研究中，进行不断地探索和实践。

参考文献

［1］哈维·阿姆斯特朗，吉姆·泰勒，刘乃全，等．区域经济学与区域政策［M］．上海：上海人民出版社，2007.

［2］E. 赫尔普曼．经济增长的秘密［M］．北京：中国人民大学出版社，2007.

［3］安虎森．区域经济学通论［M］．北京：经济科学出版社，2004.

［4］安虎森．新区域经济学［M］．大连：东北财经大学出版社，2010.

［5］白明，王孝平．黔中经济区现状、问题与对策［J］．贵州财经学院学报，2011（5）：100－104.

［6］保罗·切希尔，埃德温·S，米尔斯．区域和城市经济经济学手册［M］．北京：经济科学出版社，1989.

［7］贾康．支持中原经济区建设的财税政策研究［R］．经济研究参考，2011（43）：2－48.

［8］曹荣光．基于国家实践的区域发展政策研究［M］．北京：中国书籍出版社，2013.

［9］曾坤生，何昀，蔡德容，等．区域经济论——市场经济与中国区域经济发展［M］．长沙：湖南人民出版社，1998.

［10］陈金祥．中国经济区——经济区空间演化机理及持续发展路径研究［M］．北京：科学出版社，2010.

［11］陈来．区域战略：生态文明与经济发展［M］．合肥：安徽大学出版社，2014.

［12］陈磊．创新驱动，仍需整体发力——《中国区域创新能力报告2012》综述［N］．科技日报，2013－02－18（001）．

[13] 陈鸣．西部地区扩大中职教育规模的策略初探——以贵州省中等职业教育为例分析 [J]．中国职业技术教育，2009 (4)：52.

[14] 陈萍．制度变革、结构调整与区域经济发展 [M]．北京：社会科学文献出版社，2013.

[15] 陈小嫦．基层医疗卫生服务体系卫生资源配置的若干思考 [J]．中国卫生事业管理，2012 (6)：404.

[16] 陈秀山，张可云．区域经济理论 [M]．北京：商务印书馆，2004.

[17] 成德宁．城市化与经济发展——理论、模式与政策 [M]．北京：科学出版社，2004.

[18] 丛旭文．中国失地农民社会保障问题研究 [D]．长春：吉林大学，2013.

[19] 邓翔．经济趋同理论与中国地区经济差距的实证研究 [M]．成都：西南财经大学出版社，2003.

[20] 杜肯堂，戴士根．区域经济管理学 [M]．北京：高等教育出版社，2004.

[21] 范先佐，付卫东：农业义务教育新机制：成效、问题及对策 [J]．华中师范大学学报：人文社会科学版，2009 (7)：116.

[22] 方创琳．区域发展战略论 [M]．北京：科学出版社，2002.

[23] 丰志勇．国家发展战略视角下的区域政策与经济增长研究 [M]．南京：东南大学出版社，2012 - 12 - 1.

[24] 冯之浚．区域经济发展战略研究 [M]．北京：经济科学出版社，2005.

[25] 付梦印，王春雷．区域经济协调发展机制研究 [M]．北京：北京理工大学出版社，2015.

[26] 傅家骥．技术创新学 [M]．北京：清华大学出版社，1998.

[27] 高洪深．区域经济学 [M]．3 版．北京：中国人民大学出版社，2011.

[28] 高际香．区域经济社会发展——俄罗斯的探索与实践 [M]．北京：社会科学文献出版社，2013.

[29] 高培勇，杨志勇．世界主要国家财税体制比较与借鉴 [M]．北

京：中国财政经济出版社，2011.

［30］高新才，闫磊．西部民族经济区特色优势产业发展问题研究［J］．地域研究与开发，2010（2）：34－39.

［31］谷书堂．社会主义经济学通论［M］．北京：高等教育出版社，2000.

［32］顾朝林，张勤，蔡建明，等．经济全球化与中国城市发展——跨世纪中国城市发展战略研究［M］．北京：商务印书馆，2003.

［33］关伟，朱海飞．基于 ESDA 的辽宁省县际经济差异时空分析［J］．地理研究，2011（11）：2008－2016.

［34］广西财政厅办公室课题组．促进广西“两区一带”发展的财政政策研究［J］．经济研究参考，2011（23）：14－20.

［35］郭生练．深化科技体制改革 加快创新湖北建设［J］．政策，2013（6）：9.

［36］郭熙保．经济发展理论与政策［M］．北京：中国社会科学出版社，2000.

［37］国务院综合司“义乌报告课题组”．义乌报告［M］．北京：中国经济出版社，2014.

［38］哈耶克．哈耶克文选［M］．南京：凤凰出版传媒集团，2007 年 4 月．

［39］韩霞．完善我国科技投入管理机制的对策选择［J］．国家行政学院学报，2007（5）：74－76.

［40］何筠，方萌，黄鑫．鄱阳湖生态经济区人口结构对经济发展的影响及对策［J］．企业经济，2012（1）：128－131.

［41］贺利军．政府促进就业的政策分析［D］．大连：大连理工大学，2005（6）：51.

［42］侯景新．落后地区开发通论［M］．北京：中国轻工业出版社，1999.

［43］侯永志，张永生，刘培林，等．发展战略和区域经济调查与研究（2013）［M］．北京：经济科学出版社，2014.

［44］胡鞍钢，魏星．区域发展政策的公平性分析——机会平等视角下的实证研究［J］．公共管理学报，2009（2）：14－20.

[45] 胡锦涛．坚定不移沿着中国特色社会主义道路前进 为全面建成小康社会而奋斗——在中国共产党第十八次全国代表大会上的报告［J］．求是，2012（22）：3－25.

[46] 胡锦涛．坚定不移沿着中国特色社会主义道路前进 为全面建成小康社会而奋斗——在中国共产党第十八次全国代表大会上的报告［N］．人民日报，2012－11－18（1）．

[47] 胡兆量．经济区划的几个问题［J］．经济地理，1984，（3）：163－166.

[48] 黄继忠．区域内经济不平衡增长论［M］．北京：经济管理出版社，2001.

[49] 贾丽娟，刘连环．美国农业政策及其启示［J］．商业研究，2003（16）：153－155.

[50] 姜爱林．城镇化、工业化和信息化协调发展研究［M］．北京：中国发展出版社，2004.

[51] 姜威．资源整合模式与区域经济发展研究［M］．北京：人民出版社，2013－12－1.

[52] 金明善，车维汉．赶超经济理论［M］．北京：人民出版社，2001.

[53] 剧乂文，李恒．粮食主产区建设与区域经济协调发展［M］．北京：社会科学文献出版社，2013.

[54] 科斯，等．财产权利与制度变迁［M］．上海：上海三联书店，1996 年 4 月．

[55] 李宝元．人力资本与经济发展［M］．北京：北京师范大学出版社，2000.

[56] 李丹丹．税收激励政策对中国风险投资规模与区域的影响［M］．上海：复旦大学出版社，2014.

[57] 李清泉．区域经济学［M］．北京：北京理工大学出版社，2010.

[58] 李顺明，冯敏，王单娜，等．促进广西北部湾经济区开发建设的财税政策研究［J］．广西财经学院学报，2010（1）：24－29.

[59] 李顺明，杨清源．广西地方经济可持续发展与财税政策研究［M］．

北京：经济日报出版社，2013.

［60］李天舒．城区经济的基本特征和发展构想——以环渤海经济区为例［J］．特区经济，2011（8）：41－43.

［61］李伟红．区域创新政策设计和测评研究［M］．北京：人民出版社，2013.

［62］李香菊，祝玉坤．区域经济协调发展与税收政策：一个新经济地理学的视角［J］．税务研究，2011（7）：24－28.

［63］李小建．经济地理学［M］．北京：高等教育出版社，1999.

［64］李晓西，郑贵斌．中国区域经济学20年论文精选（1978—2008）［M］．北京：北京大学出版社，2009.

［65］李志强，李凌己．国内产学研结合发展的新趋势［J］．清华大学教育研究，2005（8）：97.

［66］梁颖，蔡承智．基于非均衡增长理论的城镇化与新农村建设协调推进的区域优先序选择［J］．安徽农业科学，2011（28）：17628－17629.

［67］林凌．四川“十二五”规划的制定与“成渝经济区”的建设［J］．经济体制改革，2010（6）：5－9.

［68］林善浪，张国．中国农业发展问题报告［M］．北京：中国发展出版社，2003.

［69］刘生龙，王亚华，胡鞍钢．西部大开发成效与中国区域经济收敛［J］．经济研究，2009（9）：94－104.

［70］刘士林，王晓静．长三角区域政策发展进程研究［J］．艺术百家，2011（6）：44－49.

［71］刘卫东，王蓓，等．深入推进西部开发的战略思路研究［J］．经济地理，2010（4）：553－557.

［72］刘新智．开放型区域经济发展理论研究［M］．北京：科学出版社，2015.

［73］姚士谋，汤茂林，陈爽，等．区域与城市发展论［M］．合肥：中国科学技术大学出版社，2004.

［74］刘耀彬，刘玲．鄱阳湖生态经济区城市群发展SWOT分析及对策建

议［J］．特区经济，2011（1）：197－198.

［75］陆大道．区域发展及其空间结构［M］．北京：科学出版社，1995.

［76］陆立军，郑燕伟，谢力群，等．区域经济发展与欠发达地区现代化［M］．北京：中国经济出版社，2002.

［77］罗勇．区域经济可持续发展［M］．北京：化学工业出版社，2005.

［78］吕薇．区域创新驱动发展战略：制度与政策［M］．北京：中国发展出版社，2014.

［79］吕子燕．黑龙江省文化发展与教育发展研究［J］．教育教学论坛，2013（9）：147.

［80］马庆林．中国经济区域划分与区域经济协调发展问题研究［J］．南方金融，2009（7）：27－31.

［81］迈克尔·P，托达罗．经济发展［M］．黄卫平，彭刚，陶文达，译．北京：中国经济出版社，1999.

［82］聂绍发，舒彬，廖巧红．我国突发公共卫生事件预警机制建设现状［J］．疾病控制杂志，2005（12）：626.

［83］聂正标，王宏新，甄磊．北部湾地区发展历程与经验研究［J］．中国集体经济，2011（2）：37－38.

［84］钱易，唐孝炎．环境保护与可持续发展［M］．北京：高等教育出版社，2000.

［85］乔治·马丁内斯－维斯奎泽，弗朗索瓦·瓦利恩考特．区域发展的公共政策［M］．安虎森，刘军辉，皮亚杉，等，译．北京：经济科学出版社，2013.

［86］任保平．欧盟一体化进程中德国鲁尔区的产业转型绩效分析及其启示［J］．西安财经学院学报，2006（6）：5－10.

［87］任金玲．我国产业转移与区域经济协调发展研究［M］．成都：西南财经大学出版社，2014.

［88］任力．国外发展低碳经济的政策及启示［J］．发展研究，2009（2）：26.

［89］荣宏庆，常丽，李玮．政府环境在老工业基地振兴中的作用——德

国鲁尔区的实践与启示［J］．现代商业，2009（4）：171－173.

［90］石惠春，王晖．关中——天水经济区中心城市旅游经济空间联系研究［J］．干旱区资源与环境，2012（4）：189－193.

［91］石晶．扩大社会保障范围 实现社会公正［J］．南华大学学报（社会科学版），2007（10）：15.

［92］石敏俊，李娜，袁永娜，等．低碳发展的政策选择与区域响应［M］．北京：科学出版社，2012.

［93］宋奇成．以城市带动农村经济发展战略的理论与实践研究［M］．成都：四川大学出版社，2002.

［94］孙翠兰．区域经济学教程［M］．北京：北京大学出版社，2008.

［95］孙福明，卿松．福建及华东六省构建资源节约型社会的比较分析［J］．哈尔滨商业大学学报：社会科学版，2012（5）：71－77.

［96］孙浩康．中国区域政策法制化研究［M］．北京：华夏出版社，2013.

［97］孙慧．新疆优势特色产业集群化与区域经济发展战略［M］．北京：经济科学出版社，2014.

［98］孙敬之．论经济区划［J］．教学与研究，1955，（11）：12－17.

［99］孙久文，叶裕民．区域经济学教程［M］．北京：中国人民大学出版社，2010.

［100］孙久文．区域经济学［M］．北京：首都经济贸易大学出版社，2011.

［101］谭宗台．发展经济学概论［M］．武汉：武汉大学出版社，2001.

［102］汤鹏志，吴泽九，秦英．鄱阳湖生态经济区高新技术企业发展特点与对策分析［J］．企业经济，2012（2）：132－135.

［103］唐宇文．区域经济互动发展论［M］．长沙：湖南人民出版社，2004.

［104］藤国昌久，保罗·克鲁格曼，等．空间经济学［M］．北京：中国人民大学出版社，2007.

［105］万建香．环境政策促进区域经济发展的传导机制 鄱阳湖生态经济

区环境政策模拟［M］．北京：社会科学文献出版社，2015.

［106］王宝民．改革与发展——辽宁区域经济社会若干问题研究［M］．北京：社会科学文献出版社，2013.

［107］王必达．后发优势与区域发展［M］．上海：复旦大学出版社，2004.

［108］王朝才，苏新泉．地方政府支持自主创新的财税政策研究［M］．北京：经济科学出版社，2012.

［109］王发曾．中原经济区的新型城镇化之路［J］．经济地理，2010（12）：1972－1977.

［110］王建廷．区域经济发展动力与动力机制［M］．上海：上海人民出版社，2007.

［111］王梦奎，李善同，侯永志，等．中国地区社会经济发展不平衡问题研究［M］．北京：商务印书馆，2000.

［112］王琪生，宋凤兰．论中国区域经济划分［J］．中国软科学，1997（4）：83－87.

［113］王青云．德国鲁尔区是怎样推进经济转型的［J］．中国城市经济，2007（6）：42－46.

［114］王青云．关于制定“十二五”时期我国区域战略和区域政策的一些思考［J］．宏观经济研究，2010（1）：13－27.

［115］王庆丰．中国产业结构与就业结构协调发展研究［D］．南京：南京航空航天大学，2010.

［116］王曙光，刘爽．黑龙江省保障性住房建设的政策问题及其建议［J］．哈尔滨商业大学学报：社会科学版，2014（3）：64－69.

［117］王曙光，宋佳．促进黑龙江省高新技术产业发展的财税政策研究［J］．哈尔滨商业大学学报：社会科学版，2013（1）：103－109.

［118］王曙光，张越．黑龙江省农业试验区发展的问题及其对策［J］．哈尔滨商业大学学报：社会科学版，2012（2）：75－82.

［119］王涛．农民兄弟的呼声——别让医疗下乡走了样［J］．就业与保障，2008（1）：60.

［120］王肖蓉，王聪，杨柳，杜稳灵．廊坊市公共卫生预警机制研究［J］．合作经济与科技，2011（4）：104.

［121］王自亮，钱雪亚．从乡村工业化到城市化——浙江现代化的过程、特征与动力［M］．杭州：浙江大学出版社，2003.

［122］韦恒，柴方营，李友华．黑龙江省低碳经济发展战略研究［J］．商业研究，2010（8）：133.

［123］卫生部，国家发展改革委，民政部，财政部，农业部，国家食品药品监管局，国家中医药局：关于加快推进新型农村合作医疗试点工作的通知［J］．中华人民共和国卫生部公报，2006（2）：31.

［124］邬义钧，邱钧．产业经济学［M］．北京：中国统计出版社，2001.

［125］吴传清．区域经济学原理［M］．武汉：武汉大学出版社，2008.

［126］吴郁文．21 世纪中国区域经济发展［M］．北京：中国轻工业出版社，2001.

［127］武友德．不发达地区经济成长论［M］．北京：中国经济出版社，2000.

［128］谢文蕙，邓卫．城市经济学［M］．北京：清华大学出版社，1996.

［129］谢显弟．区域竞争与地方经济政策［M］．成都：四川大学出版社，2012.

［130］邢伟．城镇化进程中的社会保障制度衔接与整合［J］．中国经贸导刊，2013（01）：30.

［131］熊灵．贸易开放与中国区域经济发展差异研究［M］．北京：北京大学出版社，2014.

［132］熊义杰．区域经济学［M］．北京：对外经济贸易大学出版社，2011.

［133］许景婷．我国地区税负差异及其与区域经济发展协调性研究［M］．北京：经济管理出版社，2013.

［134］杨建军，郭敏燕．呼包银榆资源型经济区城市化与空间规划策略［J］．经济地理，2012（1）：57－62.

［135］杨吾扬．中国的十大经济区探讨［J］．经济地理，1992（3）：14－20.

［136］张国旺．黑龙江自主创新体系构建及成熟度研究［D］．哈尔滨：哈尔滨工程大学，2011.

［137］张继良．开放条件下中国经济区域划分的演变［J］．南京财经大学学报，2007（3）：25－28.

［138］张军．“珠三角”区域经济一体化发展研究［M］．北京：经济科学出版社，2014.

［139］张可云，等．生态文明的区域经济协调发展战略［M］．北京：北京大学出版社，2015.

［140］张良悦，郭素玲．现代农业发展、城乡一体化与生态文明建设——地方区域经济发展研［M］．北京：经济科学出版社，2013.

［141］张明龙．经济区的内涵与划分的一般原则［J］．理论参考，2004（7）：15－17.

［142］张明龙．经济区的内涵与划分原则［J］．贵州社会科学，2000（4）：27－30.

［143］张明龙．日本运用长期发展规划推动科技创新［J］．学理论，2009（19）：36－37.

［144］张五常．中国的经济制度［M］．北京：中信出版社，2009.

［145］张晓阳．推进黔中经济区的建设思路和政策建议［J］．贵州财经学院学报，2011（1）：102－106.

［146］张协奎，林剑，陈伟清，等．广西北部湾经济区城市群可持续发展对策研究［J］．中国软科学，2009（5）：184－192.

［147］张秀生．区域经济学［M］．武汉：武汉大学出版社，2007.

［148］张一民．论中国的新型工业化与城市化［M］．大连：东北财经大学出版社，2004.

［149］赵峰，姜德波．长三角区域合作机制的经验借鉴与进一步发展思路［J］．中国行政管理，2011（2）：81－84.

［150］赵苑达．城市化与区域经济协调发展［M］．北京：中国社会科学

出版社，2003.

［151］郑弘毅．农村城市化研究［M］．南京：南京大学出版社，1998.

［152］中共中央、国务院：国家中长期人才发展规划纲要（2010—2020年）［M］．新华社，2010.06.06.

［153］周克清．政府间税收竞争研究［M］．北京：中国财政经济出版社，2005.

［154］周璐．长三角、珠三角和京津冀经济圈发展特征比较［J］．中国商界，2008（6）：34－37.

［155］朱若峰，朱泽．中国农业和农村经济结构的战略性调整［M］．武汉：湖北科学技术出版社，2001.

［156］CLEMENSFUEST，BERND HUBER. Can Regional Policy in A Federation Improve Economic Efficiency［J］. Journal of Public Economics，2006（90）：499－511.

［157］EBRU LOEWENDAHL－ERTUGAL. Europeanisation of Regional Policy and Regional Governance：The Case of Turkey［J］. European Political Economy Review Vol. 3，No. 1（Spring 2005）：18－53.

［158］ELVIRA UYARRA. What is evolutionary about "regional systems of innovation"? Implications for regional policy［J］. J Evol Econ，2010（20）：115－137.

［159］GUNNAR MYRDAL. Economic Theory and Underdeveloped Regions［M］. Gerald Duckworth，1957.

［160］JEAN MALAIS，HENK HAEGEMAN. European Union Regional Policy［J］. School of Doctoral Studies（European Union）Journal，2009（7）：77－82.

［161］KAREN HELENE ULLTVEIT－MOE. Regional policy design：An analysis of relocation，efficiency and equity［J］. European Economic Review 2007（51）：1443－1467.

［162］YOUNG－HAN，KIM. The optimal path of regional economy integration between asymmetric countries in the North East Asia［J］. Journal of Policy Modeling，2005（27）：76－85.

附　录

附表 1　　我国 2009—2013 年三次产业、部分具体产业和投资情况表

项　目	2009 年	2010 年	2011 年	2012 年	2013 年
国内生产总值（亿元）	340902. 8	401512. 8	473104. 0	519470. 1	568845. 2
第一产业生产总值（亿元）	35226. 0	40533. 6	47486. 2	52373. 6	56957. 0
第二产业生产总值（亿元）	157638. 8	187383. 2	220412. 8	235162. 0	249684. 4
第三产业生产总值（亿元）	148038. 0	173596. 0	205205. 0	231934. 5	262203. 8
农业总产值（亿元）	30777. 5	36941. 1	41988. 6	46940. 5	51497. 4
林业总产值（亿元）	2193. 0	2595. 5	3120. 7	3447. 1	3902. 4
牧业总产值（亿元）	19468. 4	20825. 7	25770. 7	27189. 4	28435. 5
渔业总产值（亿元）	5626. 4	6422. 4	7568. 0	8706. 0	9634. 6
工业总产值（亿元）	135239. 9	160722. 2	188470. 2	199670. 7	210689. 4
建筑业总产值（亿元）	22398. 8	26661. 0	31942. 7	35491. 3	38995. 0
固定资产投资（亿元）	224598. 8	251683. 8	311485. 1	374694. 7	446294. 1
社会消费品零售总额（亿元）	132678. 4	156998. 4	183918. 6	210307. 0	237809. 9
批发零售业销售额（亿元）	201166. 2	276635. 7	360525. 9	410532. 7	496603. 8
餐饮住宿业营业额（亿元）	4947. 1	5993. 0	7070. 9	7954. 3	8061. 3
货物进出口总额（亿元）	150648. 1	201722. 1	236402. 0	244160. 2	258168. 9
国际旅游收入（亿美元）	396. 8	458. 1	484. 6	500. 3	516. 6
国内旅游收入（亿元）	10183. 7	12579. 8	19305. 4	22706. 2	26276. 1
技术市场成交额（亿元）	3039. 0	3907. 0	4764. 0	6437. 0	7469. 0

数据来源：《黑龙江省统计年鉴（2014 年）》。

附表2　黑龙江省2009—2013年三次产业、部分具体产业和投资情况表

项　目	2009年	2010年	2011年	2012年	2013年
地区生产总值（亿元）	8587.0	10368.7	12582.0	13691.6	14382.9
第一产业生产总值（亿元）	1154.3	1302.9	1701.5	2113.7	2516.8
第二产业生产总值（亿元）	4060.7	5025.2	5962.4	6037.6	5918.2
第三产业生产总值（亿元）	3372.0	4040.6	4918.1	5540.3	5947.9
农业总产值（亿元）	1206.8	1369.2	1801.8	2315.6	2856.3
林业总产值（亿元）	85.2	95.5	110.2	134.5	180.6
牧业总产值（亿元）	870.2	965.8	1189.9	1350.7	1430.1
渔业总产值（亿元）	45.2	53.7	58.9	77.9	82.5
工业总产值（亿元）	3549.7	4429.3	5234.6	5240.7	5090.3
建筑业总产值（亿元）	511.0	595.8	727.8	797.0	827.9
固定资产投资（亿元）	5028.8	6801.7	7475.4	9780.2	11453.1
社会消费品零售总额（亿元）	3401.8	4039.2	4750.1	5491.0	6251.2
批发零售业销售额（亿元）	2927.0	3542.6	4162.2	4801.3	5508.1
餐饮住宿业营业额（亿元）	429.4	496.6	587.9	689.7	743.1
货物进出口总额（亿元）	1108.0	1726.2	2487.3	2442.7	2407.9
国际旅游收入（亿美元）	6.4	7.6	9.2	8.4	6.0
国内旅游收入（亿元）	606.0	832.0	1032.0	1248.0	1348.0
技术市场成交额（亿元）	50.1	53.4	62.1	100.5	112.2

数据来源：《黑龙江省统计年鉴（2014年）》。

附表3　　　黑龙江省2009—2013年经济发展部分指标数据

二级指标	三级指标	2009年	2010年	2011年	2012年	2013年
三次产业发展指标（*A*）	地区生产总值指数	111.4	112.7	112.3	110.0	108.0
	第一产业生产总值指数	105.2	106.2	106.2	106.5	105.1
	第二产业生产总值指数	113.1	114.5	113.0	110.3	106.6
	第三产业生产总值指数	110.7	111.8	113.4	110.8	110.4
	第一产业贡献率（%）	4.9	5.0	6.3	7.6	7.4
	第二产业贡献率（%）	62.3	62.9	51.3	50.1	40.8
	第三产业贡献率（%）	32.8	32.1	42.4	42.3	51.8

续 表

二级指标	三级指标	2009 年	2010 年	2011 年	2012 年	2013 年
农业发展指标（B）	粮食总产量指数	103.0	115.2	111.1	103.4	104.2
	肉产量指数	112.1	105.8	101.4	107.2	102.4
	蛋产量指数	108.8	103.3	100.1	102.6	95.0
	奶产量指数	104.0	104.5	98.3	103.1	92.5
	农业机械总动力指数	112.7	109.8	109.7	111.1	106.6
	农村用电量指数	109.5	115.3	110.5	110.6	104.1
第二产业及能源发展指标（C）	工业贡献率（%）	54.2	59.1	46.1	45.3	50.4
	建筑业贡献率（%）	8.1	3.8	5.2	4.8	5.4
	一次能源生产总量指数	100.6	98.6	101.6	101.7	87.9
	一次能源消费总量指数	101.4	114.2	104.1	99.8	102.9
国内外贸易发展指标（D）	社会消费品零售总额指数	119.2	119.0	117.6	115.9	113.8
	批发零售业增加值指数	119.1	121.4	121.1	121.9	114.2
	餐饮住宿业增加值指数	121.2	118.6	119.4	115.6	110.6
	进出口总额指数	70.1	157.1	150.9	98.2	103.4
	出口总额指数	60.0	161.5	108.5	81.7	112.4
	进口总额指数	97.2	150.0	230.0	112.2	97.8
旅游业发展指标（E）	接待国内外旅游者指数	128.5	144.5	128.8	124.2	114.9
	接待国内旅游者指数	129.8	144.8	128.9	124.4	115.2
	接待入境旅游者指数	71.0	121.0	119.8	100.5	73.6
	旅游总收入指数	115.5	135.9	123.5	119.1	106.6
	国内旅游收入指数	120.8	137.2	124.1	124.4	108.1
	旅游外汇收入指数	73.4	119.4	120.3	91.0	72.3
科技事业发展指标（F）	R&D 经费内部支出占地区生产总值比重（%）	1.03	1.05	0.93	0.95	1.00
	受理专利申请指数	107.9	113.9	228.2	130.6	105.4
	授权专利指数	111.0	133.5	180.4	165.6	97.8
	技术合同成交金额占地区生产总值比重（%）	0.6	0.5	0.5	0.73	0.8

资料来源：2009—2013 年度黑龙江省国民经济和社会发展统计公报及《黑龙江省统计年鉴（2014年）》。

附表 4　　吉林省 2009—2013 年经济发展部分指标数据

二级指标	三级指标	2009 年	2010 年	2011 年	2012 年	2013 年
三次产业发展指标（*A*）	地区生产总值指数	113.3	113.7	113.7	112.0	108.3
	第一产业生产总值指数	102.8	103.5	105.1	105.3	104.0
	第二产业生产总值指数	116.7	118.9	117.5	114.0	108.8
	第三产业生产总值指数	112.7	110.4	110.9	111.0	108.8
	第一产业贡献率（%）	2.7	3.1	4.5	5.6	4.9
	第二产业贡献率（%）	59.4	66.4	66.8	61.9	57.7
	第三产业贡献率（%）	37.9	30.5	28.7	32.5	37.4
农业发展指标（*B*）	粮食总产量指数（%）	86.6	115.5	111.6	105.4	106.2
	肉产量指数	106.0	103.7	101.5	107.0	101.0
	蛋产量指数	113.2	97.0	99.6	105.2	97.5
	奶产量指数	112.1	97.8	103.9	108.5	97.1
	农业机械总动力指数	111.2	107.2	109.8	108.5	106.7
	农村用电量指数	108.1	105.4	107.6	108.5	104.6
第二产业及能源发展指标（*C*）	工业贡献率（%）	50.7	59.6	61.6	54.7	55.1
	建筑业贡献率（%）	8.7	6.8	5.2	—	5.9
	一次能源生产总量指数	117.0	114.3	106.8	112.3	60.8
	一次能源消费总量指数	106.4	108.2	110.3	101.6	101.6
国内外贸易发展指标（*D*）	社会消费品零售总额指数	119.0	118.5	117.5	116.0	113.7
	批发零售业增加值指数	118.6	118.4	117.2	115.7	113.8
	餐饮住宿业增加值指数	122.0	119.6	120.7	118.5	113.2
	进出口总额指数	88.1	143.5	130.9	111.4	105.2
	出口总额指数	65.6	143.2	111.7	119.7	112.9
	进口总额指数	100.6	143.5	137.8	108.9	102.8
旅游业发展指标（*E*）	接待国内外旅游者指数	120.7	118.0	117.7	117.4	115.6
	接待国内旅游者指数	120.8	118.0	117.7	117.4	115.7
	接待入境旅游者指数	110.2	120.5	121.1	119.1	107.7
	旅游总收入指数	128.8	126.2	126.8	126.8	125.4
	国内旅游收入指数	129.4	126.3	126.9	126.8	125.7
	旅游外汇收入指数	115.1	125.5	126.4	128.4	115.3

续 表

二级指标	三级指标	2009 年	2010 年	2011 年	2012 年	2013 年
科技事业发展指标（*F*）	R&D 经费支出占地区生产总值比重（%）	0.8	0.7	0.7	0.9	0.9
	受理专利申请指数	107.2	108.6	127.2	111.9	117.2
	授权专利指数	109.7	132.7	113.3	120.4	105.0
	技术合同成交金额占地区生产总值比重（%）	0.3	0.2	0.2	0.2	0.3

资料来源：2009—2013 年度吉林省国民经济和社会发展统计公报及《吉林省统计年鉴（2010—2014 年）》。

附表 5　　辽宁省 2009—2013 年经济发展部分指标数据

二级指标	三级指标	2009 年	2010 年	2011 年	2012 年	2013 年
三次产业发展指标（*A*）	地区生产总值指数	113.1	114.2	112.2	109.5	108.7
	第一产业生产总值指数	103.1	105.8	106.5	105.1	104.8
	第二产业生产总值指数	115.6	116.8	114.0	109.8	108.9
	第三产业生产总值指数	112.1	112.5	111.0	109.9	109.2
	第一产业贡献率（%）	2.0	3.2	4.7	4.5	4.5
	第二产业贡献率（%）	60.7	61.6	62.1	56.5	56.5
	第三产业贡献率（%）	37.3	35.2	33.2	39.0	39.0
农业发展指标（*B*）	粮食总产量指数（%）	85.5	111.0	115.3	101.7	106.0
	肉产量指数	107.0	104.6	100.3	102.6	99.4
	蛋产量指数	114.4	104.8	100.6	100.9	98.9
	奶产量指数	109.5	110.2	102.7	100.2	94.9
	农业机械总动力指数	104.9	104.5	105.3	105.3	104.9
	农村用电量指数	104.8	126.6	101.9	—	105.7
第二产业及能源发展指标（*C*）	工业贡献率（%）	50.0	54.7	55.6	49.5	50.4
	建筑业贡献率（%）	10.7	6.9	6.5	—	6.3
	一次能源生产总量指数	96.5	112.1	—	92.8	87.9
	一次能源消费总量指数	107.4	109.3	—	103.8	102.9

续 表

二级指标	三级指标	2009 年	2010 年	2011 年	2012 年	2013 年
国内外贸易发展指标（*D*）	社会消费品零售总额指数	118.2	118.6	117.5	115.7	113.7
	批发零售业增加值指数	114.2	113.2	112.0	109.4	108.5
	餐饮住宿业增加值指数	113.5	114.3	108.8	107.6	105.9
	进出口总额指数	86.9	128.2	119.0	108.4	109.8
	出口总额指数	79.5	128.9	118.4	113.5	111.4
	进口总额指数	97.0	127.4	119.6	102.5	107.8
旅游业发展指标（*E*）	接待国内外旅游者指数	122.0	117.0	115.1	111.1	111.6
	接待国内旅游者指数	122.0	116.8	115.2	111.1	111.7
	接待入境旅游者指数	121.2	123.4	113.4	117.0	104.8
	旅游总收入指数	127.8	120.7	124.1	118.1	118.0
	国内旅游收入指数	128.3	120.7	124.7	—	118.5
	旅游外汇收入指数	121.6	121.7	120.1	117.5	103.2
科技事业发展指标（*F*）	R&D 经费内部支出占地区生产总值比重（%）	1.4	1.5	1.5	1.7	1.7
	受理专利申请指数	123.8	131.6	108.6	110.8	111.8
	授权专利指数	109.1	142.4	112.2	110.6	102.1
	技术合同成交金额占地区生产总值比重（%）	0.8	0.7	0.7	0.9	0.7

资料来源：2009—2013 年度辽宁省国民经济和社会发展统计公报及《辽宁省统计年鉴（2010—2014 年）》。